潘 杰 编著

现代汉字学基础教程

XIANDAI HANZIXUE

JICHU JIAOCHENG

山西出版传媒集团 山西人民出版社

图书在版编目（CIP）数据

现代汉字学基础教程／潘杰编著 . —太原：山西
人民出版社，2019. 1
　ISBN 978-7-203-10752-1

　Ⅰ.①现… Ⅱ.①潘… Ⅲ.①汉字-文字学-教材
Ⅳ.①H12

中国版本图书馆 CIP 数据核字（2019）第 029397 号

现代汉字学基础教程

编　　　者	：潘　杰	
责 任 编 辑	：魏美荣	
复　　　审	：贾　娟	
终　　　审	：秦继华	

出　版　者：山西出版传媒集团·山西人民出版社
地　　　址：太原市建设南路 21 号
邮　　　编：030012
发 行 营 销：0351 - 4922220　4955996　4956039　4922127（传真）
天 猫 官 网：http：//sxrmcbs. tmall. com　　　电话：0351 - 4922159
E - mail　：sxskcb@ 163. com　发行部
　　　　　　sxskcb@ 126. com　总编室
网　　　址：www. sxskcb. com

经　销　者：山西出版传媒集团·山西人民出版社
承　印　厂：山西辰昱印务有限公司

开　　　本：880mm × 1230mm　　　1/32
印　　　张：12
字　　　数：270 千字
册　　　数：1—650 册
版　　　次：2019 年 1 月　第 1 版
印　　　次：2019 年 1 月　第 1 次印刷
书　　　号：ISBN 978-7-203-10752-1
定　　　价：68. 00 元

如有印装质量问题请与本社联系调换

目 录

绪　论

　　章节重点：汉字在记载中华文明和传承中华文化方面的历史功绩，在现代社会生活中的重要作用。"文字"的古文字字形所透视出来的"文字"名称的命名缘由，汉字学在研究汉字的过程中所产生的汉字构形学、汉字字源学、汉字字体学和汉字文化学内容。

　　关键词：汉字　作用　汉字学　汉字构形学　汉字字源学　汉字字体学　汉字文化学

　　学习目标：通过对汉字的作用、汉字命名为"文字"的缘由及汉字学内容的学习，加强对汉字学知识重要性的认识，明确汉字学所包含的内容，注重汉字知识，达到在现代生活中准确地使用汉字的目的。

　　教学要求：明确汉字的作用、地位与影响，中国文字学萌芽和传统文字学发展以及现代文字学的产生，掌握有效地学习汉字和现代汉字学的方法。

　　1. 了解："文字"名称的命名缘由

　　2. 熟悉：汉字与汉字学的关系

　　3. 理解：汉字的作用及文字学所包含的内容

4. 掌握：有效地学习汉字和现代汉字学的方法

学习导航：首先要具备语言学理论知识，明确文字与语言的关系，在此基础上把握汉字的作用，理解汉字与汉字学的关系。利用音像教材、网络多媒体课件（课程）、网络平台资源和面授辅导有效学习和掌握绪论的主要内容。

我国是个古老的文明古国，拥有五千年的悠久历史，五千年之久的文明史之所以能够传承，靠的是汉字，所以汉字在保存和传承中华文化方面功不可没。汉字作为记录汉语的重要工具，始终忠实地履行着记录汉语的职责，在几千年的发展历程中，不断地进行调整以适应对汉语的记录，成为历史上唯一使用到现在的古老文字。汉字在现代社会焕发出新的生机，仍然发挥着巨大的作用。

第一节　汉字的地位与影响

改革开放 40 年来，随着我国国际地位的不断提高，我国在世界上的影响不断扩大，国际间交往日益频繁，越来越多的人加入学习汉语汉字的行列，汉字也在新的形势下带着深厚的中华文化内涵走向世界。了解和掌握汉字，明确汉字的性质特点，树立正确的汉字观是更好地使用汉字，发挥汉字在现代社会生活中应有作用的前提和基础。

一、汉字的作用

汉字是记录汉语的书写符号体系，记录语言的目的就是要把语言所表达的信息内容记载和保存下来，以便人们能够长久地记忆，这便是文字产生的根本原因。记录语言是通过对字形的书写来完成的，所以"书写"是所有文字最基本的职能，汉字也不例外；有了"书写"就必然存在"识读"，否则"书写"就失去了意义，正因如此"书写"和"识读"便成为汉字的两大职能。汉字在现实生活中所具有的重要作用，都因这两大职能而产生，具体表现在以下几个方面：

（一）表达思想

思想是人们对现实世界的认识，思维是认识现实世界时的思考过程。在这个过程中人们所运用的思维工具是语言，所以说语言既是思维的工具，又是思维成果的外在表现形式。文字是记录语言的，所以文字是人脑思维外化的另一种表现方式，是比语言更高一级的表现和交流方式，文字可以使思维的内容表现得更加严密和细致。

（二）获取知识

人类的总体进步是通过个体进步来实现的，"识读"对人的个体进步来说作用是巨大的。人的知识主要来源于阅读，人的智慧与人的阅读量有极大的关系，人在阅读中增长知识，获取信息，了解世界；阅读内容的主要载体就是文字，对文字的"识读"能力是阅读能力产生的前提和基础。

（三）方便生活

没有文字，学习和掌握任何知识都只能凭借记忆，不能把

所听到、看到的信息内容保存下来；没有文字，身处异地，在没有通信设备的情况下，无法传递和交流信息；没有文字，就没有说明书，新的产品不会使用；没有文字，就没有文学、没有历史；没有文字，人们无法记录内心的感受。文字的产生与出现，使人类可以不受时间的限制，通过文字把信息长久地保存，也可以穿越空间的界限，把信息传递到远方；通过文字还可以任意自由地抒发自己的情感，也可以了解和借鉴他人的人生智慧和人生经验。可见没有文字将会给人类的生活带来多少不便，有了文字又给人们在生活中提供了多少便利，文字的作用无处不在。

（四）促进文明

在我国五千年的文明史中，汉字既是五千年文明的见证，又是五千年文明的重要内容。目前所能见到的最早的汉字是甲骨文，大约公元前 14 至前 11 世纪，距今近 4500 年的历史；但从甲骨文的情况来看，甲骨文已经是成熟的文字，至于汉字起源的时间，目前基本上被认定为始于仰韶文化时期（约公元前 4000 年前后），如果这个推断成立的话，汉字有近 6000 年的历史。就我们的祖先产生来看，历史教科书上公认的说法是元谋猿人，距今 170 万年，这就意味着在 6000 年以前，我们的祖先一直生活在没有文字的情况下，那时人类的进步速度是相当缓慢的，没有文字，人们无法把经验和教训记录下来，许多事情都要重复进行。汉字产生以后，在 6000 年的历史进程中，中华民族的进步是巨大的，现在社会已经进入高科技的数字化、信息化时代，汉字在促进人类文明发展方面的作用无须论证。

（五）传承文化

华夏祖先创造了博大精深、独具魅力的汉字，每一个汉字都是民族生命力和创造力的具体体现。汉字以其独特的形式，记载和传承了中华文化，是人类文明的历史见证和传承载体，古代众多的典籍通过汉字而得以流传至今，汉字对人类文明的发展进步产生了极其深远的影响。

（六）维护统一

不同的语言文字区域很容易发展成为各自独立的国家，欧洲之所以会产生许多小的国家，语言文字方面的差异是导致其分裂的原因之一。中国自古以来就是一个方言众多的国家，不同方言用汉字记录时写出来的却是统一的汉字，表意性质的汉字可以消除方言间的语音差异。中华民族之所以能够在多次遭受外族入侵，却始终能够保持汉民族文化传统的原因，与汉字的稳定性及对文化传统的传承有很大关系。所以说汉字在维系民族团结、保持国家统一、保护民族文化等方面同样具有重要作用。

二、汉语和汉字在全球影响越来越大

汉字是自源文字，历史悠久，在由汉字承载的文化向外传播的同时，也曾是一些没有文字的国家和民族创建文字时的借用材料。

（一）汉字产生的历史影响

中国在历史上与周边邻国相互往来的过程中，汉字对周边国家的文字也产生了不同程度的影响。朝鲜在历史上曾经使用过"吏读"和"乡歌"的文字形式，这两种文字形式都与汉字

有关；即使后来创制了自己民族的拼音文字"谚文"，虽并非直接源于汉字，但是在形式上却并不是一般拼音文字所使用的线形方式，而是采用了汉字式的方块形式，并且谚文字母是由笔画构成，这都是受汉字影响的表现。日本在历史上曾在相当长的时间内使用"真名"即汉字来传播思想、表达感情，后来产生了"假名"，是把汉字作为音符去记录日语音节的借用文字，并且是现在通行的平假名和片假名的源头。现在日本文字中仍保留有一千多个简体汉字，这也反映出汉字的影响。在越南的历史上，曾经把汉字作为正式通用的官方文字，后来受汉字影响才产生其自己的民族文字"喃字"。喃字在字形上也是方块结构，所以又称"方块喃字"，它一部分是直接借用汉字造字；一部分仿造汉字会意、形声等方法造出形声字和会意字。

汉字在历史上对其他民族文字的创建也曾产生过影响，例如壮字就是壮族受到汉字影响仿造汉字创造出来的一种方块字，明末以后衰落。契丹字曾是历史上辽国契丹族参造汉字而创立的文字，分为契丹大字和契丹小字；契丹大字是方块形的表意文字，其中夹杂汉字。女贞字是历史上金国女真族在汉字或契丹大字的基础上增减笔画而造出来的，即为女真大字；后又依据女真语的特点造出拼音文字，女真小字。西夏文是历史上大夏国党项羌族参照汉字创制的文字。字体模仿汉字笔画和结构，字形为方块，笔画繁复，一般由两个独体字结合而成。

（二）汉字目前在全球的影响

汉字经过千年不间断的使用，稳健地发展到现在。尤其是在改革开放蓬勃发展的当今社会，中国综合国力不断增强，国际交流日益扩大与频繁，汉字目前的影响，已不仅表现在历史

上曾受汉字影响的国家，而是在全球范围内掀起了汉语学习的热潮；孔子学院在世界各地的广泛建立，汉语课程在世界各高等院校的开设；国内对外汉语教学专业的设置以及对这部分人才需求量的上升，都足以表明汉语汉字在国际上的影响越来越大，重视汉语汉字学习的外国人也越来越多。外国人学汉语，首先是口语，但没有书面语（汉字）的学习，口语就不可能牢固地掌握，因此在学习汉语的过程中汉字及汉字文化的特点和优势也同时越来越被中外有识之士所关注，汉字在国际上的影响也越来越大。

　　汉语汉字在新加坡、马来西亚、印度尼西亚、菲律宾、柬埔寨、泰国、越南等国都被受到广泛的重视，实行各级汉语汉字教学，汉语汉字在日常生活中的使用日益频繁。新加坡、马来西亚和泰国还十分重视对简化汉字的使用。韩国随着1993年的中韩建交，2005年韩国政府制定了在所有公务文件和交通标志等领域全面恢复汉字和汉字标记的政策，以适应世界化的时代潮流，还提出了《推动汉字并用方案》。近年来汉语汉字的学习和使用在韩国越来越普遍，已经成为仅次于英语的热门外语。日本在文字使用方面虽然早已是"假名夹汉字"的方式，但是从古到今汉字在日文中仍有体现，《常用汉字表》及人名用字中所收的汉字总数达2000多个；而且现在越来越多的日本人更热衷于学习汉语，各级学校都设有汉语汉字教学。在日本还有非常有影响的"中国语检定试验"，分6个级别，说明对汉语水平考试的重视。日本还有各种中国语学会、教育研究会等团体，这些都说明汉语汉字在日本的影响是非常大的。

　　关于汉字的规范，各国有各国的标准，各地区有各地区的

标准。受汉字和汉文化影响的国家和地区，经过共同协商，可以达到资源共享。1993 年，国家技术监督局发布了 GB13000·1 −93 国家标准，该标准采用了国际通行的全新的多文种编码体系，收录了 20902 个汉字，同时还编制了《统一的中日韩汉字》，又称"CJK 统一汉字"（C 指中国，J 指日本，K 指韩国）。新的 GB13000·1−93 国家标准所收汉字达 20902 个，比较切实地反映了汉字应用的历史和现状，可以初步满足两岸书同文以及汉字文化影响范围内有关汉字资源共享的要求①。

因此，经国务院批准，2009 年 11 月在河南省安阳市建成了中国第一个国家级的文字博物馆——中国文字博物馆，中国文字博物馆的建立对传承中华文明，弘扬爱国主义为核心的民族精神，建设社会主义先进文化发挥了重要作用。中国文字博物馆已经成为汉字文化的科普中心和爱国主义教育基地，成为我国向世界展示中华文化的窗口，同时还是国家为汉字文化和国际性文化交流所搭建的平台。通过文字博物馆对中华文化源头与辉煌的再现，对中国经济和社会发展以及人文素质的提高都将产生深刻而长远的影响。

第二节　汉字与汉字学的关系

汉字是记录汉语的书写符号体系，为了满足记录汉语的需要在不断地进行着改进和调整，在这个过程中为了更好地运用

---

①　杨润陆著：《现代汉字学》，北京：北京师范大学出版社，2008 年版，第 63—71 页。

汉字，对汉字的研究始终伴随着汉字的发展。

一、汉字、汉字学概念

汉字是文字的一种，在传统"小学"中，直接称之为"文字"，现在为了把汉字与世界其他文字进行区别形成两个名称，在许多场合"文字"就指汉字。从汉字命名为文字的缘由中即可了解什么是汉字。

（一）汉字

现在统称的"文字"，在古代其意义内容是各有所指的。先人之所以把"汉字"命名为"文字"，其原因从"文"与"字"的古文字构形中就能找到答案。"文"在甲骨文中的写法是 、、，像正面站立的人形，突出胸前绘有花纹和图案。《说文解字》释曰："文，错画也，象交文。"从甲骨文字形及《说文》的解析中可知，"文"的本义是纹身，引申为花纹、纹路，这一意义后来写作"纹"。由"文"组成的词其词义大都带有这种意思，如"文采（彩）"，本义是指错杂艳丽的彩色，又指具有错杂艳丽彩色的华丽衣服，还指音乐旋律的绚烂变化；"文章"本义是指错杂的色彩或花纹，古以青与赤相配合为文，赤与白相配合为章。可见"文"在此所带入的正是绚丽的色彩或错杂的花纹的意思，这就是"文"的本义。由于汉字的形体正如花纹图案一样是各种线条错杂在一起的，与"文"字的本义相类，所以古人用"文"来命名称谓之，加之文字从起源来看脱胎于图画，本身就与纹身的情形相仿，用"文"来指称文字十分形象。因此许慎在《说文·叙》中所说的"仓颉之初作书，盖依类象形，故谓之文"正是说明了这个意思，纹身是把具体的事

物形象依形纹在身上，文字始创时的方式也是如此，描摹实物的形状，所以称之为"文"。"纹"还有一个异体写作"彣"，"彡"正是纹饰的意思。

甲骨文中没有"字"字，"字"在金文中的字形为🔲、🔲、🔲，《说文解字·子部》曰："字，乳也"。《广雅·释诂一》："字，生也"。表明"字"的本义是指生育孩子。"文字"之所以称之为"字"，许慎在《说文·叙》中也作了说明："仓颉之初作书，盖依类象形，故谓之文；其后形声相益，即谓之字"，意思是说"字"是在"文"的基础上由"文"滋生出来，即"字者，言孳乳而浸多也"，说明"文"是"文字"产生的基础，"字"是在"文"的基础上通过"文"的相拼组合而逐渐增多的。段玉裁在《说文·注》中对此进行了说明："析言之，独体曰文，合体曰字"，即是说"文"是独体字，"字"是在"文"的基础上，把"文"进行拼合而成的合体字；又说"统言之，则文、字可互称"，就是说在一般情况下可以不必区分"文"和"字"的不同，所以现在统称为"文字"。只是要有别于其他文字的名称，所以又专名为"汉字"。汉字是汉民族自古以来一直用以记录和传播汉语，进行思想交流的书写符号体系，是扩大汉语在时空上交际功能的重要工具。

（二）汉字学

汉字在几千年的使用过程中不断地发展与完善，在发展的过程中逐渐形成了严密的体系，具有自己独特的表意特点与表意风格，对这些内容加以研究即产生出汉字学。因此汉字学是以汉字为研究对象建立起来的一门学科，是研究汉字的起源、发展、性质、体系、汉字形音义间关系以及汉字演变的学科。

　　从汉字学的研究内容可以看出汉字与汉字学的关系，汉字是汉字学产生的基础。汉字学正是在对汉字具体内容进行研究而建立起来的一门学科，它以汉字为研究对象，通过对各种汉字现象的归纳整理、分类分析，总结其产生、存在及发展的规律。可见没有汉字就没有汉字学。如果从这个角度而言，汉字学的历史是相当悠久的，因为对汉字进行研究早在汉代的"小学"就开始了，至今已逾千年；但是在 20 世纪以前汉字学始终没有成为独立的学科，"传统'小学'虽然早在隋唐时代就从名目上已经分为训诂、体势、音韵三类，以后又形成了文字、音韵、训诂学科三分的情况，但是就学科内容的划分来说，音韵学确实成为独立的学科，文字和训诂却迟迟未能分割开来。这是因为，汉字本体的研究必须以形为中心，而且必须在个体考证的基础上探讨其总体规律，历时数千年的传统文字学在研究上以形附属于义，着重个体而忽略总体的习惯，便无形之中成为这种本体研究的障碍"。① 直到 20 世纪初古文字学发展起来以后，"不但使汉字构形的规律逐步得到了多方的印证，而且使文字断代的观念得到了强化，这样才有了汉字学独立的可能"，② 所以汉字学成为独立学科的时间并不长。

　　由于汉字学的基础理论是从传统"小学"、古文字学和近年兴起的现代汉字学中总结出来的最基本的规律，所以汉字学具备这样几个方面的特点：

　　第一，汉字学的结论是从汉字的实际应用和汉字的实际材

---

　　① 王宁主编：《汉字学概要》，北京：北京师范大学出版社，2001 年版，第 8—9 页。

　　② 王宁主编：《汉字学概要》，北京：北京师范大学出版社，2001 年版，第 9 页。

料中总结出来的规律，不是照搬或主观臆想出来的结论。例如现代汉字的字形结构仍然保持理据的结论，就是通过对现代汉字字形结构进行测查后而得出的，对现代汉字理据如何分析与掌握，都是从具体文字材料中总结出来的。

第二，汉字学的理论是对具有继承性的历代汉字进行断代的测查而形成的，它有着切合汉字发展每个历史阶段并能说明汉字发展演变总规律的普遍性，而不是只对一部分或某一阶段的汉字适合。例如汉字结构分析理论，是在对从古到今所有汉字的形体结构进行测查后总结出来的，因此能够涵盖所有汉字，适应所有汉字的结构分析。

第三，汉字学的理论不但能解释发生在个体汉字上的诸多现象，而且能把汉字看成是记录汉语的符号系统加以描写并对现象作出解释。例如汉字发展的总体趋势是趋于简化这一规律，既能解释个体汉字，为了书写便捷在形体上减少笔画，许多字形理据丧失也是趋简原因造成的；同时能够说明汉字由古文字演变为现代楷书字，也是汉字简化的结果，虽然现代汉字的个体形象表意性消失了，但是汉字符号化特征的显著使汉字的系统表意性得到了极大的加强。

第四，汉字学的理论具有彻底的理论性，对现代汉字的整理和规范等应用领域可以提供一些可操作的科学规则。[①] 例如汉字的表意性理论，不是只针对古汉字而言，是对所有的汉字，包括现代汉字，因此在现代汉字简化及规范方面提供了可据操作的规则，即在简化时注意保持现代汉字的结构理据，以体现

---

① 王宁主编：《汉字学概要》，北京：北京师范大学出版社，2001年版，第9页。

现代汉字的表意要素。

汉字学在发展的过程中也在不断地充实和完善自己的学科体系，汉字学发展到现在，在内容方面已经形成如下几个分支：

1. 汉字构形学

汉字构形学是探讨汉字的形体依一定的理据构成和演变的规律，包括个体字符的构成方式和汉字构形的总体系统中所包含的规律。汉字发展的不同历史阶段，汉字构形具有各自的特色，而汉字构形学要能涵盖各阶段汉字构形的诸多现象，为研究各阶段汉字提供基础理论和基本方法。汉字构形学是其他几个分支的枢纽和基础。这是因为，通常所说的汉字三要素形、音、义中，音和义都是汉字作为汉语的载体由汉语那儿承袭来的，只有字形是汉字的本体。不论研究汉字的字源、字用、风格和它所携带的文化信息，都必须先把汉字的构形规律搞清楚。汉字形义学与汉字构形学从理论上说，是要抓住汉字因语素的意义而构形的特点，总结出汉字形义统一的规律，探讨如何通过对汉字形体的分析达到确定它所记录的词的词义这一目的。从实践说，是要借助字形的分析来探讨古代文献的词义，为古书阅读和古籍整理提供语言释读的依据。汉字构形学与汉字形义学两个方面，前者借助于意义，探讨的中心是形体，所以属于汉字学范畴；后者借助于字形，探讨的中心是意义，所以属于训诂学或文献词义学范畴。

2. 汉字字源学

汉字字源学是尽量找出汉字的最早字形，寻找每个字构字初期的造字意图，也就是探讨汉字的形源，也叫字源，这是汉字字源学的任务。字源学是研究探讨形源的规律和汉字最初构

形方式的学科。汉字字用学与汉字字源学是从不同角度提出来的。因为个体字符造出后，并不是永远用来记录原初造字时所依据的那个词或词素，它的记录职能时有变化。字用学就是研究在具体的言语作品里汉字字符记录词和词素时职能的分化和转移的。汉字字源学探讨原初字形，属于汉字学范畴，字用学探讨汉字记录汉语的实际职能，属于训诂学或文献词义学范畴。

3. 汉字字体学

汉字字体学研究汉字字体风格特征和演变规律。汉字字体指不同时代、不同用途（鼎彝、碑版、书册、信札等）、不同书写工具（笔、刀等）、不同书写方法（笔写、刀刻、范铸等）、不同地区所形成的汉字书写的大类别和总风格。字体的概念其内涵所指是十分广泛的，类别和风格是字体内含的突出要素。

4. 汉字文化学

汉字文化学的研究有两方面：一方面是宏观的，即把汉字看成一种文化事象，然后把它的整体放在人类文化的大背景、巨系统下，来观察它与其他文化事象的关系，这是宏观汉字文化学；另一方面则是微观的，即要研究汉字个体字符构形和总体构形系统所携带的文化信息，对这些文化信息进行分析，加以揭示，这是微观汉字文化学。总之，汉字文化学是在作为文化事象的汉字与其他文化事象的互证关系中建立起来的，在解释汉字这个中心任务上，汉字文化学是对汉字构形学的补充。汉字学这四部分内容互相联系、密不可分。[①]

总之，汉字学以汉字为基础，反过来汉字学的研究成果又

---

① 王宁主编：《汉字学概要》，北京：北京师范大学出版社，2001 年版，第 9—11 页。

可以对汉字的发展产生促进作用，通过对汉字理论的了解，对汉字规律的把握，来指导汉字的正确使用，以提高汉字的运用能力。

二、《说文解字》的地位

中国文字学的历史最早可以追溯到先秦时代，但萌芽时期的文字学典籍大多已经失传，中国文字学的正式创立是以东汉许慎《说文解字》的产生为标志的，《说文解字》是中国文字学的奠基之作。

许慎的《说文解字》是一部影响深远、成就恢宏的文字学巨著，它是传统文字学研究成果的杰出代表，它的作用与价值从古到今都是不容忽视的。《说文》中体现出的文字学理论，对汉字研究的方法，总结出的汉字结构规律，展示出的意义系统等，对现代汉字的运用仍具有指导和借鉴作用。《说文解字》在文字学研究领域最大的贡献表现在以下两个方面：

（一）汉字的形体结构

在这方面的研究成就主要表现为两个方面：一个是对"六书"理论的充实完善和实际运用，一个是"540 个部首"的创立。《说文》是一部系统严密的字书，540 部是《说文》的一大创举，许慎用 540 部首统率各部之字的编排方法，是对汉字构形系统内部关系及规律的认识与揭示，是体现汉字构形具有系统性的有力证明。"六书"的名称在《说文》之前就已存在，但是"六书"理论的最终成熟是以《说文》为标志的。《说文》以"六书"为理论，落实到对全书所收 9353 个汉字的结构进行分析，是对"六书"理论的一次全面实践，同时也是对汉字结构

方式的归纳和总结。"六书"理论的完善与运用，奠定了文字学的理论基础，《说文》之后"六书"一直是传统文字学的核心内容，是历代文字学家研究汉字的指导理论，直到现在在汉字结构的分析与研究中仍然发挥着重要作用。《说文解字》是中国文字学史上第一部阐述并运用"六书"理论全面系统地分析每一个汉字的伟大著作，也正因此而成为文字学的奠基之作。它不仅展示了汉字构形的系统性，而且还展示了汉字形体在体现字义方面的作用，同时表现了汉字形音义之间的密合关系。

（二）汉字形音义的关系

《说文》通过"凡某之属皆从某"条例的设置，展示了汉字表意文字体系的特征，因此《说文》在解释字义时，充分利用汉字的形义关系，全书所使用的方法，是通过对汉字形体结构的分析来说解汉字的本义。《说文》每字的解说，采用的是先释义，次释形，后注音的方法，这种方法兼及汉字的形音义三个方面，是符合汉字实际的，抓住了汉字的本质特点——形音义的内在联系性。正如段玉裁所说："必先说义者，有义而后有形也；音后于形者，审形乃可知音，即形即音也。合三者以完一篆，说其义而转注、假借明矣；说其形而指事、象形、形声、会意明矣；说其音而形声、假借愈明矣。一字必兼三者，三者必互相求；万字皆兼三者，万字必以三者彼此交错互求。"①《说文》开创的以形为主，因形以说音义，三者互相求的汉字研究方法，针对汉字的构形特点，是直到现在研究汉字仍然行之有效的重要方法。《说文》对汉字形音义内在关系的揭示和概括，

---

① 段玉裁著：《说文解字注·＜说文解字·叙＞注》，上海：上海古籍出版社，1899 年（第 2 版），第 764 页。

简洁而又实用。《说文》形、音、义相辅相成的解说方式，使《说文》既是一部实用性的"字书"，又是一部研究性文字学专著；所以《说文》既是后代字书编纂的渊源，又是中国文字学的发轫。

第三节　有效学习汉字和现代汉字学的基本途径

有效地学习汉字和现代汉字学的方法，首先在于了解汉字的内涵、性质、特点、发展规律等相关内容，针对汉字的特性掌握学习汉字的方法；对于现代汉字学的学习，要了解现代汉字学产生的时代背景，与汉字学的关系，从而采取有效的学习方法。

一、有效学习汉字的基本方法

汉字本身是一个非常严密的系统，有构形、字源、字用、形义和文化诸多内容，只有注重从汉字所涉及的构形、字源、字用、形义、文化诸多方面去学习汉字，才能有效地掌握汉字。汉字学习对语文水平的提高是非常重要的，语文水平的高低就取决于字词的掌握与熟练程度，对此人们早已达成共识。字可以通词，词可以通道，字词教学是语文教学的基础。正如刘勰所说："立文之道，唯字与义"，教学之道不能离开字与义。在基础教育中语文教学的比重最大，汉字教学又是语文教学的主要内容。但是如何有效地学习汉字是值得思考的问题。以前的主要方法是进行大量的机械书写，这种方法却不是最科学最有

效的，通过大量的机械书写只是机械地记忆汉字的笔画和结构，强化对汉字形体的掌握，但却没有理论依托，学习者不明白为什么这么写，没有解释也没有分析。它给学习者的感觉和印象只能是汉字是一盘散沙，难写、难认、难记，毫无规律。因此作为汉字的使用者，十分有必要去了解汉字的有关知识，以便更好地使用汉字，发挥汉字的职能。在书写时理解字形结构，做到书写正确。例如："被"从"衣"，因为"被"是"衣属"，《说文解字》："被，寝衣也。"是晚上盖在人身上的东西，这样就不会误写成从"示"旁，因为"示"在甲骨文中是神主牌位的形象，带入的构意与祭祀有关。

已经能认、会写汉字的人，对汉字知识的掌握也不全面，这妨碍对汉字的正确使用。所以学习文字学目的就是不仅能写、会认，同时还要明确怎样去认读和书写汉字。掌握汉字一定要注重从汉字所涉及的构形、字源、字用、形义、文化等方面去学习和掌握汉字，从而正确地使用汉字，发挥汉字的作用。

（一）树立汉字构形系统性的观念

学习汉字要树立汉字构形系统性的观念，从系统上把握和理解汉字是学习和掌握汉字极为有效的方法，明确汉字构形是成系统的，就从系统的角度掌握汉字，在系统的相互关系和相互作用中理解汉字的形和义，避免一个一个孤立地学习汉字，提高学习掌握汉字的效率。

（二）牢记汉字的表意文字性质

学习汉字要牢记汉字是表意文字的性质，从形意上把握汉字的意义，注重对汉字形体的分析，以准确理解汉字的意义，正确使用汉字。

（三）掌握汉字形体的演变规律

汉字从古至今，始终充满着旺盛的活力。汉字是具有悠久历史的文字，学习汉字寻根溯源把握汉字形体发展演变规律，分析构形理据，是正确书写汉字，避免错字、别字，区别形近之字的有效方法。

（四）注重汉字的各种用字现象

学习汉字要多注意观察汉字的各种用字现象，从现象中归纳和总结规律，诸如构形规律、用字规律、发展演变规律等，这是掌握汉字的作用方法。

（五）明确形体是汉字的本质属性

学习和掌握汉字一定要注重汉字的构形，因为汉字的本质属性是形体，只有了解了汉字是如何记录汉语的，掌握汉字字形变化的原因，才能深刻地认识汉字，正确地理解和运用汉字。

（六）注重挖掘汉字的文化内涵

由于汉字是表意文字体系，汉字在通过构形表现汉语词义的时候，必然会反映出当时的认识，并会在一定程度上反映当时的社会生活和社会现象，注重挖掘汉字的文化内涵，对理解汉字的意义有很大作用。

二、有效学习现代汉字学的基本方法

有效地掌握学习现代汉字学的基本方法，首先要了解什么是现代汉字？现代汉字学的产生及研究内容，才能有针对性地制定相应的学习方法。

（一）现代汉字学的产生

由于现代汉字学是以现代汉字为主要研究对象，因此需要

首先明确什么是现代汉字？

1. 现代汉字

"现代汉字"这个名称早在 20 世纪 50 年代，丁西林 1952 年 8 月发表于《中国语文》上的《现代汉字及其改革的途径》这篇文章中就已经出现了。在 60 年的时间里"现代汉字"的内涵始终没有取得一致的看法。目前在学术界关于"现代汉字"的界定主要有两种观点：一种是从汉字形体演变的角度，一种是从汉字记录语言的角度。就汉字形体发展演变而言，学界一般把甲骨文、金文和小篆定为古文字，把隶书和楷书定为今文字。由于 20 世纪以来的汉字虽然在形体上属于楷书，但是相对早期隶楷字形来说又产生出某些新的特质，因此称之为"现代汉字"。就汉字记录语言的角度而言，周有光先生曾给现代汉字作过明确的界定："什么是'现代汉字？这有广狭两义。广义：一本今天流行的通用字典中所收的全部汉字都算是现代汉字。狭义：经过严格审查，书写现代汉语所必须用到的汉字才是现代汉字。"[①] "历史需要断代，汉语需要断代，汉字也需要断代。古今通用的和现代通用的汉字归入现代汉字，文言古语用而规范化的普通话不用的汉字归入文言古语专用字，这就是汉字断代。现代汉字应当以什么时候作为'现代'的起点呢？……'五四'（1919）是白话文成为正式文体的开始，理论上应当以'五四'作为现代的'起点'"[②]。从这两种观点来看，由于现代汉字学是研究现代汉字的属性和应用，特别强调应用，而在应用方面现代汉字也的确与'五四'以前的用字有所不同，例如"他"就

---

① 周有光著：《周有光语言学论文集》北京：商务印书馆，2004 年版，第 317 页。
② 周有光著：《周有光语言学论文集》北京：商务印书馆，2004 年版，第 345 页。

分化出"她"和"它"。所以为方便对现代汉字属性和应用的研究，作为现代汉字学研究对象的现代汉字从记录现代汉语用字的角度进行界定似乎更有利一些。

2. 现代汉字学

现代汉字学是伴随现代汉语的形成，在汉语书面语方面白话文取代文言文的情况下，为有别于传统汉字学的研究内容和研究方法而产生的一门新兴学科。现代汉字学的正式建立是以周有光先生于 1980 年 5 月在《语文现代化》第二辑里发表的《现代汉字学发凡》为标志。在这篇文章中周先生明确地给现代汉字学下了定义："现代汉字学研究现代汉字的特性和问题，目的是为今人和明人的应用服务，也就是为四个现代化服务，减少汉字在现代生活中的不方便。现代汉字学是个新名称、新事物。它播种于清末，萌芽于'五四'，含苞于解放，嫩黄新绿渐见于今日。"详细列举了现代汉字学的内容：字量的研究、字序的研究、字形的研究、字音的研究、字义的研究和汉字教学法的研究。指出了现代汉字学的研究方法："是以语言学为基础而结合信息论、统计学、心理学的边缘科学。"阐述了现代汉字学与传统汉字学的关系："现代汉字学研究的问题和方法跟历史汉字学很不相同。……这决不是抛弃或背叛历史汉字学。在汉字学的领域里应当厚今而不薄古、厚古而不薄今。"①

由此可见，现代汉字学不同于传统意义上的汉字学，传统汉字学是语文学的一部分，是附庸经学的，是解决古代典籍、文献中的词义问题，但却不解决汉字的现实运用问题；一般意

---

① 周有光著：《周有光语言学论文集》北京：商务印书馆，2004 年版，第306—316 页。

义上的汉字学倾向于汉字的宏观角度，侧重汉字的基础理论研究；只有现代汉字学既重宏观也重微观，并且更加侧重研究现代汉字的基本状况及现实运用。

（二）学习现代汉字学的有效途径

现代汉字学是以现代汉字为研究对象，以应用为研究目的的学科，并重在应用，突出现实性和实用性。其实用性的具体内容表现在文字教学、社会用字、信息处理等方面。其研究内容包括宏观和微观两个方面，在宏观上主要研究现代汉字的性质、特点、信息处理以及前途、规划等；在微观方面主要研究现代汉字的形体、规范、标准（形音义）、属性（字量、字频、字性、字序）等。学习现代汉字学的目的是为了更好地掌握现代汉字学的基本理论和基本知识，以正确解决现代汉字运用的实际问题，不断提高运用汉字的能力。因此学习现代汉字学需要做到以下几点：

1. 明确现代汉字学的内含

有效地学习现代汉字学的基本方法，首先在于明确现代汉字学的内含，即现代汉字学的研究对象及研究内容，明确现代汉字学与传统汉字学的区别。汉字的历史悠久，在不同的发展阶段汉字所呈现的特点不同，随着时代的变化，人们对汉字的关注点也不同，汉字在人们生活中所起的作用也不同，不加区分地对汉字进行研究，针对性就不强，汉字在现实生活中的作用就体现不出来。

2. 立足现代汉字，树立现代观念

学习现代汉字学，一定要立足现代汉字，树立全新的现代观念。从现代的角度去观察和分析汉字的特点，关照传统立足

现代。注重古今汉字的异同，既看到相通，又注重区别，寻找出现代汉字的个性差异来；分析差异形成的原因，总结汉字发展演变的规律，预测汉字的发展方向和未来。

3. 理论与实践相结合

注重基础知识、基本概念和基本理论的学习，在具备了基础知识，掌握了基本观念和理论之后，及时与现实用字相结合，关注现代汉字的各种现象，分析各种现象，解释各种现象，把所学与所用结合起来，切实提高对现代汉字的运用能力。

本章小结：通过有意识地提醒学习者在现实社会生活中对文字存在的感受，强调文字的古今作用，通过对"文字"的古文字字形的分析讲解其造字意图，引出了解汉字知识和掌握汉字的重要性。通过讲解汉字与汉字学的关系，明确掌握汉字学的内容以更好地运用汉字。

思考与练习题：

一、利用古文字字形说明"文字"命名的原因。

二、汉字的作用主要体现在哪些方面？试举例说明。

三、汉字学的内容是什么？

第一章

汉字的起源及流变

章节重点：语言与文字的关系，汉字的产生条件及直接来源，汉字在记录汉语过程中的发展及规律。

关键词：汉字起源　关系　发展

学习目标：通过了解语言与文字的关系，过渡到理解作为一种语言文字的汉语、汉字，同样具有所有语言与文字一样的关系；通过学习汉字产生之前先人曾经用过的各种记事方法，从而明确汉字产生的过程及最终起源于图画论断的正确性；深入领会汉字在记录汉语过程中为适应记录汉语的需要在不断调整的发展变化及发展规律。

教学要求：明确汉字产生的原因、条件，起源于图画过程，汉字与原始符号的关系，汉字发展演进的动力及发展规律。

1. 了解：语言与文字的关系
2. 熟悉：汉字产生的背景和条件
3. 理解：原始符号与文字的关系
4. 掌握：汉字的发展及发展规律

学习导航：首先要具备语言学理论知识，透彻理解语言与文字的关系，在此基础上理解汉语汉字的一般关系，把握汉字

产生的原因、条件、过程、发展。同时利用音像教材、网络多媒体课件（课程）、网络平台资源和面授辅导有效学习掌握本章的重点内容。

　　任何事物的产生都有一定的原因，汉字的起源同样遵循这样的定律，同时它也同所有事物一样，需要一定的条件。汉字产生的原因是时代发展到一定阶段人类社会生活中的一种需要——把语言内容长久保留，帮助人们长久记忆；汉字形成的过程就是创造条件的过程，在这个过程中，古人尝试过许多方法，这些方法都是汉字最终产生的前提和基础。

第一节　文字的产生及发展

　　汉语和汉字是世界众多语言文字中的一种，因此要想了解汉字与汉语的关系首先要明确语言与文字的关系。

一、语言与文字的关系

　　什么是语言？《语言文字百科全书》中给语言下的定义是："语言——人类特有的一种符号系统。用于人与人的关系的时候，它是表达反应的中介；当作用于人和客观世界的时候，它是认知事物的工具；当作文化的时候，它是文化信息的载体。"
　　语言是伴随人类社会的产生而出现的，自从有了人类，就有了语言，因为人是社会性的群体，在这个社会群体中需要人

与人之间的交流、沟通、协作。语言即是在这种需要中产生，以满足人与人之间的交流与沟通。世界上有无数种语言，每个人都有自己的母语，汉民族用的是汉语。即使是同一个国家，不同的民族也都有自己的民族语言；比如我国除了汉语之外还有藏语、维语、朝鲜语、满语，等等。方言不是一种独立的语言，它是某种语言的地方变体，是一种语言中跟标准语有区别的，只通行于一个地区的话。语言不仅是人们进行交际的工具，而且是人们进行思维的工具。因此有了语言，人与人之间就能进行思想的沟通，进行意见的交流，就能相互理解，达成共识。所以人要想充分开发大脑，就要充分掌握语言。一个人会用多种语言，会使他的头脑更加精密、精细。语言是通过"声音"进行信息传递的，这个声音必须代表一定意义，这个意义必须是使用这种语言的人共同约定的，即语言的社会性。任何一种语言都是有声语言，都是通过声音传达一定的意义。人类的语言系统是开放性的，并且可以按一定规则把音位和词组合起来，生成无限的句子。

一般所说的语言是指"口语"，口语有两方面的局限：一个是在时间上，一个是在空间上。因为口语是以声音为主要特征的，因此它的特点是转瞬即逝，话音一落，语言也就消失了。这就是口语所表现出来的非持续性特征。口语的另一个特征是非扩展性，即语言只能在一定的空间范围内存在，超出一定的空间语言就失去了效力。语言是音义结合体，其本质属性是声音，声音是语言的物质外壳，而声音本身则有时空的限制，所以语言在时空上存在着局限。可是人们常常希望能把自己的意思传到远方，留给后世。因为人的记忆功能毕竟是有限的，不

可能长期记住所有的事情。而且人们的交流范围也希望扩展到更广大的地区。正是由于这些"需要"的驱动，于是产生了语言的辅助性工具：即语言的另一种表现形式——书面语——文字，通过文字来弥补语言在时空上的不足。

《语言文字百科全书》中给文字下的定义是："文字——是语言的书写符号，是人与人之间交流信息的约定俗成的视觉信号系统。这些符号要能灵活地书写由声音构成的语言，使信息送到远方，传到后代。"文字产生的最主要的作用就是记录和传递语言，是语言最重要的辅助性工具。文字可以打破时空的局限，使语言信息传向远方，留给后世。

语言与文字既有联系又有区别：文字是记录语言的书写符号体系，这种符号体系是在语言的基础上产生，是和语言的词相关。因此在语言与文字中语言是根本的，第一性的；文字是派生的，第二性的。文字对语言有极大的依赖性，不可脱离语言而存在。从这个意义上来看语言与文字的关系十分密切，但是语言与文字又存在着质的差别，具体来说有这样几个方面：

从产生来看，语言与文字不是同时产生的，语言在先，文字在后；文字仅是记录语言的最重要的辅助性工具。语言的辅助性工具还有许多：如：手语、灯语、旗语等等，其中文字是语言所有辅助性工具中最重要的一种。

从社会作用来看，语言是人类社会必备的交际工具，是社会存在的必要条件，没有语言，社会就无法存在。人与人之间的联系是靠语言来维持的，有了语言，生活在社会中的人才能共同生产、生活、行动；没有语言，人与人之间的联系就会中断，社会就会解体。文字只是人类社会辅助性的交际工具，对

社会存在不具有决定作用，没有文字，社会仍能继续存在，现在世界上仍有不少民族只有语言而没有文字。

从内容上来看，语言与文字是两个不同的学科。语言的内容包括语音、语法和词汇，这是语言的三要素。文字的内容包括形、音、义，这是文字的三要素。

从语言文字的本质上来看，语言的本质是语音，而文字的本质属性是字形。虽然语言与文字的关系很密切，甚至可以把文字称之为"书面语言"，但是不能把语言文字混为一谈，要注意区分字与词的不同。汉语汉字是语言文字中的一种，它们之间的关系也是如此。

二、文字产生的背景和条件

在人类发展的进程中，正是由于语言的时空局限，当先民在社会生产和生活中，迫切地感到语言不能满足他们把自己的思想、要求使不在身边的人知道的时候，于是产生了创造文字的需要和欲望，便开始进行文字的创制工作。

（一）文字产生的背景

文字的记录功能，可以使文字起到帮助记忆的作用。清代学者陈澧在《东塾读书记》中说："盖天下事物之象，人目见之，则心有意，意欲达之则口有声。意者，象乎事物而构之者也；声者，象乎意而宣之者也。声不能传于异地，留于异时，于是乎书之为文字。文字者，所以为意与声之迹也。"这段话不仅道出了文字产生的原因，而且说明了文字与语言的关系：语言里的"意"和"声"都是无形的、抽象的，无法用以表现的，而"字"是"意"和"声"的"迹"，即"意"与"声"的有

形表现物，可使抽象的语言信息具体化。但这种具体化表现语言信息内容的形式，必须在一定的社会历史背景下才能产生出来，即是在社会生产和社会关系发展到使人们认为必须用记录语言的办法来记事和传递信息的时候，文字才能产生；总之文字产生的背景是出于社会发展的需要，出于迫切地把语言信息记录和保留下来，以便于人们记忆的需要时，文字才能产生。

从开始有了这种需求到文字产生，其间大致经历了这样的过程和阶段，而且这也是所有文字产生所经历的过程和阶段。

第一阶段是无文字时期——图画，就是用图画方式表现意义。图画是描绘事物的具体形象，这种方式在一定程度上可以起到表现意义的作用。

第二阶段是文字的先驱——表形和表意文字——描述法和认记法。在图画的基础上逐渐简化，形成图形来表意。文字起源于图画，原始图画向两方面发展，一方面成为图画艺术，另一方面成为文字。原始人用图形来表达意思，通常称为"图形文字"。这种图形虽然能交流信息，但是跟语言并无联系。图形可以说是文字的先驱，还没有成为真正的文字。

第三个阶段是完整的文字——表示语言声音的文字。在图形的基础上进一步固定形体，确定意义，与具体某一语言相结合，有确定的读音。文字的形成过程即是由图画（形象生动、逼真、细腻）发展为图形（形象简略，轮廓），再由图形发展到文字符号（形象抽象）；由图形到符号是一个缓慢的过程，在这个过程中人们是逐渐习得。表示意义的图画要发展到跟语言相结合，能够完整地书写语言，这才成为语言的有效记录，即成熟的文字。许多民族都创造过原始文字，但是只有极少几个民

族的文字发展到成熟程度。

（二）汉字产生的条件

由于史料匮乏，人们已经不能确切知道汉字产生的历史情况，但是关于汉字的起源问题，却始终是历代学者关注和探讨的主要问题，在史书的记载中有关汉字起源有种种说法。虽说汉字不是起源于这些说法，但是它们的存在却为汉字的产生提供了必要的条件。

1. 八卦说

八卦是我国古代的一套有象征意义的八种占筮符号，它们所代表的意义分别是：☰乾（代表天），☱兑（duì 沼泽），☲离（火），☳震（雷），☴巽（xùn 风），☵坎（水）☶艮（gèn 山），☷坤（地），由这八个卦爻符号排列组合成六十四个卦象，都是先民为占测吉凶祸福而用。汉字不可能起源八卦，虽然在汉字中确有个别文字采用了八卦符号来构造字形如"爻"、"学"等，但是汉字作为一种庞大而复杂的符号体系，说它起源于八卦，明显说不通。从出土的周原甲骨文中的一部分"异形文字"的研究情况来看，多数学者认为这些内容是易卦、卜筮的卦象和爻象情况的记录。它们之所以不是文字，是因为卦爻表达意思，不与语言的词汇、语法结合，直接同思想联系。卦爻是语言文字之外的一套表意符号，是与汉字性质完全不同的符号系统。但是"八卦"对汉字产生是有启示作用的：八卦是一种具有象征意义的表意符号，文字在这一点上与此相同，也要具备一定的意义，即同样是表意符号。

2. 结绳说

结绳是原始民族普遍采用的一种记事法。至于具体做法，

后世学者的解说不甚详尽。孔颖达《周易正义》引郑玄《周易注》只是说："结绳为约。事大，大其绳；事小，小其绳。"不管怎样，在文字产生以前，原始人类确实经历了一段用实物帮助记事的漫长时期。《庄子·胠箧篇》中就有："昔者容成氏、大庭氏、伯皇氏、中央氏、栗陆氏、骊畜氏、轩辕氏、赫胥氏、尊卢氏、祝容氏、伏牺氏、神农氏，当是时也，民结绳而用之"的记载。不仅在我国，在世界的其他许多国家和地区也都曾有过结绳记事的历史，甚至至今仍有后进的民族在使用这种方法来帮助记事。但是用结绳来记所有的事情，其结果正如许慎在《说文解字·叙》中所说："及神农氏结绳为治，而统其事，庶业其繁，饰伪萌生。""庶业其繁"是指记录的事情太多的时候，自然会出现"饰伪萌生"，即记不清某个疙瘩代表什么的情况，而且这种情况是必然要出现的结果。

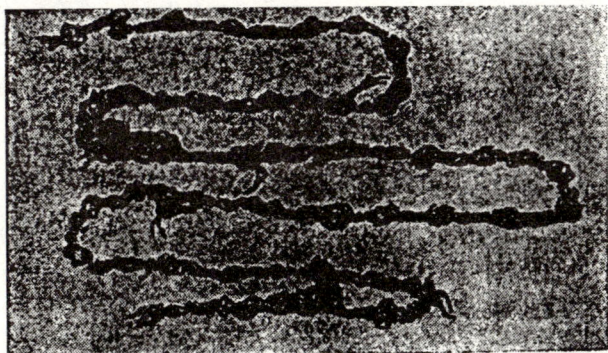

云南傈僳族记事的结绳

所以《易·系辞下》中记载说："上古结绳而治，后世圣人易之以书契"。唐代陆德明在《经典释文》中对"书、契"解释道："书者文字。契者，刻木而书其侧"，书就是文字，契就

是契刻，这是历史发展的必然结果。又《书序》上说"古者伏羲氏之王天下也，始画八卦，造书契，以代结绳之政，由是文籍生焉。"也就是说用结绳记事到一定程度的时候，必然要用真正的文字来代替结绳。结绳对汉字的产生有一定的影响，但是不能由此说汉字就是起源于结绳。因为结绳只能起到帮助记忆的作用，它本身还不能独立完整地记录事情，更不可能表示语言，交流思想，因而它不具备文字的性质。但在为了使记忆能够延续更长的时间，能够扩大更广的范围这根本点上，结绳的作用和汉字的作用是一致的。

3. 契刻说

契刻也是先民用来帮助记忆的一种实物记事的方法。具体的做法是在木板或竹片上刻些缺口、道道或其他记号，用来记数、记事或作为凭据。《释名·释书契》曰："契，刻也，刻识其数也"，说明了"契"和"刻"的关系及做法。后代的契约就是由此发展而来，例如《冯谖客孟尝君》："载券契以行""券遍合"，都已表明"契"是一剖为二的，双方各执一半，现在的凭据仍然如此。"契刻"是略晚于"结绳"而出现的一种记事法。其功能比结绳多，不仅可以用来计数而且还可以用来传达一定的事情。说明比结绳方法进步，具体表现在于：方法多样化，结绳仅仅是个结而已，而契刻有了不同的形体，表意丰富了，也比结绳具体了，与文字相比，契刻仍然不明确，但是同一使用的人则明确其意义。契刻的作用也仅仅是为了帮助人们记忆，它也不能表达明确的意思，也并非记录语言，当然也不能算是文字。事实上整个汉字形体结构系统不可能从契刻简单的道道中发展演变出来。我们也看到契刻中对某一符号意义

有共同约定，故在一定的群体中能达成共识。契刻给我们的启示是约定性是汉字所必须的主要特征之一，除此之外，契刻很可能是最早的书写形式之一，与书写的性质相近了。甲骨文就是用刀在龟甲兽骨上进行刻字的，它为汉字的产生提供了借鉴和影响。

4. 仓颉造字说

仓颉是历史上传说创造汉字的人。这种传说产生于战国时代，文献中记载甚多，如《世本》云："仓颉作书"，"沮诵仓颉，黄帝之史官"。《吕氏春秋·君守篇》说："奚仲作车，仓颉作书，后稷作稼，皋陶作刑，昆吾作陶，夏鲧作城，此六人者所作，当矣。"《韩非子·五蠹》说："仓颉之作书也，自环者谓之私，背私谓之公。"许慎《说文解字·叙》说"及神农氏结绳为治而统其事，庶业其繁，饰伪萌生。黄帝之史仓颉见鸟兽蹄迒之迹，知分理之可相别异也，初造书契。"汉字不可能由一个人创造出来。仅就古文字中众多的异体字和同形字的存在情况，就可以看出汉字显然不可能是由某一个人造出来的。对这一点荀子说得很明白，他在《荀子·解蔽篇》中说"故好书者众矣，而仓颉独传者，壹也"。

这些说法确实都曾在历史上出现过，且履行了与文字相同的记事职能，并与文字在某些方面具有相同相似性。相同之处表现在：结绳、八卦、契刻等都是符号，都能表示一定的意思，都能起到记事的作用。但同时又存在质的差别，质的差别表现在：它们都没有与语言联系，仅与事物联系，所以记事不精确、意义不固定，它们的内容都可以用不同的语言片段去解释和说明，无法达到保存语言信息的目的，所以它们不是文字，仅仅

是一种记事符号。而且这些传说每一个都有时代先后，后一个总能在前一个基础上更进一步。文字是记录语言的，而传说中的内容都是记事的，所以它们都不是文字。但从这些传说中可看到汉字产生的一步步发展过程，这些记事方式的存在为汉字的产生提供了经验、借鉴，是在使用它们记事的过程中创生了汉字。这些传说在汉字产生方面给人们的启示是：

（1）表明汉字的产生是在"庶业其繁"之时，其他记事法的记事都已无法表现日益繁多和更加复杂的事情，而且已经出现了"饰伪萌生"局面的时候产生的。因为汉字可以弥补其他记事法表意不够明确的缺陷，同时还能够把汉字同语言中的词联系起来。

（2）表明先民在构造汉字形体的时候采用的是"依类象形"的办法，即凡世上事物的形象都可以作为汉字形体结构的依据，据文献记载，再从古汉字形体的史实来看，这确实是事实。世上所有形象都可以是汉字构形的依据。

（3）通常人们所说的文字是由广大劳动人民在生产和生活当中创造出来的，这种说法大体是对的，否定了汉字是由仓颉一人创造的说法，但在汉字产生的过程当中，肯定有具体的一些人起了重要作用，少数集中使用文字的人有目的地、自觉地参与造字过程，这些人就是"史官"。"史"，甲骨文像手持"中"之形，"史官"在商代地位较高，在商王左右或主持祭祀，管天文、历法、祭祀，是直接使用文字的人。当然甲骨文中所说的"史"已是汉字产生以后的记录情况，但是由此可知，创造汉字的人一定是最需要与汉字打交道的人，这样的人因为需要，才能自觉、有意识地在图画与语言之间进行约定，

固定其与语言的联系，因而使文字产生出来。

（4）汉字产生以后，还需要进一步整理和规范。仓颉造字的传说从另一个角度说明汉字是由"史"这类有知识的人整理、规范的，这种人伴随着汉字的产生历代都有，如李斯、许慎以及现代从事文字研究的专家。许慎写出《说文解字》，正是基于他对汉字了解研究极其深入的结果，发现了汉字的许多规律，才能够对小篆字体进行整理和规范，《说文解字》对现代的文字研究工作仍具有不可替代的作用。史实证明：任何时代的文字都是自然发展与权威规范相结合，有时甚至还需要行政命令强制进行。如秦始皇统一中国以后实行的"书同文"政策，以及新中国成立后简化字的推行等都是这种做法。

第二节　原始符号与汉字的关系

早在原始氏族社会晚期，汉字尚未产生之前，据生产生活的需要，就已经产生了一些记事的符号。仰韶文化、马家窑文化、龙山文化、良渚文化遗址中都发现有刻划在陶器上的形状相似的符号。

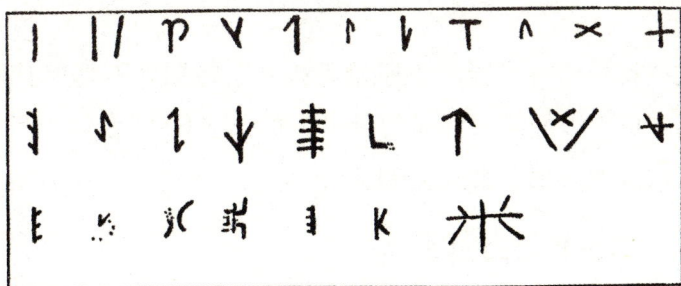

西安半坡陶器符号

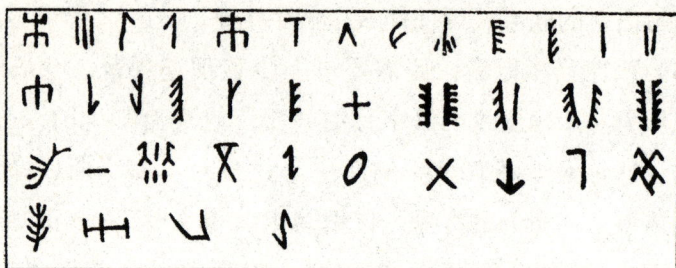

临潼姜寨陶器符号

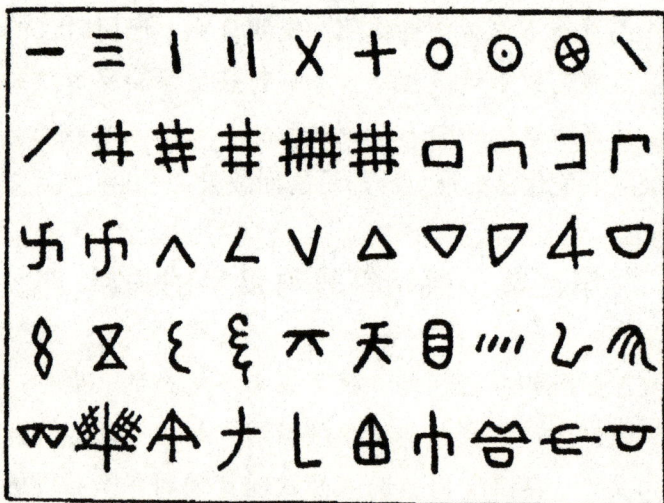

青海乐都柳弯陶器符号

这些符号的时代皆属于原始氏族社会晚期新石器时代的遗物，其中以半坡仰韶文化时代最早，距今已 6000 多年；马家窑文化时代较晚，距今也有 4000 余年。

一、原始符号与汉字

对这些原始符号性质的认定，可以归纳为两种观点：一种

观点是明确认定原始陶器符号就是早期汉字，一种观点却认为
这些原始符号对汉字产生有一定影响，但并不是文字。对于上
述观点，著名古文字学家高明先生从现象和发展两个方面对这
些原始符号和文字的异同作了比较①：从现象上看，原始符号与
汉字没有原则上的区别，二者都属于符号；但是从功能功用上
讲，二者却存在着本质的差别。汉字符号，代表语言中固定的
词，可以表达完整的意思。只要是文字，无论其处于何种阶段，
表达功能何等幼稚，但自它诞生之日起，即同语言密切结合，
具备表达语言的能力。而这些原始符号却都不能连贯成句，同
语言毫无关系，无法组合，不同形状的符号，可以启示某些人
的不同记忆，但是如果把它们组合在一起则失去它本来的作用。
从发展来看，这些原始符号不仅在没有出现文字的原始社会使
用，并且在已经能够利用完全成熟的文字记录语言的商代，甚
至到春秋战国，仍在使用（出现在某些陶器上）。这种现象说
明：陶符出现的时代虽比汉字早，但看不出有什么发展，直到
战国时期仍然停留在原始形状。汉字则不然，产生的时代虽比
这些符号晚，字体结构由象形、会意发展到形声。商代晚期的
甲骨文，字数已达 4000 以上。春秋战国时代，六经（《诗》、
《书》、《礼》、《乐》、《易》、《春秋》）均已用汉字写成。东汉
许慎著《说文解字》，集秦篆已达 9353 字。通过比较高明先生
的结论也是否定这些原始符号是汉字的说法，他的结论是比较
有说服力的。

---

①　高明著：《中国古文字学通论》，北京：北京大学出版社，1996 年版，第 27—
32 页。

二、原始符号的功用

汉字形体的变化，其动因是为适应记录汉语而变化。每当一种新的字体出现，旧的字体即被代替而自行淘汰，所以汉字由甲骨文发展到金文，再由金文发展到篆文，再由篆文发展出隶书，再由隶书发展出楷书，字体结构在不断地简化，充分发挥汉字记录汉语的职能。但是从这些原始符号的形体来看，它们既无变化亦未被新的形体所代替，而是始终如一地被制陶人所使用。这些符号与甲骨文同时并用，说明它们是有特定用途的记事符号。

三、中国境内原始文字产生的不同影响

所谓"原始文字"，是指还不能完整地记录语言的文字①，但已可以记事或传递信息。文字产生之前的记事和传递信息的方式主要有图画和图解方式，这些中国境内的原始文字都或多或少地为汉字的产生造成不同的影响；并且通过这些原始文字的一些情况，说明汉字形成的过程。例如中国云南纳西族使用过的"纳西图画文字"——纳西文，就可以通过纳西文的使用情况，证明汉字在产生初期曾经历过文字与图画混用的阶段。②

第三节　汉字体系的形成

文字起源于图画，是英国哲学家和社会学家斯宾塞

---

① 裘锡圭著：《文字学概要》，北京：商务印书馆，1988年版，第1页。
② 详见裘锡圭著：《文字学概要》，北京：商务印书馆，1988年版，第2—8页。

（H. spencer1820—1903）提出来的。在 20 世纪早期传入我国，现在已被学术界视为定论。文字起源于图画，并不是说图画就是文字，而是说文字是由图画逐渐发展而来的。文字作为一种符号，必须具有全民的共识特征，必须使大家都知道某一形体表示什么意义，否则就无法记录语言。在这一点上图画又是最接近文字的，这也正是图画对汉字产生启示和影响的关键，因此使之成为文字产生的基础。图画正是经过这样长期的反复使用，渐渐地使某些具体形象与语言中的一些词义产生固定的联系：使这些图像有了较为固定的形体，有了明确的读音，有了确定的意义。这些是从图画到图形再由图形到最后成为文字所必须具备的条件。这样文字就正式地产生了。由此可见图画是在诸多记事手段中，最终成为最有条件渐变成文字的一种记事符号。从对世界许多文字的起源，以及对我国考古挖掘出来的、原始时代遗留下来的器物上，所刻划、描画的符号进行考察，也能够证明这一结论的正确。用图画作为记事手段，在世界的许多地方都普遍存在过。例如：非常有名的"奥基布娃的情书"。

奥基布娃的情书

这一图画是北美印第安女子奥基布娃在赤杨树的树皮上画的一幅表达与男方约会地点的情书。从上面的图画中可以清楚地看到，图画所画的形象与结绳、契刻相比的确是具体了许多，

但是如果对其中图形所表示的意义不加以约定的话，那么这一图画的意思是没有人能理解的。这就充分说明图画并不是文字，因为图画是不确定的。首先，图画的确定性就不如文字具体和明确；其次，图画的不确定性还表现在对其意义的解释所用的语言单位上，它所表达的意义既可以用一个词来说明，也可以用一句话来说明。但一旦图画约定之后，即可在表达意义上达成共识，而与语言中的词结合了，文字也就产生了。文字与图画的区别关键就在图形是否与语言联系起来，是否有确定的形音义，因为文字与语言是对应整齐的，这也正是有了图画记事法还要产生文字的根本原因，是图画与文字的本质区别之所在。

一、汉字起源于图画

在我国，从已出土的文物中，还没有发现这种表达叙事性的图画，但是从一些器物上刻画的图形来看，还是能够说明图画是汉字产生的源头。例如：

辛店文化彩陶上的图形

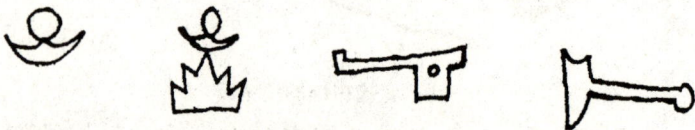

大汶口文化晚期陶器上的图形

青铜器上的图腾或氏族徽号

　　虽然它们代表什么意义还不能十分确定，但是它们这种以事物的形象表示事物本身的做法，对真正汉字的产生起到了启发、诱导的作用。正是这些图形为汉字的产生提供了字形的样本，准备了技术条件。很明显甲骨文中的许多形体与这些图形有着一脉相承的联系。例如，青铜器徽号中的虎形与甲骨文中的"虎"字：

　　例如，彩陶图画中的鱼形与甲骨文中的"鱼"字：

　　从上述材料的对应情况来看，说明二者的关系一脉相承，汉字起源于图画的说法是能够成立的，并且很有说服力，大量的汉字形体正是以图画为样本渐变而成的。虽然汉字起源于图画已成定论，但是汉字究竟是在什么时候由图画渐变成文字的，

学术界还没有一个十分确定的时间，只是根据出土文物所反映的情况和甲骨文产生的时间进行大致的推测。这些出土的器物大多出于仰韶、半坡、姜寨、马家窑、龙山、良渚、大汶口等地，它们都是属于原始氏族社会晚期新石器时代的遗物，其中以半坡仰韶文化遗址时代最早，距今约 6000 多年；甲骨文是迄今发现的最早的成系统的汉字，它属于商代后期的遗物，距今约有 3500 年。甲骨文已是相当成熟且成系统的汉字了。而假借字的大量出现，说明先民对一些尚未造出，但已出现的词义，是通过假借字来满足记录汉语的需要，这证明他们对文字的本质是记录语言的认识已经相当明确。据专家研究考证，仰韶文化的器物上出现的几何符号还算不上是文字，与汉字的形成没有直接的关系，只是我们祖先为记事而创造的一套符号，似乎是文字创造的一种试探。但是大汶口文化的图形符号，则已经呈现了文字的雏形。例如：

大汶口文化陶器符号

由此认为汉字的产生和出现大约是在仰韶文化时期，而成为文字体系则大约是在夏代或其后，距今约 4000 年的时期。总之，文字是由图画逐渐发展而来的，文字起源于图画，脱胎于图画，但文字毕竟不等同于图画，它与文字的本质区别在于文字有读音，是形音义的统一体，是在语言基础上产生的，记录语言的全民交际工具。而图画没有读音，只是人们用来反映通过感官所认识的客观现实的一种手段而已，图画在汉字的产生

过程中，其作用最大，可谓是汉字产生的直接来源。

二、汉字的发展

汉字在发展过程中，为了便于书写和记忆，虽然也发生了一定的变化，但其表意体系则始终未变，所变的仅仅是汉字的外部形体特征，内部结构是比较稳定的。

（一）汉字体系的稳定性

汉字是表意文字体系，在几千年的发展过程中，体系相当稳定，始终顽强地坚持着表意体系的性质。汉字表意体系稳定性的前提是由其所记录的对象——汉语的特点所决定的。汉语的音节表现方式选择方块结构的汉字形式作为记录手段十分协调，一个音节一个汉字，对应整齐，方块结构的汉字形式非常适合对汉语音节特点的记录。汉语同音现象普遍，方音差异大，因此选择表意方式构形的汉字，既可以满足对汉语的记录，又可以解决同音需要区别的问题，还能够排除方言对交流所造成的困难。汉字的表意文字体系能够适应满足记录汉语的需要，这是汉字体系性保持稳定的基本前提。

（二）汉字体系的内部结构

汉字虽然有几千年的历史，但就今天看来大部分汉字还是可以识读的，其原因就在于古今汉字的差别主要体现在外部的形体特征方面，其内部结构是基本稳定的。

1. 汉字的结构类型及其形成

汉字脱胎于图画，所以汉字产生的初期象形字多，且多为独体，这个过程是必须的，是汉字在积累构形元素的过程。现实世界中除了有形可象的事物外，还有一些复杂的动作、性状、

心理感受等抽象、无形的内容，用语言在指称它们的时候词义必然也较为抽象，那么在为这些词造字时，形象结构就受到限制，而通过利用已有的象形字加以拼合，就可以反映这些复杂抽象的内容。如坚（放牧）僬（渡河）。但虚词是无法用具体事物来表现的，于是出现汉字借音的情况，即假借字。假借字的出现是世界所有文字在发展过程中都曾有过的阶段，而有的文字由此便衍生为拼音文字；汉字由于适应汉语单音节孤立语的特点，无法走向拼音文字方向。于是为了保持汉字的表意性，则对假借字进行改造，在假借字字形的基础上加注义符，以体现汉字的意义内容，形声字由此产生。例如："欤"，本来是借"与"来表示的，后加义符"欠"以体现"欤"的语气意义。所以形声字的产生是汉字坚持表意的结果，并非汉字向表音方向发展的举措和标志。就形声字的声符而言，其形源仍是表意字的性质，字形并不表音；尤其是现代汉字形声字的声符与字音大都不同，例如：江、河、柳、桃，字音与声符读音全都不同。再有相同声符的形声字，其字音却也各不相同，例如：颗、踝、裹。形声字的产生最大限度地满足了汉字作为符号的所有要求：经济，实现了有限元素的有限应用；方便，拼合方式简单化；区别，区别度极高，声同义别，义同音别；既保持了汉字的表意性又满足了不断产生新词的记录要求，形声结构是汉字结构中最优化的结构，因此汉字在发展过程中最终选择了形声结构作为主体格局。

所以汉字的发展，从现象上看是先有象形字，后有会意字，然后产生假借字，最后产生形声字。

2. 汉字变化的表现

汉字的内部结构是相对稳定的，其变化主要体现在字体风格方面，且变化的特点是渐进式的，即每次字体的变化都是通过细小变化的日积月累，最后形成大的总体风格的变化。其变革以继承为基础，继承的最直接体现就是汉字内部结构的稳定性，现在如果将甲骨文和现代汉字放在一起，找出其古今形体的对应关系，或许存在一定的困难，但如果将某字各时期的变体都排列出来，其传承关系还是十分明显的，其变化的只是书写方式，内部结构对应关系的变化轨迹是十分清楚的。例如：

①是甲骨文的形体，中间部分是一个范围，上下部分是人的足（止），合起来表示人足迹围绕，也就是包围守卫的意思。

②是春秋时期金文（俞父盘）的形体，结构与甲骨文相似。

③是小篆的形体，与甲、金文一脉相承，结构相同，写得整齐美观了。

④是楷书的写法，从小篆演变而来。

⑤是简化字。

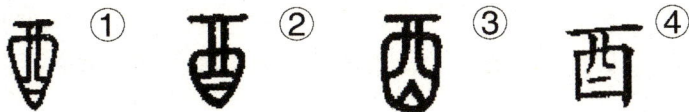

①是甲骨文的形体，像酒坛子的形象。

②是周朝中期金文的形体，与甲骨文的形体相似，也像酒坛子的样子。

③是小篆的形体，从金文演变而来。

④是楷书的写法。

也正因为古今汉字之间在内部结构方面存在着稳定的传承关系，才使汉字成为没有中断历史的悠久文字，并由今文字上推古文字的工作成为可能。

本章小结：语言与文字的关系在于文字是记录语言的最重要的辅助性工具，文字是应记录语言的需要而产生的，语言是第一性的，文字是第二性的，文字依附于语言，并随语言的变化而不断地调整自己；汉语汉字作为语言文字的一种，二者之间的关系同所有语言文字具有的关系一样，汉字也是应记录汉语的需要而产生的，并最终起源于图画，在适应记录汉语的过程中始终保持着表意文字的性质，形成以形声结构为主体的格局，向着形体趋于简化的方向发展。

思考与练习题：

一、简述汉字产生的原因。

二、为什么说汉字起源于图画？

三、汉字产生之前曾出现过哪些记事方法？这些方法为汉字的产生创造了哪些条件？

四、为什么汉字在发展过程中始终坚持其表意文字的性质？

五、试析汉字在结构上发展为以形声结构为主体的原因。

第二章

汉字的本质及其特点

章节重点：表意性是汉字的本质属性；汉字在记录汉语的过程中为适应汉语而形成的特点。

关键词：表意性质　特点

学习目标：通过了解汉语与汉字的关系，明确汉字的本质属性是表意文字的性质；作为世界文字的一种，汉字具有所有文字的共性特征，同时作为记录汉语的汉字又具有其个性特征。

教学要求：明确汉字的本质属性是表意文字的原因，汉字的一般属性和汉字适应记录汉语而具有的特点。

1. 了解：汉字的共性和个性特征。

2. 熟悉：以象形文字为基础的汉字，其表意性是汉字具有本质意义的属性。

3. 理解：表意性是汉字适应汉语特点的根本原因。

4. 掌握：汉字表意性质和汉字的特点。

学习导航：在掌握绪论和第一章内容的基础上，理解表意文字性质是汉字适应记录汉语的表现，了解语言与文字的关系，了解汉字所具有的文字的共同属性；把握汉语的特点以明确汉字的特点。利用音像教材、网络多媒体课件（课程）、网络平台

资源和面授辅导，有效地学习和掌握本章的重点内容。

文字是记录语言的书写符号体系，是扩大语言在时间和空间上交际功能的最重要的辅助性工具。由于文字是用形体来记录语言，所以形体是文字的本质要素，判断文字所属的类型应以文字符号在构造形体时所依据的内容来决定。汉字从甲骨文到楷书，字形始终不能直接表示所记录汉语的读音，而是通过形体来表现所记录汉语的意义，因此表意性是汉字的本质属性。

第一节　汉字的本质

文字是记录语言的符号，创造并使用文字是人类从蛮荒走向文明的象征，因此不同的民族有着各自不同的语言和文字。汉字是世界文字体系中独具特色的一种文字。

一、汉字在文字学史上的地位

汉字在历史和现实中的种种作用使其在世界文字发展史中享有崇高的地位。汉字有着悠久的历史，在几千多年的发展演变过程中历经多种字体的变化，却始终没有改变其表意文字的性质，并很好地适应了对汉语的记录，使汉字积累了大量的史料，为世界文字的起源、发展提供丰富的材料，也使汉字以其自身的特点在世界文字发展史上占有重要地位。

（一）汉字是表意文字的典型代表

关于汉字的表意性问题，在学界曾存在着一种表意文字落后于拼音文字的认识，因此认为汉字是落后文字形态。这种认识的理论依据是世界文字的发展要经历表形（象形）、表意、表音三个阶段，而汉字是表意文字，所以是处于文字发展的低级阶段，还没有发展到高级的表音文字阶段，因此汉字是落后于拼音文字的。对此吕叔湘早在20世纪80年代的"汉字问题学术讨论会"开幕式上的发言中，以"汉字和拼音字的比较"为题，专就二者的优缺点进行了比较说明："汉字有它的优点，也有它的缺点。拼音字有它的优点，也有它的缺点。有人赞成汉字，就只说汉字的优点，不说它的缺点。有人赞成拼音字，就只说拼音字的优点，不说它的缺点。"这已表明不同文字各有自己的特点，优缺点是共存的，无所谓落后与先进。因此他进一步说："第一，无论是汉字还是拼音字，它的优点和缺点分不开，有这么个优点，就不免有那么个缺点。第二，汉字的优点恰好是拼音字的缺点，汉字的缺点也就是拼音字的优点。"[1]

对于这个问题，王宁先生认为"这个说法首先是不符合世界文字发展事实的。世界文字大都起源于图画文字，但是并不一定都经历三个阶段"。[2]

目前对于这个问题大多学者已经有了明确的认识，认为表音、表意是"文字发展的不同方向，不是不同阶段"，并且强调指出"表音、表意没有优劣之分"，"表意文字有它自身的缺点，

[1] 吕叔湘：《汉字和拼音字的比较》，载《汉字问题学术讨论会论文集》，北京：语文出版社，1988年版，第8页。
[2] 王宁主编：《汉字学概要》，北京：北京师范大学出版社，2001年版，第2页。

正如表音文字有它自身的缺点一样，有时这个缺点可能又正是它的长处。汉字是完善的表意文字体系，已经发展成熟，所以，要想抛弃汉字的表意体系，用表音文字去取代它，是完全没有必要的"。①

（二）丰富世界文字发展史的内容

汉字是自源文字，历史上许多古老的自源文字逐渐湮灭不用或已成为不可解读的文字，只有汉字是世界上最古老的并仍然被使用着的唯一的一种系统完备的文字。在世界文字发展过程中汉字是表意文字的典型代表，对探寻自源文字的起源和发展，完善普通文字学理论，丰富世界文字发展史具有极其重要的作用。正如王宁先生所说："汉字在几千年的发展历史中，一直坚持着表意的特点，不停顿地被使用至今，成为世界上唯一的一种有着日渐严密构形系统的表意文字，是表意文字的代表。正因为如此，汉字的发展演变中，有拼音文字不具有的现象和规律，也有其他发展时间较短的表意文字未曾出现过的现象和规律。所以，研究汉字的构形特点和使用规律，不仅是中国文字学的课题，而且是世界文字学的课题。"②

（三）对世界文化发展的深远影响

汉字是世界上使用时间最久的文字之一，汉字不仅推动了汉民族文化的发展和进步，对世界文化的发展也产生了深远的影响。

由于汉字的历史没有中断，使汉字具有了沟通古今的作用，

---

① 张双棣，张联荣，宋绍年，耿振生编著：《古代汉语知识教程》，北京：北京大学出版社，2002 年版，第 13 页。

② 王宁主编：《汉字学概要》，北京：北京师范大学出版社，2001 年版，第 8 页。

3000 余年来汉字承载的中华文化能够使现代人研读。汉字还以其独特的书法和篆刻艺术在世界文字中大放异彩。这些优势使汉字能够极大限度地传播我国的古代文明和传统文化。由于汉字的表意性使其形体不表现语音，易于成为借源文字构形的材料，因此历史上日本、朝鲜、越南等周边邻国都曾借用汉字来书写记录它们本民族的语言，这又为汉字探索和研究借源文字的产生及传播提供了条件和依据。

二、汉字的一般属性

汉字虽然具有自己的个性特征，但毕竟是世界文字中的一种，因此必然具有文字的共性特征。

文字记录语言实质上是对语言职能的一种替代，且优于语言，能把无形（语言）化为有形（文字），不受时空限制，扩大了交际功能，还可以把语言信息传向远方和后世，这是文字产生的原因也是文字存在的价值。汉字同其他文字一样是记录汉语的符号，也同所有的文字一样，是记录汉语的载体，是把汉语的音义信息通过具体可见的形体表现出来。由于"语音和词义是不可分割的双面符号，文字作为书写语言的视觉符号，记录的只能是音义结合的词，而不可能是单纯的语音或单纯的语义"[①]，所以汉字也同所有文字一样既表音又表义，具备所有文字的共性特征——兼表音义。

三、汉字的本质属性

本质属性是指一种事物区别于其他事物的基本特性。表意

---

① 杨润陆著：《现代汉字学》，北京：北京师范大学出版社，2008 年版，第 3 页。

文字与表音文字的划分依据是由字形直接显示的信息是语义还是语音来确定的。例如，英语 door 直接拼出了意义为"门"这个词的声音而成为这个词的载体。汉语"門"则用两扇木条编成的门板的形象表达了它所记录的是"门"这一词的意义而成为这个词的载体，因此汉字的本质属性是表意性。

讨论文字的性质类别，不是只考虑个别或一部分字符的构造，而要看整体构形系统总的发展趋势。汉字是记录汉语的文字，是世界上最古老的文字之一，现存最古可识的汉字是 3000多年前殷商时代的甲骨文，甲骨文是表意体系的早期汉字，虽然多数字的形体和部位还没有定型，但是它的字形结构已经由独体的象形字、指事字趋向合体的会意字，并且产生了形声字，所以说甲骨文已经是一种成熟的文字。现代汉字的形体就是从殷商时期的甲骨文经过两周时期的金文、秦代的小篆，逐步发展演变而来。演变的结果是：汉字在形体上由图形变为符号，由线条变为笔画；在表现方式上由象形变为象征，由繁复变为简单。这种演变极大地改变了汉字的面貌，使汉字的象形意味越来越弱，符号特征越来越强，尽管如此汉字从古文字到现代汉字始终没有脱离表意体系，只是表意的方式不同而已，由古文字时期的个体表意发展到现代汉字的系统表意。

（一）汉字属性由构形依据决定

确定汉字的本质属性要从汉字是怎样构造形体的角度去考察，即要弄清与汉字形体相关的两个主要问题：一是汉字形体记录汉语的方式，这是汉字的本体问题；一是汉字形体与汉语各单位之间的联系，这是汉字的关系问题；从本体上来说，汉字是以形体表现汉语词或语素意义的方式进行记录的，形体显示着意义内容；从关系上来说，汉字形体记录汉语的语音单位是音节，如"葡"、"萄"、"乒"、"乓"等；记录汉语的语法单位是词或词素。这就是汉字区别于其他文字的基本特征，也是人们称汉字为表意文字或语素—音节文字的原因。不同称谓反映了看待汉字的不同角度，它们确实是汉字本身所具有的基本特征。

（二）汉字构形由汉语特点决定

汉字在记录汉语时是针对汉语特点进行构形的。汉语语音单音节及缺乏形态变化的特点，决定了汉字的构形要通过形体体现意义的方式来记录汉语，否则汉语中众多的同音词就无法进行区别，因此汉字的形体不反映语音。从目前所能见到的最早汉字——甲骨文来看，这种情况十分突出：

这些字只要通过字形就能判断出它们所要表示的意义，字形显现的意义非常直观，所以汉字的表意性是由汉语的特点决定的。

（三）汉字表意性与文字表义职能

汉字的表意性是指汉字构形所依据的是语义，形体反映意义要素，不反映声音要素；这与文字记录语言具有音义职能是不同的问题。一个是侧重文字形体要素审视其构造依据，一个是把文字作为整体说明其职能体现。表意是汉字构形的个性特征，汉字的表意是指汉字形体所体现的意义特征，是构形理据的表现；文字的表义职能是所有文字的共性特征，是指文字记录语言的词义反映；例如：采（翾）的字形是通过手在树上的形象来表现采摘的词义，构件手和树木的拼合方式，以及手与树的位置关系就是"采"字的表意手段。汉字的表意性与文字的表义职能在选择用字进行表述时就是不同的，一个是"意"，一个是"义"。

（四）汉字表意性与汉字构件的表义功能

汉字的构形是成系统的，就汉字形体的组字功能来说，有表义、表形、示音、记号等功能，汉字的表意性与汉字形体在构形中体现的表义功能的表义也是不同的。对于汉字除了表意文字外还有表音文字、记号文字和表形文字等说法，其实是就汉字形体的不同功能而言的，这与汉字形体构造所依据的是什么是不同层次的问题，一个是构造过程，一个是构造过程完成后的功能分析，二者不能混为一谈。汉字的本质属性不能依据构造汉字形体的功能而定，只能依据构造汉字形体的方式来决定。例如："树"字形中的"木"，是表义功能构件，而在"沐"字中，"木"又成为了示音功能构件。

（五）声符与汉字的表意性

关于声符，即在汉字构形中体现为示音（表音）功能的形体，从字源来讲它们仍然是通过图解词义的方式构形的，形体并不反映语音，只因成为记录语言的符号，所以具有了文字的共性特征既表音又表义，于是有了读音，在充当表音功能的时候，只借读某音的形，它所具有的音不是源生的而是附带的；而且形声字的读音与声符读音完全相同的，在现代汉字中所占的比例极小，大多与其声符读音不同；且相同的声符读音也不

一定相同，如以"果"为声符的字，裸、颗、踝、裹，都从"果"得声，但却读四个音；所以严格地说，形声字的声符并不起标音或表音作用，其主要功能是进行区别，提示字形所记录的是语言中的哪一个词。从构形角度讲汉字只能称之为表意文字，音不是汉字形体的本质反映，汉字不能认定为表音文字或意音文字。

（六）记号字与汉字的表意性

关于记号字，由于汉字的历史是可以追溯的，所以对于字体变化而不象形的字如：日、月、山、水等，其形体演变规律清晰，变化轨迹清楚，则不能称为是记号字。它们的构形理据通过复形是可以探寻出来的，理据尚存的字就不应称为记号字。记号字是指理据丧失，无据可依的，由简化、讹变、形体黏合等因素形成的。如：东、夬、车等。源生字一般没有记号字，记号字大都是在发展演变过程中产生的；并且记号字在汉字总量中所占的比例是有限的，并不影响对汉字表意性的认定。

（七）汉字形体演变与汉字的表意性

汉字在记录汉语的过程中为了更有效地记录汉语，其形体的演变大致经历了三个阶段：

第一是形符阶段，这是汉字发展的最早阶段。形体结构方式或通过对物象直观的描写，或对几个直观物象的结合来体现字义，这是汉字形体结构方式中最原始的一种方式。早期的甲骨文、金文大多是用这种方式构形的。例如：

① 🐏（羊）　🐂（牛）　（贝）　⊙（日）　（臣）

② （启）　（浴）　（沫）　（祝）　（涉）

①组的构形是直观描写物象，②组的形体结构是通过几个物象的组合反映事物之间的关系。可见汉字在构造之初其形体中的每个构形元素都是以个体形象来体现意义的。在汉字发展过程中，汉字构形的象物性逐渐淡化，逐渐发展成不再象形而具有意义信息的字符，这种象物性逐渐淡化的字符，就是由象形符号转化为表意符号进入第二阶段。

第二是形符意化阶段，这一阶段汉字由形符（象形符号）演变为意符（表意符号），一大批具有意义的基本符号已经生成，这批意符不再靠着直绘物象或通过形体的组合来体现造字意图，而是通过意符不同的组合手段直接把意义信息携带进入字形。小篆中的会意字一般是通过这种意符组合构造的。例如：

（祝）　　　（涉）　　　（败）

（浴）　　　（初）　　　（采）

这些通过意符的组合而构成的字与上面通过直观物象组合而构造的字有本质的不同，前者是直观物象的有机组合，需要用物象上下左右的相对位置来反映事物关系，是形合，而后者

是由意符组合而成，靠字符意义的累积来体现造字意图，是义合。

　　第三是形声字阶段，这一阶段汉字发展过程中，为了书写的便利汉字的形符逐渐简化，字形所表现的意义信息逐渐淡化，为维护汉字的表意性，加强汉字的记录功能，于是在原有意符上累加意符或声符，从而生成大量的形声字，可见形声字是汉字坚持表意性的产物，这是第三阶段。例如："其"本义指"畚箕"，后借为语气词和指示代词，为了区别意义，便在"其"上加上意符"⺮"而构成新字"箕"；"益"的本义是"溢"，引申为"利益"之义，故又加意符"氵"以强调本义成"溢"。这两组形声字都是为了增加字符的表意信息而构成。传统上对这些由形旁和声旁组成的字，称为"形声字"，如果从来源考察这些形声字，可以看出，其"声符"往往是地地道道的意符，只不过在这些意符上又添加新意符，由于这些意符与构成的新字客观上存在读音的联系，因而也就具有提示读音的作用，实际上这些"声符"本身与汉语的语音并无必然的联系。

　　汉字的源是可以追溯的，表意性是明显的，在流变过程中仍然可以寻到表意的痕迹，这是汉字没有中断历史的反映，也是汉字表意性质没有改变的证明。纵观汉字发展史不难看出，汉字在几千年的发展中，形体结构方式发生了一些变化，个体字符的形体也或多或少地产生某些差异，但从总体来看，汉字的形体结构原则却从未发生根本变化——即均根据语言的意义来构形。从这一角度出发，把汉字命名为表意体系的文字，是能够概括出汉字的本质特性的。

第二节　汉字的特点

文字的本质属性是形体，确定文字的性质自然要从分析形体的构形方式入手，考察其在构形时的突出特点，就是文字的性质所在。要考察汉字的特点自然还是要从形体上进行分析，看它与其他文字在形体上有哪些不同；汉字的特点是在其本质属性的基础上形成的。汉字的本质属性是表意性，因此汉字的特点受表意性影响表现在以下几个方面：

一、记录特点

汉字在记录汉语时，其特点表现为汉字十分适合对汉语的记录。汉字和汉语相适应，是因为汉字是依据汉语的特点来确定其记录汉语的方式，汉语的主要特点表现为语音单位一般情况为单音节，语义单位为词或词素。

（一）就汉字记录汉语的单位而言，汉字属于音节—语素文字。在一般情况下一个汉字记录一个音节，而一个音节往往又代表一个语素。例如："树"这个字记录了 shù 这个音节，而这个音节代表"树"植物中的一类这个语素。称汉字是"音节—语素文字"，是从它的构形单位与语言单位的对应来说的。汉字构成以后，每个汉字并不一定都记录一个语素，例如前面所举的乒乓、葡萄，虽然它们分别都是两个音节，但记录的却是一个语素。汉语的单音节词占优势和轻形态变化的特点，决定了汉语可以用一个形体（汉字）去记录一个词或语素，用方块汉

字记录汉语单音节语素两相对应非常合适。

（二）汉语单音词占优势的特点，还决定了汉字不能单纯以声音来表达词义，因为单纯从语音的角度来记录汉语，就会出现大量同音现象无法区别的情况，作为符号，区别是首要的，同音现象无法区别与文字区别性要求相抵牾。例如："qī zhōng kǎo shì chéng jì"，如果只凭语音，就分辨不清是指"期中"还是"期终"；汉语单音语素所造成同音词多的特点，决定了汉字构形原则必先重意，一义一形，同音现象通过形体的不同加以解决，"期中"和"期终"，写出来同音的区别问题就解决了。所以这就决定汉字在记录汉语时，要选择以形表意方式如象形、会意、指事来构形。即使现在拼音文字仍然无法解决汉语同音问题。

（三）汉语有声调的特点，决定了相同的汉字可以通过声调的不同，来表达不同的词性和意义，如"好"上声表示形容词，去声表示动作，在一定程度上可以限制汉字数量的无限增长。

二、形体特点

汉字的形体具有表意性，表意性则使汉字在形体上具有以下特点：

（一）超时空性

汉字的超时代性，是指汉字可以沟通古今。汉字可以不受因时间推移而产生语音变化的影响，这一点相对于拼音文字而言具有极大的优越性。古代文献现代仍然可以看，看不懂的，不是汉字本身，而是古今语素意义的变化。虽然汉字已经有3000多年的历史，但是由于古今汉字的结构方式在本质上始终

表意，与语言对应的基本单位由古代的词发展到现在的语素，在本质上也没有发生变化，所以就具有了通贯古今的特殊作用。在空间地域上，汉字自古以来就具有沟通方言的作用。我国历来就是一个方言众多的国家，方言的区别主要表现在语音上，同样的词语，虽然各地发音不同，但却用同一个汉字记录，写出来不同方言的人都能看明白，所以用汉字记录汉语，书面上起到了沟通方言的作用；而拼音文字就难以适应汉语方言分歧的特点，所以汉字在维护汉语统一，避免汉语分裂为不同语言方面，起了巨大作用。总之汉字的超时空作用，就其实质还是汉语语法、词汇系统古今共通性所决定的，是汉字基本适应汉语特点的反映。

（二）文化特点

汉字历史悠久，从古到今一脉相承，汉字俨然已经成为汉民族文化的一部分。汉字与汉语、汉文化紧密联系，建立了一套系统、科学的既反映文化又与文化相互依存的文字体系，并且能够随着时代的发展调整系统结构以适应新的需要。汉字与文化的关系主要表现在两个方面：一是汉字的字义系统记录了文化系统，是汉民族文化的重要载体；二是汉字的字形构造反映了文化现象，字形本身就是一种很重要的文化事象。汉字的字义系统是对客观世界和人文世界的划分和整理，其中有客观成分，也有特定文化的影响因素。但汉字与汉文化的关系主要反映在第二方面，汉字是依据词义来构造字形、追求形义统一的文字。汉字的构形记录了造字时代的社会文化生活状况和当时人们的思想认识及心理状态。古文字字形中体现出的传统文化内涵，不仅记录保留许多古代汉文化内容，而且字形本身还

反映出许多古代文化生活的面貌。例如："夫"本义是成年男子的通称，其形由"大"和"一"组成，"大"即正面的人形，与"子"相对，表示成人。古代童子披发，男子 20 岁时举行冠礼，即成人礼，表示童子已长大成人，原来的披发也转为束发，束发或戴冠都要用簪，"夫"字上部的"一"即是簪的象形。现代汉字"夫"的字形与甲骨文字形的对应关系十分清楚，仍然保留着古文字字形的文化理据，字形本身反映出古代文化生活的状态。

最早的汉字，字形以象形为主，字体以不可分割的独体为主。在独体象形字的数量积累到一定程度后，汉字便采取了以现有字形为构件，通过固定的组合方式创造新字的方法，其组合方式主要有表义构件与表义构件的组合和表义构件与表音构件的组合两种，而就构件本身的形体而言，也经历了描画事物形体的象形到直接表示词义的固定代号的过程。发展到现代汉字，虽然字形已无象形成分，但是由于从象形到固定代号的转换是有规律的，而且其组合关系并未改变，所以在大多数情况下仍能把古汉字和现代汉字的分析结合起来。例如现代汉字中，字形从"女"作为义符的字，有些字义实际上不仅是只"女人"具有，但却要从"女"，如"妒、嫉、婪、嫌"等，是所有人都可能有的心态，却用了"女"做义符，因为这些词义反映的是一种不好的心态；甚至有些是男性的行为却也要从女如："奸、嫖"等；而"婊、娼、姘"等对女性的指称就更具有明显的贬义色彩了，这些现象都说明妇女地位的低下。再如，从"心"的字"思、想、愁、忍、念、忘、恕、忠、虑、怒、忏、悔、恨、忆、快、情、惊、惆、怅、愤"，其字义都与心理感受有

关，现在人们知道心理感受是大脑的反映，并不是心脏的功能，可是在汉字里凡是表示同思维、心理活动有关的字，都从"心"（忄），这是当时人们认识的反映。汉字中蕴藏着丰富的有关汉民族的思维方式、价值观念、文化习俗等内容。汉字是汉民族文化的活化石，结合传统文化来分析汉字的构造，在汉字形音义的分析中阐发文化现象，可以使人们掌握汉字的同时获得许多汉民族的历史文化知识，达到汉字与传统文化双重认识的目的。

三、构形特点

汉字形体所表现出来的特征是从静态角度对汉字特点的考查，就汉字形体的动态组合角度来考查汉字，汉字的构形又具有以下特点：

（一）理据性

汉字的内部构造具有可解释性，构形有理据，据此把汉字定性为表意文字体系，它的形体始终顽强地保持着构形理据。在甲骨文、金文和篆文中，由于这些古文字形体的形象表意特征十分明显，还保存着原始的造字意图，构形理据是很容易看出的。例如：册，甲骨文作"㈣"，像编串在一起的许多竹简，本义是简册。虽然现代汉字较之古文字而言在形体上个体形象表意意味减弱了许多，但是其形义关系仍然具有很大的可解释性。如"水"从形体上看已不像水，但是只要从氵作义符的字其意义便都与"水"有关，"日"形体已不像太阳，但是只要字形有"日"参构为义符，其字义便与太阳有关。日月相合就表示"明"；等等。

在记录汉语的过程中，汉字为了适应记录汉语的需要，确实产生了一些示音成分，如形声字的声符和假借字的出现，但这并不影响汉字表意文字对字形理据性的坚持。因为形声字的产生正是为了解决假借字形无理据解说的一种手段，在借字形体的基础上累加义符使之重建理据的结果；并且随着汉字发展的成熟，假借字的数量基本稳定，占汉字总量极少的比例并不影响汉字表意性的主导倾向。

（二）多样性

汉字是在一个两维度的平面上来构形的，所以汉字又被称为"方块字"，这个特点也是汉字的表意性带来的。早期汉字是由象形文字过渡过来的，属于独体字，大多呈两维平面，合体字大多采用形合的方式组成，这种组合需要采用上下左右的相对位置来反映事物的关系。例如：山、水、牛、羊，它们在甲骨文中都是独体象形字，直接描绘事物的形象，自然置于两维平面之中。浴、拯、监，在甲骨文中它们都属于合体象形字，为了体现事物的本来情景，组构的字形保持了事物相互的实际位置，构形必然是一个两维的平面，而不能是线性的。所以汉字在古文字阶段方块格局就已经形成了，当汉字发展到义合组字和义音组字后，由于整体构形已经经过了一番规整，当然也就要保持上下、左右的两维方形。这个两维度的空间为汉字构件的组合提供了许多区别的方式，汉字可以利用多种手段进行构形以别义，除了构件的不同可以组合成不同的汉字外，相同的构件也可以构成不同的汉字。构件的相对位置可以区别不同的汉字，例如：杲、杳，加、另，本、末，它们的区别就在于构件位置的不同。构件的置向也可以区别不同的汉字，例如：

比、从的区别就在于置向上。构件的数量因素也可以构成区别性手段，例如：人、从、众的区别就在于构件的数量上。汉字构形的这些区别变化，都是在两维空间内完成的，汉字的构字方式与表音文字的字母线性排列方式很不一样。

（三）系统性

汉字看似一个个孤立的字形，其实不然，汉字在构形方面具有严密的系统性。从目前所能见到的最早汉字甲骨文来看，汉字构形已经体现出系统性了。具体表现在能够离析出一定量的基础构形元素，具有一定的构形模式，稳定的别义手段等。尤其是汉字发展到现代，其体系较之古文字更加严密，具体表现在，构形元素的规整性更强，偏旁部首就是最充分的体现，使汉字的结构呈现为系统表意的特征；在结构类型方面一直延续到现在的传统的"六书"分类，也是汉字系统性的充分体现。

（四）艺术性

在汉字形体发展的过程中，世界上唯有汉字成就了一门书法和篆刻艺术。中国的书法，是汉民族特有的艺术形式，是由汉字生发出来、以书写汉字为表现形式的特殊的抽象造型艺术。汉字是书法艺术赖以存在和显现的本体要素，书法以汉字为载体，以书写汉字为基本视觉形式。中国书法源远流长，它的起源最根本的原因是由汉字的内在特质决定的。汉字是表意文字，汉字生成的手段使它具备作为一种艺术的潜力；汉字的两维空间的造型——方块形体为书法艺术的创造提供了生存的空间。汉字构形的本身即带有艺术的潜质，如对称、均衡、整齐，大字笔道粗犷，小字笔道纤细都是文字构形本身所具有的审美范畴，是书法赖以萌生的基础。汉字以意构形的结构、两维度的

造型，为汉民族在书写过程中的艺术追求提供了物质基础，为书家的艺术创造力提供了广阔的空间。东汉汉字进入了今文字时期。中国书法也突飞猛进，进入百花争艳的黄金时代。汉代以后的书法之所以得到迅速发展，其根本原因在于今文字书体具有古文字书体所不具备的审美范畴和审美情趣。古文字依靠线条组成的形象体现美，今文字失去了形象性，为美的体现增加了难度，促使今文字书法具有更强的艺术表现力，从而使书法创造具有了更强大的推动力。总之，是汉字独特的构形体系孕育了书法，是汉民族尚美的追求和汉字字体的演变推动了书法的发展。大致到汉末至魏晋时期，由于政治、经济、民族文化的发展，以及书体自身发展的原因，促使书法走向艺术化的觉醒，从而成为一门可以抒情达意、最具民族特征、最能体现中国文化特质的艺术形式。

　　本章小结：形、音、义是汉字的三要素，由于汉字是记录汉语的书面符号体系，所以"形"是汉字的本质要素，"音、义"则来自汉语。由于汉字的"形"所依据的是汉语的意义要素，因此"表意性"是汉字的本质属性。由于汉字的历史悠久，因此在发展过程中形成古今汉字的不同，但是其发展是一脉相承的，表意性质并未改变，只是方式的不同，古文字是形象表意，今文字是符号表意。作为文字，汉字具有文字的共性特征，既表音又表义；在适应汉语特点的同时又有其个性特征，即在记录汉语的语音单位上表现为音节，在语法单位上表现为词或语素，因此汉字又可以称为音节—语素文字。

思考与练习题：

一、简述汉字作为文字的共性特征。

二、为什么说表意性是汉字的本质属性？

三、汉字的特点表现在哪几个方面？

第三章

汉字的结构和字体

章节重点：汉字的结构及对汉字结构的传统分析方法"六书"；汉字在历史发展过程中所出现和形成的各种字体及风格特点。

关键词：六书　汉字结构　三书　字体风格　甲骨文　金文　小篆　隶书　楷书

学习目标：通过了解汉字的构形特征，掌握汉字结构的传统分析方法——六书，明确"六书"的产生、发展、适应的范围；学习汉字发展历史，明确汉字形体在发展过程中由于简化的需要而产生的不同字体，及各种字体所具有的特点。

教学要求：明确汉字结构形成的基础，汉字结构分析的方法，汉字字体的特点，汉字字体的演变和字体的种类，对不同汉字字体风格的总结。

1. 了解：汉字结构形成的基础，汉字造字法及其发展。

2. 熟悉：汉字结构分析的方法。

3. 理解：汉字字体的特点，汉字字体的演变和字体的种类。

4. 掌握：对不同汉字字体风格的总结。

学习导航：在了解汉字表意性质的基础上，把握汉字的结

构方式和结构类型，掌握传统汉字结构分析方法"六书"理论的内容，并能运用"六书"分析汉字结构。通过了解"六书"的局限性掌握汉字构形理论的方法，更加深刻领会汉字的结构，为学习现代汉字的结构打基础。在了解汉字形体在几千年过程中不断发展的事实，明确汉字的字体风格是随历史的发展而变化的，掌握各种字体风格的形成原因及特点。同时利用音像教材、网络多媒体课件（课程）、网络平台资源和面授辅导，有效地学习和掌握本章的重点内容。

　　汉字具有形音义三个要素，形体要素是汉字的本质要素。从造字角度而言汉字是因义构形的，即形体结构反映意义内容，汉字的表意性正因此而产生。了解汉字的形体结构，可以帮助理解字义，从而准确地运用汉字，因此对于学习和掌握汉字具有十分重要的作用。汉字的结构与汉字的字体是两个不同的概念，汉字结构和字体的变化对汉字形体影响是不同的。

第一节　汉字的结构

　　形是汉字形音义三要素中最重要的本质要素，汉字的结构又是形体要素中至关重要的内容，因为汉字的形体是由构形元素通过各种结构方式组织构造起来的，要想把握汉字的形体，就必须了解汉字的结构，掌握汉字结构的相关知识与内容。

一、汉字结构的含义

汉字结构历来是研究中国文字学最基本的问题之一，也是传统文字学最有成就的研究领域，影响中国文字学近 2000 年的"六书"理论，就是对汉字结构最早的理论概括。关于汉字结构的研究，主要涉及三个方面的内容：1. 构形方式（或造字方法）：即指文字符号的生成方式，亦即构造文字符号的方法；2. 字形结构：用不同的构形方式即可构造出不同的字形结构；3. 结构类型：将不同结构特征的汉字予以归纳分类就可概括出不同的汉字结构类型。掌握汉字结构的相关知识和内容，首先要明确汉字结构的内涵与作用，这是学习和掌握汉字结构的重要途径。

（一）汉字结构的定义

"汉字结构"，就是构造（或分析）汉字形体的理据，包括组成汉字的构件、构件功能及功能关系。例如"构"字由"木"和"勾"两个构件组成，"木"的功能体现为表义，"勾"的功能体现为示音，因此"构"的结构可以描述为"义音合成字"。由此对汉字的结构可以这样认定：即指汉字形体通过构形元素的内在组合方式所呈现出来的外在存在样式，因此汉字的结构具有两方面的内涵，一个是汉字的内部构成，另一个是汉字的外在形态。

（二）汉字的外在形态与内部构成

汉字的外在形态是指汉字结构的静态表现状态，是汉字构形元素动态组合完成之后的静态展现，汉字的外在形态可以通过汉字的形态特征加以描述。就汉字的形体特征而言，汉字是

在一个两维度的平面上来构形的，即汉字的外在形态表现为"方块形态"，汉字的这种方块的外在形态特征是由汉字的表意性带来的。早期汉字是由象形文字过渡而来，所以独体字大多呈两维平面，合体字大多采用形象组合的方式构成。这种方式的组合需要采用上下左右相对位置来反映事物的关系。例如在甲骨文中，由于独体象形字的构形方式是直绘其形，字形结构自然置于两维平面之中。合体象形字，为了描写或体现具体的现实情境和事物的本来情境，字形自然要保持事物间相互的实际位置，构形也就必然是一个两维的平面，而不能是线性的存在方式。所以，汉字在古文字时代，方块形态的格局就已经形成，当汉字发展到义合组字和义音组字后，由于整体构形已经经过了一番规整，当然也就要保持上下、左右的两维方形。因此可以说，方块汉字正是汉字的表意性必然带来的特点。

这个两维度的空间，为汉字构形元素的组合提供了很多区别的因素，除了不同的元素可以组合成不同的汉字外，相同的构形元素也可以构成不同的汉字。构形元素的相对位置可以区别不同的汉字。例如：本与末。构形元素的置向也可以区别不同的汉字。例如：比与从。构形元素的数量也可以区别不同的汉字。例如：木与林、森。这些区别变化，都是在两维的空间内进行的，与拼音文字由字母线性排列而结合是不一样的。

汉字之所以能够形成和保持方块这种外在形态特征，是因为这种特征适合所记录汉语的特点。汉语是词根语，又是分析语，词形上极少有需要用音素来记录的附加成分和语法形式。汉语的语素又以单音节为主，差不多每一个单音节语素都具有意义，可以为构字提供依据。因此，汉字长期保持一种外在形

态特征，并非出于偶然，而是汉字自然发展趋势的结果。

汉字的内部构成是指汉字的构形元素的动态组合过程，汉字的构形元素在组合过程中的功能作用是不同的，功能作用不同，汉字的构形理据就不同，因此形成不同的结构类型。由于汉字的内部构成是汉字形体的动态组合过程，因此又可以看做是汉字的造字过程，不同类型又被称作不同的造字方法。

二、汉字造字法

关于汉字的造字方法，传统上有"六书"，即象形、指事、会意、形声、转注和假借。这是古人最早用来分析汉字结构的方法，影响深远；一般把前四书当做汉字的造字之法，把后两书看做是汉字的用字之法。

（一）"六书"的产生与内容

由于汉字是表意文字体系，汉字结构对理解和掌握汉字十分重要，因此对汉字结构进行分析，早在先秦时代就开始了。例如：《左传·宣公十二年》"夫文，止戈为武"；《左传·宣公十五年》"故文，反正为乏"；《左传·昭公元年》"于文，皿虫为蛊"。《韩非子·五蠹》"古者仓颉之作书也，自环者谓之私，背私谓之公"等都是对汉字结构进行分析的具体体现。只是这些分析还仅仅是对汉字形体结构某些现象的分析，尚未产生系统地分析汉字结构的理论和方法。

1. "六书"的产生

战国时代，阐释汉字形体结构的理论初步建立，具体表现就是"六书"。"六书"的名称最早见于《周礼·地官·保氏》："保氏养国子以道，乃教之六艺：一曰五礼，二曰六乐，三曰五

射，四曰五驭，五曰六书，六曰九数。"可见"六书"是"六艺"中的一种。

直到西汉末年，"六书"理论才臻于成熟，到东汉出现了"六书"的具体细目，并且由汉儒第一次把"六书"理解为六种造字法，总括起来有三家之说，但名称和次第各不相同。

郑众在《周礼·地官·保氏》注中解释"六书"为："象形、会意、转注、处事、假借、谐声。"

班固在《汉书·艺文志》中说："古者八岁入小学，故周官保氏掌养国子，教之'六书'。谓象形、象事、象意、象声、转注、假借，造字之本也。"至于从理论上阐述"六书"并用"六书"理论来探求汉字字义的当首推许慎。

许慎在《说文解字·叙》中说道："周礼八岁入小学，保氏教国子，先以'六书'：一曰指事，指事者，视而可识，察而见意，上下是也。二曰象形，象形者，画成其物，随体诘诎，日月是也。三曰形声，形声者，以事为名，取譬相成，江河是也。四曰会意，会意者，比类合谊，以见指挥，武信是也。五曰转注，转注者，建类一首，同意相受，考老是也。六曰假借，假借者，本无其字，依声托事，令长是也。"

清代以后，一般人们对于"六书"的名称多采用许慎的细目，班固的次序。这也就是现在所说的"六书"：象形、指事、会意、形声、转注、假借。

"六书"虽说是造字法，但是从其产生和发展的历史来看，它的出现却在造字之后，所以它并非古人造字的依据和法则，而是人们依据已有的汉字形体归纳和总结出来的汉字结构类型。

汉字从起源来讲是吸取众多原始记事符号的优长，最后从

原始图画中脱胎出来，与语言结合，具有固定的形音义，成为文字。所以在汉字产生的初期阶段，汉字的结构仍然保持着原始图画的图像性，初期阶段的汉字结构以象形为主，并使之当然地成为汉字构形的基础。由于象形字是依据个体实物的形状描摹而成，这就必然限制了它的造字能量，所以象形字在汉字总量中所占的比例并不大。

指事字是在象形字的基础上添加指事性符号而构成，用以记录较为抽象的词义或是不好用形象方式表示的词义；对于更为复杂的内容，则利用已有的象形字进行结构拼合通过位置方向等关系来表示，于是产生了会意字；对于语言中的虚词则利用音同或音近的关系借助已有的字形来记录，于是产生假借字；但是由于汉字是表意文字体系，字形不能反映语音情况，而假借字的意义与字形无关，这样就使假借字完全成为符号，与汉字的表意性相左，于是为了体现汉字的表意性便在假借字的基础上添加表意符号，使原来的假借字成为声符，于是产生了形声字。所以汉字由图画到文字，从形象到会意，到假借，到形声都是汉字在为了满足对汉语的记录而自然发展的结果，并不是人为设定条例照此进行造字。在汉字成熟后，经过了创造期，人们才开始对汉字的形体结构进行分析，最终总结出汉字结构的六种方式。

2. "六书"的具体内容

（1）象形：许慎解说为"画成其物，随体诘诎，日月是也。"意思是说，象形就是要画成所表达物体的形状，随着物体形状的曲折宛转而曲折宛转，日（☉）和月（☽）这样的字就是象形字。

"日"这一物体的具体形状是"⊙",那么就画成"⊙"形,以此表现太阳这一意义。月亮大多情况下是弯的,则画成"☽"形,以示月亮,同时与太阳"⊙"的形体加以区别。再如:

木(朩)车(車)人(𠆢)行(行)虎(虎)州(𛰀)齿(齒)瓜(瓜)果(果)眉(眉)等都是象形字。

象形是通过描摹词所概括的客观实体来表达词义的造字法。这种造字法是以生动的图像表达词义,一般属于有形可象的名词。象形字历史悠久,成为汉字形体结构的基础。象形字的结构方式可分两类:

第一,独体象形:表现词所概括的客观事物的整体,特征鲜明,区别性强,无须造成环境,也不必烘托陪衬。例如:木(朩)车(車)人(𠆢)行(行)虎(虎)等字。"木"字是直接画成树木轮廓的样子。"车"则把车的主要部位车轭、车厢、车轮都表现出来了,特征鲜明,一看便知是"车"的意思。"人"直接描绘出人体的侧立象形。"行"是直接表现出交错的道路。"虎"字强调其张口露齿及斑纹的形象。

第二,合体象形(依附象形):描绘的常常是事物的部分,即便是整体,特征也不鲜明,需附加背景,用与之相邻近、相关联的事物加以陪衬。上例中"州(𛰀)齿(齒)瓜(瓜)果(果)眉(眉)"就是这类字。"州"字是通过突出一块在水中的陆地来表示其意义,如果没有"水"作为它的背景,𛰀中的"O"所表现的意义就不明确,加上"水"来陪衬,其意义

就明显了。“齿”字是用“口”作为背景，使人明白中的“”是长在嘴里的牙齿，如果没有“口”，中的“”是表示什么意义就不明确。“瓜”字通过突显在蔓上长着果实的形象，使人能够明白字形是表示“瓜果”的意思。“果”则以木作为背景，陪衬出“田”是长在树上的东西，即果实的意义才明确起来。“眉”字主要是表现“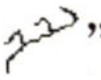”形体，但是如果直接写出来，它的象形特征不鲜明，不易使人不知其所表示的意义，若用“目”作为它的背景，“眉毛”的意思才能突出出来。

（2）指事：许慎解说为“视而可识，察而见意，上下是也。”即所谓指事就是初看能够认识形体，但仔细观察、审视，方能看出形体所显现的意义。“上”（）“下”（）就是指事字。“上”和“下”初看这形体马上就能识别，但要通过详析才能得知“上”是表示一物体上有另一物体，“下”是一物体下有另一物体，由此表示“上、下”的意义。

再如：本　末　亦　刃　甘　牟　咩　司　屰　片

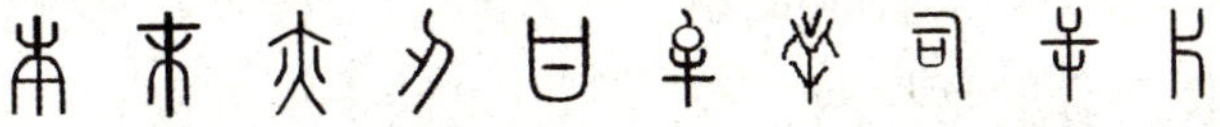

指事是用指示性符号来表现词所概括的事物或抽象概念的造字法。指事的结构方式可分为三类：

第一，独体指事：纯粹的抽象符号构成，不代表任何具体事物，表示抽象概念。例如：一、二、三、上、下等字。

第二，加体指事：以象形字为基础，在其上附加指事符号。这一类又分两种：一是在整体中标明特定部位，例如：“本、末”中的“－”，即在表示树木的整体象形上标明特定的树根和树梢的部位。“亦”是“腋”的本字，其中的字形中两“、”

则标明是人体腋下的部位。"刃"⟩字形中的"、"则标明是刀刃的部位。二是标明难于表现的事物和属性，例如："甘、牟、咩"，美好的味道和牛羊的叫声不好用形象表现，则分别用"－"在人的口中和"ㄥ"或"ˇ"在牛和羊的上方表示牛羊叫时发出的气息来标明。

第三，变体指事：用改造某字或改变某字的方向来表现词义。例如："司"和"屰"（即"逆"的本字）分别是用改变了"后"和"大"字的方向来表现词义的。"后"是君主的意思，是名词，而用改变其方向的办法来表示动词主管、掌管的意思。"大"是一个正面站立着的人的象形，用改变其方向使人头朝下的办法来表示"倒逆"的意思。"片"则是用"木"的一半形体来表示劈开木头的结果，使之成为一片。"片"并不是直接画成一片木头的形状，是通过对"木"字形的改造，人们在看到这个形体时，分析出它是利用把"木"字批开的办法来表示"片"的意义。

（3）会意：许慎说是"比类合谊，以见指挥，武信是也。"即所谓会意就是把两个或两个以上的字形并列在一起，把这些形体的意义合在一起，由此来看这些字形所指示出的意义方向，"武"和"信"就是这样的会意字。组成"武"字能体现出意义的形体有"止"和"戈"，把它们并列在一起，把它们的意义合起来理解，推断出所要表示的意义；"信"是由"人"和"言"组合，合二义表明人说话要讲"诚信"，所以"信"的本义即表示"言语真实"。

会意是组合两个或两个以上表意符号以表示新义的造字法。可见会意字一般是由两个或两个以上表意符号组成的复合体，

这是在结构上与象形、指事的区别之处，这个复合体又表示新义。会意的结构方式可分为两类：

第一，同体会意：由两个或两个以上相同的表意符号组合而成。例如："从"是由两个"人"组成，表示一个人跟着另一个人，即"跟从"的意思；"步"是由两个"止"（"止"在甲骨文的字形中，就是人脚的形象）组成，表示两只脚一前一后，即"脚步"的意思；"林"是由两个"木"组成，表示不是一棵树，而是"树林"的意思；"森"是由三个"木"组成，表示树木更多，即"森林"的意思。

第二，异体会意：由两个或两个以上不同的表意符号组合而成。例如："牧"是由"牛"和"攴"组合而成，表示"放牧"的意思；"明"是由"日"和"月"组合而成，日月都是能够发光、能够照亮的物体，由此来表示"明亮""光明"的意思。

（4）形声：许慎解为"以事为名，取譬相成，江河是也。"即所谓形声就是以表事类的形体作为形旁，取音同或音近的字作为声旁，使形旁声旁相互组合而成，"江"和"河"就是这样的字。"江"和"河"都表水类，则取"水"作为形旁，取与所发音相同或相近的字作为声旁（指的是古音），"工"和"可"就是。

形声是以声旁提示词的读音，形旁表示词的意义范畴的造字法。形声字的形旁意义含量大，包容广，概括性强。它给所记录的词划定出一定的意义范畴，指示给人们辨识的方向，提示思考的线索，有助于词义的判断，但是不表词义。"江"的形旁"水"，只是提示给人们"江"的意义范畴属于"水"一类

别，但是并不表明它的词义就是"水"，因此"水"可以做所有与"水"有关的字的形旁。其他形旁的性质也一样，如"心"旁则表示与心理活动有关，"示"旁表示与祭祀活动有关，"戈"旁表示与兵器和战争有关。形声字的结构形式主要有八种类型：

左形右声——江、论、到（从至刀声）

左声右形——期、功、鸿（从鸟江声）、锦（从帛金声）

上形下声——宪、药、孟（从子皿声）

上声下形——基、想

内形外声——问、辩

内声外形——固、街

声旁占一角——旗、徒

形旁占一角——毂、雕

汉字发展到产生形声字时，其象形字、指事字和会意字都可以成为形声字的形旁和声旁，为形声字提供了充分的构形元素；同时也说明形声字是在纯表意字产生之后而出现的，更进一步证明汉字是表意文字体系。虽然纯表意字也可以充当形声字的声旁，但是汉字的形体是不体现声音要素的，之所以能够充当声旁，是由于汉字一旦记录语言就具有了形音义三要素，汉字的音义是从其所记录的语言中得到的，而并非形体的自然显示。

形声结构在汉字形体结构中后来者居上，原因是：形声字符合语言的经济原则，实现了有限构形元素的无限运用，可以满足记录语言不断产生新字的需要。形声字造字方式简便易行，用现有形体一形一声即可完成。形声字符号性强，区别度大。"形声字由形符和声符组合而成，这种音义结合的构形方式，既

能显示意义信息，又能显示语音信息，具有很大的优越性，完全适合汉语的特点。它利用义符和声符相互配合，分工合作，互为区别，互相限定，具有很大的区别性；它利用有限的部件和有限的构造模式，可以组合出无限的字形，具有很高的能产性；它的义符和声符使汉字的类聚成为可能，不仅可以从意义的角度加以类聚，而且可以从声音的角度加以类聚，具有很强的系统性。正因为如此，这种音义结合的构形方式成了汉字发展的主要方向"①。

汉字由纯表意字发展到形声结构为主体的格局后就再没有大的变化，说明形声结构在汉字结构体系中具有极大的优势。

（5）转注：许慎解说为"建类一首，同意相受，考老是也。"即是说转注是指把相同事类的字归到一起，并确立一个部首，在同一部首下的字，意义相同的可以互相解释，"考"和"老"就是这种字。也就是说"考"和"老"是同义类的字，所以在其构形中可以用体现相同造字意图的形体"耂"，把它们归到一起加以类聚，并立"老"为部首，因为"考"和"老"的意义相同，那么就可以相互解释，所以在《说文·老部》中"老"解作"考"，"考"解作"老"。这种解释似乎能够说明转注的意义，但是历史上对于"转注"的理解却众说纷纭莫衷一是，争论的主要原因在于"转注"定义表述不明。归纳众意不外乎形音义三个角度，主形说的代表是江声，他认为同部即为转注；主义说的代表是戴震和段玉裁，他们认为互训即为转注；主声说的代表是章太炎，他认为声近义同者即为转注。

---

① 王立军：《从无序到有序 既对立又统一——谈汉字发展的两条重要规律》，载《新乡师范高等专科学校学报》，2007（3），第 101 页。

（6）假借：许慎说"本无其字，依声托事，令长是也"。即假借是指本来没有这个字，是依据它的声音找到一个与之相同或相近读音的字形，寄托所要表达的那个意义，"令"和"长"就是这样的字。

从形体结构的角度来说，假借字并没有造出新的形体，但是从记词角度而言假借字却为一个没有字形的词义确定了形体。例如："莫"是用"日"（太阳）落在草丛中来表示傍晚的意义，本是为傍晚的意义所造的一个会意字，由于作为代词或副词的意义不好造字，因此借用"莫"的字形来表示"没有……人"或"没有……事"的意义，使"莫"在代词或副词的意义上成为假借字。"而"是为"胡须"意义而造的一个象形字，以此借来表示连词的意义。由此可见假借字产生的原因一是由于字少，语言中的一些词义没有文字记录；二是由于有些词义较为抽象不易造字。假借字的出现是汉字历史发展过程中的必然产物，是在当时字少的情况下为了满足记录汉语需要而采取的一种济字之穷的有效方法，同时抑制了文字数量的无限众多并为形声字的产生创造了条件。当然在后来的汉字用字方面还出现了同音借用现象，即人们通常所说的"通假"字，假借字与通假字的异同情况主要表现在：相同的方面，假借字和通假字都是以音同和音近为条件，而在意义上原字形所表之义与借字意义无关；不同的方面，假借字是迫不得已的权宜之计，为解决文字记录语言的需要；通假字实际上是写别字，不同于后来写别字的表现在于通假字具有一定的约定性和社会通用性，已经从个人行为发展为社会认可的用字现象；这是由于尚古风气及经典的权威固化作用的结果。

3. "六书"的评价

许慎对"六书"列出了细目，做出了界定，举出了例字，并以此为原则写出了我国第一部通过汉字形体结构分析，解释字之本义的字典——《说文解字》。这对当时纷乱的字形以小篆的形式加以整理和规范，并促使人们对汉字形体结构的规律产生一定的认识，确实都起到了积极的作用。"六书"的"功绩"具体说来体现在下面几个方面：

（1）"六书"抓住了汉字起源的本质。汉字属于表意文字体系，从字形上看，它起源于图画。"六书"中的象形、指事、会意，就是据这一史实归纳出来的，这正是"六书"具有生命力的原因之一。

（2）"六书"包含了某些语法（词的分类）的因素。象形重"形"，即有"形"的人、事、物。所以象形字包括普通名词；指事重"事"，比"形"抽象，所以指事字主要包括一些比较抽象的数词、方位词；会意重"意"，指说明某种性质、状态和行为的词。所以会意字以动词、形容词、抽象名词为主。这些都是古人萌芽状态的、朦胧的词的分类思想的反映。

（3）"六书"顺序反映了人类思维发展的某些规律。"六书"顺序是先"形"（具体）、次"事"（较抽象）、后"意"（更抽象）至"声"（与前三者已有质的区别）。此顺序反映了人类思维从具体到抽象的认识规律。从此以后"六书"就成为分析汉字形体结构的唯一尺度，人们甚至还把汉字的起源、性质、体系以及汉字形、音、义的关系等文字学研究领域中的所有基本问题都糅合在"六书"之中，使之当然地成为汉民族传统文字学的核心，且在近2000年的时间里一直支配着中国文字

学。总之，先人在 2000 多年前就总结出汉字造字用字方法的"六书"理论，是难能可贵的，是极其了不起的事，它反映了先民当时在生产水平、认识水平、思维概括能力等方面都已达到相当高的程度。"六书"是我国，也是世界文化宝库中的瑰宝。

虽然"六书"的功绩不可抹杀，但是"六书"作为造字用字的理论，在应用时的不便之处还是存在的。具体说来有以下三点：

（1）"六书"概念界限不清。首先，从许慎自身的实践来看，在《说文解字》中，象形和指事、指事和会意的体例就互相混淆。"六书"定义的阐释者许慎，在运用其理论分析汉字形体时，其体例就混淆不清。其次，从人们对其定义的理解来看，不仅"六书"之间的界限不清，就是在其中的某一书中对具体字的分析也是各执一端难以划清。其原因是在于许慎对"六书"内容的解说都只用了八个字，过于简约，使人对其定义的理解产生众多的分歧。例如对"转注"内容的理解，历代学者的说法就有 100 多种，虽说综合为四家代表性的观点，这种烦琐的分类，正是"六书"不足的必然产物，这一点是"六书"本身的不足。

（2）"六书"概括不了所有的汉字。"六书"所依据的原始材料是战国时代的文字字形，主要是汉代当时的字体（包括六国文字，主要是"小篆"）归纳总结出来的汉字造字和用字条例，前四书是造字之法，因为它们都可以产生新的字形，转注和假借则没有产生新的字形，因此是用字之法。它也只能适合"小篆"的结构分析。如果用它去分析不同时代、不同体制的其他汉字，就必然会出现涵盖不全或类型不宜的情况。因为汉字

发展史已经表明,"小篆"的形体距古人造字之初已有相当的距离,字形已有很大的变化,这就是"小篆"字形的抽象化、线条化,即符号化。具体表现为:字形已呈方块形。由于小篆已经符号化,呈方块形,因此不少象形字、指事字、会意字已经看不出原初的造字意图了,说明字形的意义已经不明。

(3)形声字的大量增长。小篆中的形声字,已由甲骨文的不足20%、金文中的50%增加到80%以上。许多象形字、会意字都转而产生了示音构件成为形声字。例如:"奉":甲骨文作双手捧物之形,或说此物为牛尾,或说此物为"杵"等工具。而小篆的字形,《说文解字》云:"承也,从手从収(双手),丰声。"也成了形声字。"宫":甲骨文像古人穴居的洞窟之形,而小篆的字形,《说文解字》云:"室也。从宀,躳省声。"又成了形声字。

以上例字都说明"六书"所依据的字形材料(小篆)不是最早的汉字形源。另外在"六书"出现的时候,甲骨文还没有被发现,自然"六书"不适合对甲骨文所有形体的分析,甲骨文有些形体能够用"六书"分析,那是因为汉字形体的发展是由古逐渐演变到今的,在形体上必然存在着古今相通的地方,即汉字的古今形体存在着历史的传承关系,既有发展又有继承,继承的地方自然就适合,发展的地方就不适合,这是汉字形体发展的客观历史事实。尽管如此,"六书"的影响之大、延续使用的时间之长,加之汉字各体制之间的传承关系,致使它的应用范围之广的缘故,就目前来说人们在分析汉字时,仍然习惯于使用"六书",其他的方法和理论在这些方面都远不及"六书",所以在普及领域里,有时还不得不使用"六书"来大致界

定汉字的形体结构、解释汉字的造字意图。

三、"三书"说

20世纪30年代，唐兰先生在发现"六书"不能概括所有汉字分析的情况下，第一个开始批判"六书"而创立了"三书说"，这是对传统六书理论的一次革命。他在《中国文字学》中说："我在《古文字学导论》里，建立了一个新的系统——三书说，一象形文字，二象意文字，三形声文字。象形、象意是上古期的图画文字，形声文字是近古期的声符文字，这三类可以包括一切中国文字。"接着有许多学者纷纷在各自的论著中分别指出了"六书"的不足，并试图提出新的分析方法。到50年代陈梦家在《殷墟卜辞综述》中针对唐兰提出的"三书说"的不足又提出了自己的新的"三书说"。他的"三书"是象形、假借、形声。到80年代裘锡圭在他的《文字学概要》中又在唐兰"三书"说的基础上，吸收了陈梦家的主张，把假借纳入"三书"系统，同时将唐兰的象形、象意合并为表意，创立了新的"三书说"，即：表意、形声、假借。

第二节　汉字的字体

"字体"作为文字学的术语，曾经在使用过程中表现的内容是不尽相同的，一直以来是个运用比较混乱、内涵没有经过严格界定的概念，经常与汉字的结构相混，要想明确地区分汉字结构与汉字字体的不同，必须首先捋清"字体"的内涵。

一、汉字字体的含义

针对"字体"在历史上曾被使用过的实际情况，启功认为字体"是指文字的形状，它包含两个方面：其一是指文字的组织构造以至它所属的大类型、总风格……其二是指某一书家、某一流派的艺术风格。"①根据这一表述，可以把字体在历史上曾经所具有的内涵概括为三个方面：

第一，"字体"曾指"文字的组织构造"。例如，称"六书"为"四体二用"，"体"指前四书，即指构形。一般所说的"独体"、"合体"、"正体"、"异体"、"或体"、"繁体"、"简体"的"体"，是指汉字的结构而言。这种"字体"的含义，就是与"结构"概念相混的。

第二，"字体"曾指"大类型、总风格"。启功先生所说的"篆、隶、草、真、行"指的就是这种"大类型、总风格"。就这种意义上的"字体"来说，秦以前没有分类，也就是没有字体名称，一般所说的"甲骨文"、"金文"、"（战国）楚文字"、"（战国）晋系文字"等等，说的也就是他们的"总风格"，只是因为古人没有给他们的风格起名字，才以载体、地域等代称。秦有"八体"，以风格得名的也只有"大篆"和"小篆"。汉末曾把战国时期用毛笔写在简册上的文字称"蝌蚪文"，因为这种文字的笔画头粗尾细，形似蝌蚪，这也是一种就风格而言的字体名，后来也有人称"说文古文"。现代印刷体有宋体、黑体、楷体等，也应当是这种意义上的字体的内涵。

---

① 启功著：《古代字体论稿》，北京：文物出版社，1999年版，第1页。

第三，"字体"曾指"某一书家、某一流派的艺术风格"。以书家而言，如"赵体"、"颜体"、"柳体"等，以流派而言，如"魏碑体"、"仿宋体"等。

作为文字学术语，概念的内涵必须明确，与其他概念之间要有清楚的界限，这样才不至于产生概念间的混乱，因此需要就上述字体所包含的三个内含进行分析，从而确立汉字字体明确的含义。

首先，"字体"属于书写属性，应当和"结构"分立，所以第一种"表示文字的组织构造"的"体"应称字形结构；第二、三种"体"的用法才是"字体风格"，在这二、三种"体"的用法中，第三种过于微观了一些，比较偏重于书法分类，纯文字学难以把握，所以文字学所用的"字体"定义，应该以第二种最为适宜：即"字体"是指文字书写的大类型、总风格，所以也可以称之为"书体"，即汉字书写的体态形式。

二、汉字字体与结构的关系

汉字的研究分字形结构和字体风格两大内容，所以汉字的"字体"与"结构"是两个不同的观念，研究内容也各不相同。一个汉字可以有不同的字体，但它的结构方式却比较固定。例如：大部分汉字的结构从甲骨文到现在的楷书，不同的只是书写风格的差异，但其结构却是一样的变化并不大。从汉字的识读和运用来看，字形结构至为重要；而从汉字的历史发展、考证辨识和书写风格来看，字体研究则非常重要。

就其二者的相互关系来看，字体的发展变化会对汉字的形体结构产生一定的影响。例如"在战国时代，字形因地而异的

现象非常严重，远远超出了前后各个时代。"[①] 而六国文字与秦系文字的差异，虽然是由于政治分裂而引起，但首先是不同地域字体风格的差异，进而波及字形结构的。再比如，隶变首先是字体的变化，而它带来的却是汉字形体结构的质的变革。即"由于笔画方折的风格变化，已经影响到某些字的构造变化了。"[②] 总之，研究字形结构的变异离不开对字体风格的考察；研究汉字构形的历史也需要深入考察字体演变的各种情况。只有加强字体风格的研究，才能促进汉字结构研究的深入。

三、字体演变的原因

汉字随着社会的进步和汉语的发展，作为记录汉语的符号系统，从字符的构形到书写体势，都曾经过几次重大的变化，并且形成了不同的字体风格。一般认为，汉字发展史上所出现的主流字体主要有五种，即：甲骨文、金文、小篆、隶书和楷书。探讨这些字体的演变原因，有助于加深对汉字发展过程的理解。

（一）汉字职能作用发挥的结果

从汉字自身发展规律来看，汉字字体的演变是受汉字职能发挥所控制的，汉字的职能是书写和识读。就书写而言，人们希望符号简单易写；就认识而言，人们又希望符号丰满易识。然而对字形越简化，就越容易丢掉信息，从而给识别造成困难；追求信息量大、区别度大，又难免增加符形的繁难程度，给书写增加负担。汉字形体就是在这二者的矛盾中相互调节，以追

[①]　裘锡圭著：《文字学概要》，北京：商务印书馆，1990 年版，第 57—58 页。
[②]　启功著：《古代字体论稿》，北京：文物出版社，1999 年版，第 25 页。

求简繁适度的造型，简化与繁化交替出现、循环发展。在某一特定时期，可能是简化占优势，而在另一个时期，就又可能是繁化占优势。总体来说，有限度的简化，是汉字发展的基本趋势。在不影响表意与别词的前提下，汉字总是不断省去多余的部件与笔画，来减少书写的困难，减轻记忆的负担。例如，小篆字形中很多从"艸"的字在大篆里是从"茻"（像草莽之形）的，小篆则一律减成"艸"；"集"的上部原写作三个"隹"，表示群鸟聚集在树上，小篆将这些重叠的部分都减省了。

在汉字发展的历程中，伴随着简化的总体趋势，繁化现象也一直存在。甲骨文时代汉字体系刚刚形成，汉字的形体相对比较简单，与甲骨文相比，金文和小篆明显地要繁杂很多。其中一个重要原因，就是从甲骨文发展到小篆，形声字的数量大为增加，许多形声字都是在原字的基础上添加义符或声符而形成。

从表面上看，简化和繁化似乎是相互对立的，其实不然，繁化和简化是相对而言的，没有繁化就没有简化，没有简化，繁化也不可能单独存在，二者既相互对立，又须统一。汉字就是在这种易写与易识的矛盾中，不断地对个体符形进行调整，以实现简繁适度的优化造型。从甲骨文到楷书的变化，正是这种规律作用下所产生的结果。

（二）汉字适应汉语变化的结果

汉字是记录汉语的符号体系，汉字字体的变化是适应记录汉语变化的结果。

就汉字的字体而言，汉字存在着古今文字的分别，甲金篆是古文字阶段，隶楷是今文字阶段，古文字阶段的共同特点是

利用字所记录的词义中具体的一面来直接绘形，形义的联系是具体的，又是个体的。之所以会如此是因为汉字是自源文字，它是直接针对记录汉语而创造的。从史料来看，所有自源文字的产生都是通过利用图画或图形的方式来表达意义，汉字也遵循了这个规律，从图画脱胎而来，所以汉字形体意义具体丰富是它的来源促成的。

今文字阶段汉字由象形表意逐渐演变为系统表意。这一方式的转变是随着社会的发展，汉语的构词元素积累到一定数量，同时词义泛化和词形类化都为合成词的产生提供了条件，增加音节以扩增表意的丰富来满足语义明确的需求就成为可能。随着词形容量的增大，语言表意度的提高，原来单音时综合的语义，发展到双音时，可以利用音节的增加而释放出来，人们已经不再需要利用汉字形体信息补充单音表意的语义模糊，这样就进一步弱化了字形的表意功能，使字体变化成为可能。同时汉语一词多义现象的普遍也使汉字的记录范围相应广泛，除了表示本义，还可以表示引申和假借义。文字转用或借用后，形义关系就会脱节。在诸多意义中，只有本义与字形相符，其他意义则与字形脱节，形义联系就更不紧密了。因此在汉代开始的大规模的双音化进程[①]，与隶变开始在同一时代，绝不是历史的巧合，而是汉语发展对汉字影响的必然结果。到魏晋时期，合成造词成为主流，与汉字完全进入楷书发展阶段是相辅相成

---

① 董秀芳著：《词汇化：汉语双音词的衍生和发展》，成都：四川民族出版社，2002年版，第6页。

的，至此以后，汉字字体在结构上再没有产生大的变动。①

四、字体演变的方式

纵观汉字形体的发展历史，其字体的变化是客观事实。任何一种字体风格的形成不论是个人书写风格，还是字体类别风格，都是由微而显，渐变发展的结果。在汉字字体经历的多次变革中，每次变革都有较长时间的准备过程，经过细小变化的日积月累，最后形成大的变革，字体由一种风格向另一种风格转变，一定会在两种主流字体间存在一个过渡阶段，这是汉字字体演变最突出的特点。也就是说字体类别和风格的形成是经很多人在较长时间里，在书写用途、工具、载体等诸多客观条件的制约下渐渐形成的；但是某种字体的最终成熟与固定，却往往是由一部字书或一种碑刻将其特点集中体现而完成过渡的。正因如此才会出现字体类别被认定是某个人创建的说法，正如启功所说："风格的变化程度，又常是由细微而显著的"，"一种字体不会是一个朝代突然能创造的"，"但一个人编一种字书，以及创始一个风格或流派，则是可能的"。

汉字字体的这种演进方式是由其自身的书写、识读功用所决定的。汉字是人们日常的交际工具，书写的便捷是人们对它的必然要求，汉字只有在不断变革的过程中，才能更好地适应人们的记录需求；同时从识读角度而言汉字作为汉民族共同的

---

① 事实上，就字体的结构来说，从篆书到隶书是一个大变动。中国文字的字体发展到隶书，在结构上大体进入了相对稳定的阶段。楷书和隶书的不同主要不在于结构而在于字体风格。刘延玲著：《魏晋行书构形研究》，上海：上海教育出版社，2004年版，第7页。

交际工具，又必须具有普遍的约定性和稳定性，如果个人随意改变字形，或者字形变化过于迅速，就会割裂汉字的历史联系，影响人们的交际，因而汉字的变革必须以继承为基础。从甲、金、篆、隶、楷五大字体的演变情况来看，也能够证明这一点，金文一般被当作西周文字的代表字体，但在殷商时代就已经有了金文，并且直到战国末期，金文仍在应用；小篆是秦统一后的正统字体，但早在西周晚期金文中，小篆就已基本形成了；隶书在战国时期即已萌芽，历经近 300 年，到东汉时才趋于成熟；楷书产生于汉末，流行于魏晋南北朝，成熟于隋唐，直到今天还在使用。可见，字体的变革不是突变的，而是渐变的，相邻两种字体都有一段相当长的并用时期，然后才逐渐过渡到新的字体。在汉字各不同阶段的字体中都既表现出与前代字体的不同特点，同时又体现出对前代字体的明确传承。每一个阶段都有本阶段字体所特有的字体风格，但更多的还是对前代文字结构规则的遵守。在社会用字方面，上层用字更注重传承，民间用字则更注重革新。总之，在汉字发展的过程中，正是由于字体的变革和继承的交互作用，才使得汉字既不割断历史，又能朝更加适合对汉语记录的方向发展，以保持其旺盛的生命力。

五、汉字字体的特点[①]

汉字在历史的发展演变过程中形成了不同的字体，不同的字体其风格特点也不相同。了解各种字体的不同风格特点，对

[①]　本内容主要依据王立军、宋继华、陈淑梅著：《汉字应用通则》，沈阳：春风文艺出版社，1999 年版，第 35—64 页。

掌握汉字形体结构及形体变化原因有积极作用。

（一）甲骨文

甲骨文又称龟甲、甲文、龟板文、龟甲文字、契文、殷契、甲骨刻辞、卜辞、贞卜文字、甲骨卜辞、殷墟书契、殷墟文字等等，是指用刀刻写在龟甲、兽骨上的文字。甲骨文这种字体其实就是当时特殊的社会文化——占卜文化的直接产物。甲骨文的内容绝大部分是关于占卜的记录，所以甲骨文又称卜辞。当时的占卜材料主要是龟甲、兽骨。占卜时，先在龟甲、兽骨上钻凿出"丨"字形的槽穴，然后在有槽穴的地方进行灼烤，由于这些地方已经变薄，受热之后很容易发生崩裂，由于所凿的槽穴是"丨"字形的，出现的裂纹也多为"卜"字形。这样，甲骨文便形成了"笔画瘦削，多有方折，刀笔味浓"的字体风格。这种风格的形成，从直接原因看是由于书写材料的坚硬，而更深层的原因则是用龟甲、兽骨进行占卜这种特殊的文化活动。因为甲骨文并不是当时的日用字体，而只是占卜这一特殊文化领域的特殊产物。在当时，毛笔已经成了主要的书写工具。"冊"甲骨文像用竹片或木片编成的简册之形。可见当时就有了竹简文，由于竹简易于腐烂，今天才没能看到，当时用毛笔所写的竹简文，一定不会具有甲骨文"瘦削方折"的特点。因此说，甲骨并不是当时的普通书写材料，主要是为占卜这种特殊目的而选用的特殊材料。甲骨文的特点主要体现在：

1. 象形性强

甲骨文在表意方式上体现为个体象形性的表意，所以象形性很强，还带有明显的早期文字所特有的原始图画的特征。例如：（车）、（鱼）、（朝）、（渔）、（鸡）、

（齿）。虽然其象形意味很浓，但是作为文字它只有与语言结合才能确定其义，而有些形体到底记录的是哪一个词，现在已无法得知，所以许多形体表示何义则不得而知，造成了大量的未识字。由此也足以说明汉字并不能表示观念，它是记录汉语的符号，一旦与汉语脱节，语义功能即刻丧失。

2. 写法上不固定

由于甲骨文的象形表意性特征很强，因此甲骨文在写法上不固定，正反、左右、上下无别，从而造成甲骨文存在着大量的异写字。例如："好"在甲骨文中有 7 个[1]异写字。一期 3 个，四期 4 个。其中"子"可在"女"之左、之右、之上，位置不固定。又如"保"，有 9 个[2]异写字形，一期 5 个，二期 1 个，周甲 3 个。从一期形体结构看："子"可在"人"之左、之右，二期在"人"在右上方。"卜"字甲骨文可以写作、，"龟"，甲骨文可以写作、。

3. 异体字多

由于甲骨文的个体象形表意性特征突出，所以甲骨文在结构上存在着字无定形的情况，使甲骨文具有大量的异体字。例如："福"，甲骨文就有 127 个[3]异体通用字，其中一期 71 个，二期 25 个，三期 18 个，四期 12 个，五期 1 个。这 127 个异体

---

① 徐中舒主编：《甲骨文字典》，成都：四川辞书出版社，1990 年版，第 1321 页。
② 徐中舒主编：《甲骨文字典》，成都：四川辞书出版社，1990 年版，第 876 页。
③ 徐中舒主编：《甲骨文字典》，成都：四川辞书出版社，1990 年版，第 14—16 页。

中简单的只有一盛酒容器，即"福"字右半的形体。复杂则加有"示"，或再加血滴洒于神主牌位上以及双手、等；这种异体属于结构或增或省的情况。除此之外还有偏旁混用的情况。例如：、、、（牡），形符牛、羊、鹿、猪等凡是动物都可以充当。不仅如此，只要形旁意义相通，就可以通用。越是早期的甲骨文字，异体字越多。

4. 存在"合文"现象

甲骨文存在着"合文"现象，是指两个或两个以上的字合写在一起。合文在铜器文字、盟书中虽然也有，但数量远不如在甲骨文中那么多。合文与会意字不同，从形体结构看，其笔画交叉已组成一个整体；但是从读音看，合文是一形数音。所以，严格地说，合文一个形体不能称作一个"字"，而往往是一个合成词或一个习惯用语，也有人称之为"卜辞成语"。

5. 存在异字同形现象

甲骨文字形中，有少数字形存在着异字同形现象，即字形混同。例如：山和火。卜辞中"火"照或像火苗上腾之形，或像山峦形，故与"山"同体异字。在《甲骨文编》中就只有"火"无"山"，把"山"均归入"火"字，区分的办法只有从上下文着手才能辨清。甲骨文尚处在一个未完全定型的汉字早期发展阶段。随着社会的进步，文字发展的趋向成熟，这些异字同形的字后来都被区别得清清楚楚、绝无混淆了。

（二）金文

金文是铸刻在青铜器上的文字的总称。文字体的形成和发展，也与特定的社会文化有着密切的关系。作为汉字字体演变

的一个特定阶段，金文是指商周时期继甲骨文之后运用于青铜器上的一种字体类型。青铜器早在商代以前就出现了，当时主要是一些日用器具，其上也没有铭文。商代前期，个别青铜器上开始出现族徽性的单字。商代后期，随着奴隶主宗法礼制的逐渐强化，青铜器开始具有一种特殊的藏礼作用。所谓藏礼，就是寓礼于器，是古代宗法礼制在青铜器上的物化。"问鼎"便意味着污蔑和挑战，"鼎迁"则意味着国家灭亡；家族成员立了战功受了封赐，就要铸刻在青铜器上，以便昭示后人，使子孙后代永志不忘，世代为荣，故金文中常有"子子孙孙永宝用"的字样。到了西周，青铜器的这种作用达到顶峰，其上的铭文也变得越来越长。西周末年的"毛公鼎"共铸有497字，是现知最长的一篇金文。由于金文是在这样特殊的场合，为着特殊的目的而使用，承载着祖宗的光辉荣耀和对子孙后代的美好祝愿，肩负着敬宗守族的神圣职责，这就使得金文一定会具有与甲骨文不同的字体风格。笔画上一改甲骨文瘦削方折的特点，变得肥厚粗壮，圆浑丰润；整体风格庄重典雅，精致美观；字形大小基本一致，行款排列趋于整齐。这种风格的形成，当然与金文的实现过程有关，因为金文大多是铸造出来的，可以对字形进行精心加工，以求得字形上的庄重美观。从这种意义上来讲，金文同样也不是当时日常使用的字体，而是青铜文化这一特殊领域的特殊产物。

　　钟、鼎是青铜器中乐器、礼器的代表，故金文又叫钟鼎文。钟鼎上的文字有阴文和阳文两种，阴文叫款，阳文叫识，故金文又叫钟鼎款识。青铜器常被用作祭器，祭礼古代叫吉礼，故青铜器又叫吉金，其上的文字又叫吉金文字。祭器又称彝器，

故金文又有彝器铭文、彝器款识的别称。金文的特点是在与甲骨文的比较中得出的，主要体现在：

1. 金文在字体风格上一改甲骨文瘦削方折的特点，变得肥厚粗壮，圆浑丰润。字体庄重美观，大小渐趋一致。行款多为直书左行，排列也越来越整齐，有时甚至先打格，后书写。这是由于金文的书写材料与甲骨文不同的缘故，甲骨文是用刀刻在龟甲兽骨上，而金文是铸刻在青铜器上。

2. 由于甲骨文的形象表意性突出，所有非形声字的数量很大，形声字的比例不到 20%；而金文则新的象形字很少出现，形声字却大大增加；像"走"部、"言"部、"金"部、"厂"部的字在甲骨文中很少或几乎没有，而在西周金文中则大量出现，并且多为形声字。形声字的大量增加，是汉字构形系统走向成熟的一个重要标志，说明汉字形体的归整性逐渐增强。

3. 金文中的异构字相对减少，结构渐趋定型。形旁因意义相近而混用的现象已不普遍，如"辵"部的字，在甲骨文中往往有从"彳"、从"止"、从"辵"三种写法，而西周金文则基本固定为"辵"。某些部件的置向及位置已不再随意改变，如从"彳"之字已基本将"彳"固定在左边，"及"、"方"等字的反书现象已很少出现。

4. 合文减少。西周金文虽然仍有少量合文，但数量却比甲骨文少得多，而且排列方式也不再那么随意，逆读合文消失。

（三）小篆

小篆是相对大篆而言的，是在籀文（大篆的别称）的基础上发展形成的一种字体，字体比大篆简化，是秦始皇统一中国后实行"书同文"政策时所采用的标准字体，所以又称"秦

篆"。小篆的特点是：

1. 小篆在构形上已形成严密的系统。在甲骨文阶段，象形字占有很大比例，这些字各以其所代表的物象为构形依据，相互之间只强调区别，而缺乏有机的联系。有些象形字在添加声符而成为形声字后，仍保留着原有的物象特征，使得这类形声字独立性很强，很难跟其他形声字建立联系，字际关系显得散乱而没有系统，构形元素的归纳性很低。到了小篆阶段，象形字在参与构字时大部分已经义化；形声字的表义部件的类化过程也已基本完成，代表同类事物的形声字多数采用了同一表义部件。这样，字与字之间的联系加强了，整个汉字体系显得系统而有条理。

"鸡"、"凤"在甲骨文中最初各像其形，添加声符变成形声字后仍然如此，二字之间在此阶段无法建立联系。但在小篆中，二字的象形部分均被"鸟"代替，这样，不仅此二字之间有了联系，而且还跟其他从"鸟"的字建立了联系，从而成为整个汉字构形系统的有机组成部分。

2. 小篆比较全面地保存了汉字的构形理据。小篆是承西周的正统文字而来的，它虽然对古文字阶段的汉字形体作了系统的规整，却没有破坏汉字的构形理据。如"鸡"、"凤"二字，经过类化以后，虽然字形已不能反映其实际形象，但其表义部件"鸟"仍能体现二字的物类特征，字的构形仍具有可解释性；而且这种系统化的理据比原先那种孤立的理据更符合汉字发展的要求。

3. 形声字大量增加。甲骨文中，形声字只占 20% 左右；而在《说文解字》中，猛增至 80%。不少原为象形字、会意字，都通过添加形符或声符变成了形声字，如"鸡"、"凤"等字。

4. 字形固定，异构、异写字较少。《说文解字》虽然收了一些"或体"字，但数量很少，大部分字的构件、构件的位置、构件的笔画都已确定，不能随意变动。这与甲骨文字形书写的高度自由形成了鲜明的对比。

5. 象形性减弱，符号性增强，笔画彻底线条化。《说文解字》说："篆，引书也。""引"就是牵引拉长，就是要使婉曲的笔道平直化。"篆书"这个名称正反映了小篆逐渐脱离"随体诘诎"的象形意味而走向线条化的特点。小篆不仅线条粗细均匀，笔画分布均衡，而且字的大小基本相同，字形均呈长圆态势，已初具方块汉字的规模。

（四）隶书

隶书历史上也称佐书、史书、八分，是以点、横、掠、波磔等点画结构取代篆书的线条结构而使之便于书写的一种字体。关于隶书的起源，相传秦始皇时代有个叫程邈的人，得罪下狱成了徒隶，在狱中对小篆进行改革而创造了一种新的字体。秦始皇对此很欣赏，给他免罪升官，于是把他拟定的字体称为"隶书"。隶书的特点与小篆相比主要体现在以下几个方面：

1. 在书写笔法上将小篆圆匀的线条改成点画，从而彻底实现了汉字的笔画化。在此之前，汉字的书写单位是一些圆转的曲线，甚至是事物的整体轮廓，很难从中区分出笔画来，只能称之为笔道。到了汉隶，汉字的书写单位基本上可以概括为一、丨、丿、乀、丶等几种类型，真正意义的"笔画"才算形成，汉字笔画的计算也才开始成为可能。汉隶的彻底笔画化，使小篆所保留的象形性全部消失，汉字的符号性从此占据了绝对地

位。这种变化，也使得汉字的书写难度大大降低，书写速度大大提高。

2. 汉隶对小篆的构形作了全面的调整，这次调整不像小篆那样是为了使汉字体系更为系统、更为严密，而主要是在简化动力的驱使下进行的。所以，在调整的过程中，更多的是照顾书写的方便和字体的布局，而不是照顾构形的理据。因简化而造成的偏旁合并、分化及省变现象，使得小篆原有的表意特征变得十分模糊。

3. 在字体的态势上变小篆的长圆体而为扁方体，笔画故意向左右两侧取势，与纤细秀气的小篆相比，显得更为沉稳有力。试比较上举各例，就可明显看出这一点。

从篆书到隶书的转变，是汉字史上的一大飞跃。从此，汉字完全失去了古文字阶段的象形意味，摆脱了古文字婉曲线条的束缚，开始步入今文字阶段。正因为这次转变给汉字带来如此剧烈的变化，文字学上便专门为它取了个名称，叫"隶变"。"隶变"对汉字的简化，是符合汉字发展的自身规律的。但它对汉字形义关系的破坏，对了解汉字的构意制造了很大的障碍。

（五）楷书

楷书本名真书或正书，是为纠正草书的漫无标准和减省汉隶的波磔而形成的。后因其结构严谨，形体方正，笔画平直，堪为楷模，改称楷书。楷书始于东汉，流行于魏晋南北朝，完全成熟于隋唐，一直沿用至今。楷书产生的动因，同样是为了书写的方便。因为隶书的蚕头雁尾和波势挑法，仍然是影响书写速度的障碍，楷书则彻底摆脱了隶书的笔法，形成了标准的笔画，书写起来更加方便。楷书直接从汉隶发展而来，它同汉

隶在结构上基本相同，只是稍有简省，二者的区别主要表现在笔法和字体的态势上。楷书变隶书的扁方字体为正方，显得刚正典雅，端庄大方。楷书的笔画与汉隶有明显的不同：横笔改为收锋，不再上挑；撇改为尖斜向下；钩是硬钩，不用慢弯；另外还增加了斜钩、挑、折等基本笔画，这样，书写今文字所需要的各种点画已全部形成。"隶变"实现了汉字的彻底笔画化，而基本笔画的标准样式是在楷书阶段完成定型的。从楷书成熟到现在的1000多年中，汉字没再产生新的字体，一般所说的"欧体"、"颜体、"柳体"、"赵体"，是楷书的不同书写风格，是书法意义上的"字体"，不是文字学意义上的字体。新中国成立后推行的《汉字简化方案》，是对汉字的繁多笔画进行简化，并不是新的字体。

本章小结：汉字是据义构形的，决定了汉字是表意文字体系，通过对汉字形体结构的分析，可以探寻汉字所记录的词义，因此在汉代就产生了汉字结构分析的理论"六书"——象形、指事、会意、形声、转注和假借。汉字的历史悠久，在其发展的过程中，为了便于书写，汉字的形体在不断地趋于简化，使汉字的字体随之发生变化，形成了五种具有代表性的字体：甲骨文、金文、小篆、隶书和楷书，各种字体形成了各自的风格特点。

思考与练习题：

一、简述"六书"产生的过程及其内容。

二、分析汉字字体的内涵。

三、汉字五种主要字体的特点是什么？

第四章

汉字的系统及类型

章节重点：汉字的构形是有系统的，系统的表现是多方面的，汉字在结构上具有 11 种构形模式，能够概括古今所有汉字的结构类型；汉字在类型的划分方面是属于表意文字体系。

关键词：汉字系统　形素　形位　构件　结构模式　类型

学习目标：通过了解汉字构形是由一批最小的基础构形元素，按照一定的方式组构而成，明确汉字的构形是成系统、有规律的；在对汉字构形规律了解的基础上，明确汉字的 11 种构形模式。学习汉语的特点，明确汉字的类型是表意文字体系。

教学要求：明确什么是汉字的系统性，汉字系统的特性，汉字系统的分析，汉字类型形成的条件。

1. 了解：什么是汉字的系统性。

2. 熟悉：汉字系统的特性。

3. 理解：汉字类型形成的条件，汉语的类型影响着汉字的类型。

4. 掌握：汉字系统的分析。

学习导航：这一章是第二章汉字的性质和第三章汉字的结构内容的延伸，是在了解了汉字"六书"结构的基础上，对汉

字结构的进一步分析，明确"六书"的产生条件和适应范围，理解汉字构形理论的广泛适应性。在了解汉语与汉字关系的情况下，明确汉字为表意文字体系类型的必然性。同时利用音像教材、网络多媒体课件（课程）、网络平台资源和面授辅导，有效地学习和掌握本章的重点内容。

　　文字的本质属性是字形，所以汉字的系统性主要针对的是汉字的形体。数以万计的汉字，外部形态千差万别，但其内部构成却是有规律成系统的，主要表现在汉字是由一批具有构字能量并能体现构意的最小元素，按照一定的规则组合而成。经过归纳整理，汉字内部结构的组合规律与相互间的有序性即可显现出来，这就是汉字系统性的表现。汉字构形系统是否严密，是汉字是否成熟的重要指标；构形规律是否整齐、简洁，是评判汉字构形系统严密程度的标准。对汉字构形系统加以了解，能从汉字形体的个体分析上升到对汉字总体规律的认识和把握。

第一节　汉字系统①

　　由于字形是汉字的本质属性，所以汉字的本体研究必须以字形为核心，因此讨论汉字的系统，也要从汉字的形体入手，考察其形体所显示的状态、特征和规律。

---

① 本节内容主要依据王宁：《汉字构形学讲座》，上海教育出版社，2002 年版。

一、汉字的系统性

系统一词，源于古希腊语，是指由部分构成整体。具体而言是指由若干要素以一定结构形式联结构成的具有某种功能的有机整体。可见"系统"强调的是要素之间的相互关联，并非孤立的存在，每个要素在系统中都处于一定的位置，起着特定的作用，从而构成一个不可分割的整体。因此系统的核心思想即为整体观念，而不是各个部分的机械组合或简单相加，系统的整体功能是各要素在孤立状态下所没有的性质。总之凡系统必是一有机整体。具体到汉字形体而言，汉字形体看似一个个孤立的存在，但实际上个体的汉字之间在形体上却是相互关联的，是以一定结构形式联结而构成的有机整体。

（一）汉字系统性的含义

汉字的系统性，体现在汉字自甲骨文开始，就已在形体上呈现为一个开放性的系统，具体表现为在同一共时平面上的汉字字符，是以有限数量的元素为基础，通过平面的或有层次的组合，生成一批不同模式的独体字与合体字；在平面组合中，基础构件之间直接发生关系，在层次组合中，由基础构件依次组合为复合构件，再由复合构件组合成全字，从而使汉字的各要素之间构成一个整体。汉字的组合模式是由参构构件及其功能来确定的，汉字构件的功能具有表形、表义、示音及标示四种，汉字构形的这四种不同功能的构件，依平面的和层次的两种不同方式的组合，可以得出不同阶段汉字所具有的构形模式，在此基础上，比较不同阶段汉字构形系统的特点，根据其内在关系可以把握汉字总体的构形系统和规律。

（二）汉字的构形要素

汉字的构形要素依次为形素、形位和构件。

1. 形素

汉字的形体是由一批可生成的，具有构字能量并能体现造字意图的最小的基本元素，按照一定的方式依次组合而成。由此人们在了解汉字形体结构规律时，对汉字形体生成的过程进行逆向分析，就可以对不同时代、不同字体的所有有理据的汉字形体依次进行拆分，直到最小的有意义的形体单位为止，从而确定出这种字体的基础构形元素，即形素。形素是从汉字的个体字符中离析出来的一种自然状态下的，具有体现造字理据功能的最小形体单位，它是汉字构形的基础。例如："明"，是由"日"和"月"组成的，"日"、"月"都是不能再进行拆分的有意义的最小形体结构元素，那么"日"、"月"则是构成"明"字的形素。"蟹"，可以从中拆分出"解"和"虫"，但是"解"不是最小的构成"蟹"字的元素，它还可以继续拆分出"角"、"刀"和"牛"。因此"虫"、"角"、"刀"和"牛"才是形素。如果对形素再继续进行拆分的话，那就是汉字的书写元素了，书写元素是没有意义的，也就是说它是不能体现造字意图的线条（甲骨文、小篆）、铸迹（金文）和笔画（隶书、楷书）。例如：对楷书"日"再继续拆分，就会得到"一"、"｜"这种没有意义的笔画。

不同字体的汉字，在形体上存在着巨大的差异，在基本元素的拆分和认定方面有不同的原则和方法，所拆分和归纳出的形素，无论从形体上还是数量上都是不同的，人们正是通过形素的拆分情况来说明各种字体体系的成熟与严密程度，形素数

量多，则表明系统性不强，是个体表意为主的方式，说明形体不固定，异写字多；反之则表明体系成熟，是整体表意的方式。

2. 形位

形位是指从个体自然状态下的形素中归纳出来的、具有相同造字意图的形素群。形位用其标准体指称。标准体的确定在不同的字体中，其归纳原则也是不同的，但总的指导思想是以优化作为最基本的原则，即在众多的形素中，选择一个优化的形体，作为其他众多表现相同造字意图形素的信息代码。例如：甲骨文中"止"的形位"ㄓ"就是从众多的"止"的形素

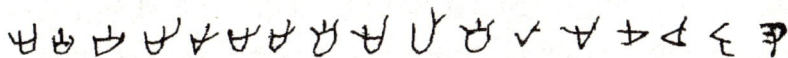

中归纳出来的形体代表。即表明它们都属于一个"止"形位，而用"ㄓ"这个标准体来表示。

形素和形位的关系如同音素和音位的关系一样，音素无区别意义的作用，形素也没有区别造字意图的作用，而音素有区别意义的作用，形位同样具有区别造字意图的作用。例如：在汉语中［a］、［A］、［ɑ］是三个音素，但它们同属于一个［a］音位。所以形素是形位归纳的基础，因而形位在不同的字体中，其表现情况也是不同的。

汉字的体系性越强，形体的归整程度就越高，汉字的写法就越趋于固定。那么这样所拆分出来的形素就与形位越趋于一致，也就是说一个形位所包含的形素数量也就越少。在早期的古文字中，由于字形的写法不固定，同一个字的异写形体多，那么从个体字符拆分中所得到的形素的数量就要比后代多得多，自然一个形位所包含的形素的数量相对来说也就多。例如：甲骨文

中，一个"目"形位则包含了  等这么多的形素，现代汉字中的"目"就没有这么多异写形体。现代汉字中某一形体，处在形体结构的不同位置的不同写法，也属于异写情况，例如：现代汉字的"心"形位，则可以说是包含了"心、忄、⺗"这样三个形素。

3. 构件

构件就是汉字的形体结构单元，是指当一个形体实际上已不直接承担记录语言的任务，而仅具有构造其他字的任务，成为所构字的一部分时，这个形体就称之为所构字的构件。例如："薄"是由"艹"、"溥"构件组成，其中"溥"构件又是由"氵"和"尃"构件组成，"尃"又是由"甫"和"寸"构件组成。因此可以看出处在全字和形素之间的形体结构单位，都可称作是这个字的构件，它们可用层级来指称，那么"薄"字就含有以下三级构件：

一级构件：艹、溥

二级构件：氵、尃

三级构件：甫、寸

构件从其在组构全字中所体现的作用来看，可以分为直接构件和间接构件。全字的造字意图是由直接构件来体现的，如"薄"："艹"则体现了"薄"的本义是指与草有关的一种草本植物，"溥"是提示它的读音的构件，因此一级构件就是直接构件。下一级的构件都叫做间接构件，全字的造字意图是不能用间接构件来说明的，间接构件的作用只是在全字的形体结构上起着间接作用。

由此可以看出，形素和构件之间的关系：形素一定是构件，

但构件不一定是形素，构件可以等于或大于形素。而且形素还可以出现在构字的任何一个层级之中，例如"薄"字中，艹、氵、甫、寸都是形素，但它们却分别是一、二、三不同层级之中的构件。

构件从其是否可以继续进行拆分来看，又可以把构件分为基础构件和复合构件。基础构件是不可以再进行拆分的，例如："薄"字中的"艹、寸、氵、甫"，而还可以继续进行拆分的构件就是复合构件，如"溥"和"尃"就是可以继续拆分的复合构件。基础构件可以出现在各个层级之中，而复合构件却不能出现在最低的层级之中，也就是说最低的层级位置上只能是基础构件。由此可以看出形素和构件之间的另一种关系：基础构件就是形素，形素是复合构件的基础。

构件从其是否具有独立成字的能力来看，还可以分为成字构件和非字构件。成字构件即指组合成字形的形体可以独立运用，是形音义俱全的形体。例如：柳、明、峰、地、牧等字中的木、卯、日、月、山、土、也、牛等这些都是可以独立运用，形音义俱全的参构形体，它们都属于成字构件。非字构件是指在字形中具有一定的意义或作用，但不具备读音，不能单独作为一个字来使用的形体；它所具有的意义是指形体的象形意义，而不是词汇意义；有的非字构件在字形中的作用连形体的象形意义也不具备，在字形结构中只起标示作用。从构件在构字中所体现的功能来看，可以分为四种类型：

（1）表义功能。即指构件以它在独用时所记录的词的本义、引申义或相关意义来体现造字意图。例如："柳"字中的"木"，表示"柳"是一种树木，"明"字中的"日"、"月"，表示

"明"是光明的意思等等。其中的"木"和"日"、"月"就都是表义功能构件。

（2）表形功能。是指构件具有象物性，用与物象相似的形体体现造字意图。其意义的体现是形体的象形意义。例如："果"字中的"田"表示果实形，"血"字中的"－"表示血滴形，"丹"字中的"－"表示红石，"〕〔"井架形等等。"田"、"－"和"〕〔"就都是表形功能构件。所以具有象形意义的非字构件一定是表形功能构件。

（3）示音功能。是指构件以它与所构字相同或相似的读音体现造字意图。例如："柳"、"桃"、"松"、"柏"分别表示不同的树，这些字中的"卯"、"兆"、"公"、"白"与它们的读音分别相同或相似，可将它们所对应的树名提示出来，并与其他树名区别开来，它们就是示音功能构件。有一部分示音功能构件同时还可以提示词源意义，即具有示源功能，也就是人们常说的"声旁带义"现象。例如："温"、"愠"、"蕴"等字中的示音构件"昷"，它同时可以提示这些字的词源意义，即表示密封的、存储状态下的意义。示源是示音功能所附带的功能，因此不另分一类。

（4）标示功能。是构件附加在另一个构件上，起区别和指事作用。例如："本"和"末"字中的"－"，起标示所指树木根部和树梢部位的作用，它们就是标示功能构件。所以标示功能构件一定是非字构件。

（三）汉字构形系统性的表现

传统文字学把独体字称作"文"，把合体字称作"字"，用

汉字构形系统理论来分析，是把能够独立记录词语，形音义俱全的个体汉字均称作字，独体字和合体字则是"字"的下位概念。

1. 汉字的组合方式

把由一个成字构件直接充当的汉字称作独体字。那么也就是说，独体字是不能再进行拆分的字。例如：羊、又、木、鱼、车、山、水、土、日、月、天、门、州、止、手、目、大、小、下；等等。独体字中的形素（构件）是全功能的，可以同时表形、表义和示音，所以在理论上独体字又可以看作是全功能构件与零构件的组合。把由两个或两个以上的构件组合的字，称作合体字，合体字是能够进行拆分的字。例如：明、依、和、萌、型、灏、浏、蝌、痂、蓟、膏、藩、笆、唥、墅、絷；等等。独体字不能拆分，也就不存在结构的组合问题；合体字可以拆分，所以结构的组合问题只存在于合体字中。合体字在组合过程中有两种不同的组合类型，分别称之为平面组合和层次组合。

（1）平面组合

平面组合是指字形由基础构件（形素）一次性组合而成，构件一次性地放置在同一个平面上，不存在组合的先后，字形的造字意图就是由它们共同直接体现出来，所有的基础构件都是直接构件，没有间接构件。只要是由基础构件一次性组合而成的字，不论它的构件数量有多少，它都是平面组合。凡是由两个基础构件组合而成的字，肯定都是平面组合结构。例如：明、依、和、玩、油、机；等等。

（2）层次组合

层次组合是指字形不是由基础构件一次性地、并列放置在同一个平面上，而是逐层地累积起来，构件进入构字，存在组合的先后顺序，字形的造字意图不是一次性表现出来的而是逐级生成的，所以只有层次组合中才有复合构件。例如："萌"是先由"日"和"月"作为表义构件组合成"明"，然后以"明"作为示音构件再与"艹"组合成"萌"。"溢"中有两个"水"的异写形式，按说是意义信息的重复，但是这两个"水"互相不能替代。"氵"是"水"的横置，放在"皿"上，表示水从器皿中漫溢出来。本来是为"满溢"义而造的，这个字后来引申出"利益"的意义，而且成为常用义，于是再加"水"旁表示"满溢"，原来的"益"便转化为示音构件了，如果没有第一个层次，"溢"就没有示音构件。"灝"的层次组合更具有启发性，它由"日"和"京"先组成"景"，在"景"字里，"京"是示音构件，但在下一个层次里，"景"与"页"组合读 hào 了，"京"的示音功能便在这个层次上消失，而在更下一个层次"颢"与"氵"组合时，"颢"却具有了示音功能。可见层次组合中，构件的功能只在自己加入的层级里起作用，而整个字的造字意图，是逐级体现出来的，在每一个层次里，都生成一些功能，也可能消失一些功能。正因为平面组合与层次组合在造字意图的体现上，前者是集合式的，后者是生成式的，所以，在分析汉字形体结构时，正确区分这两种组合结构类型，才能准确分析造字的理据，正确地对构件进行拆分。

同一个汉字在不同的汉字体制中，所表现的组合方式是不一样的，而且不同体制的汉字在组合方式上的总体倾向也是不

一样的。古文字中，越早出现的汉字，在总体的结构方式上就越倾向于平面组合的方式。平面组合主要是通过构件的形体意义和构件之间的形象组合来体现造字意图，所以在甲骨文中，平面组合的数量要比层次组合多得多。例如在甲骨文中"既"是由两个基础构件组合而成，"执、斫、涉"是由三个基础构件一次性组合而成，"福、莫"是由五个基础构件一次性组合而成，"朝、璞、声"是由六个基础构件一次性组合而成，"召"是七个基础构件一次性组合而成。随着汉字体系的不断完善，系统的逐渐增强，汉字由个体字符的形象表意逐步过渡到整体系统的表意方式以后，汉字在形体结构的组合方式上，渐渐地转变为以层次组合为主要方式了，所以上述汉字在今文字中则构件组合的变化是显而易见的。现代汉字的层次组合要比平面组合多得多，在甲骨文中许多平面组合的字，到了楷书阶段都变成层次组合了。

2. 汉字的组合模式

依据汉字构形系统理论的基本内容，汉字内部的结构是由基础构件开始，在平面组合中，基础构件之间直接发生关系，而在层次组合中，由基础构件依次组合为复合构件，再由复合构件组合成全字。汉字的结构组合模式是由参构构件及其功能来确定的。汉字形体的结构模式则是在对汉字构件的动态组合过程分析、考察完成之后，对其构件功能的组合方式所显示出来的特征、类型进行静态描写的结果。因此结构模式是指构件以其不同的功能组合为全字，从而体现造字意图的诸多样式。根据构件表形、表义、示音和标示在汉字形体结构中的功能体现，从历代汉字形体的实际情况中，可以总结出 11 种汉字构形

模式：

（1）全功能零合成：这一模式是指由一个成字基础构件与零构件的组合，即独体字。由于独体字是不能再拆分的，所以所有独体字均无合成问题，组成它们的基础构件自身承担着表形、示音、表义的全功能，不需要以其他基础构件作为构形背景。从理论上认为汉字是参构构件的合成，可以把独体字看作全功能基础构件与零的组合，使各类模式之间具有可比性。同时避免了"六书"中"变体指事"字不好归属的问题，在此它们则可归为全功能零合成字。例如：

甲骨文：目　止　人　鱼　禾　矢　水　爵　皿

金文：象　鼎　鸟　戈　弓　山　舟　木　角

小篆：隹　羊　心　子

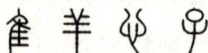

它们都是既表形又表义兼示音的。隶书和现代汉字中的独体字，由于已经失去原有的表形功能，只具有表义和示音功能。例如：日、月、山、水、禾、木；等等，但只要经过形体的溯源，其表形功能还是可以恢复的。

（2）会形合成：这一模式是指由两个或两个以上的表形构件组合在一起，表示一个新的意思，这种情况就是会形合成。会形合成字都是形合字，也就是说，这种合体字不但构件是以物象体现意义，而且按物象的实际状态来放置构件。一般说来，

这种会形合成字大多是平面组合，但也有少数层次组合的情况。例如：甲骨文中的"监"（鉴的本字）用一个俯首跪着的人形（），在盛有水的器皿（）旁照脸的形象组合，来表示"照视"的意思。出（）是用脚（）朝向坎穴（凵 kǎn）外的形象组合，来表示从里到外的意思。涉（）是用两只脚（）在水的两边的形象组合，来表示徒步过河的意思。利用甲骨文中"降"和"陟"这两个字的形体结构进行比较，更能明显地看出会形合成字是利用构件形体及方位的形象组合来表现意义的特点。"陟"和"降"所用的构件是相同的，只是"降"（）是用两脚在旁（山崖的形象）朝下的形象组合，来表示从高处走下来的意思；而"陟"（）则是用两脚在旁朝上的形象组合，来表示登高的意思。这种情况往往表现出字义之间具有一定的联系。从这两个字形中可以看到，甲骨文中的会形合成字不仅只在个体字形中利用构件的形象、方向和位置的相关组合来体现造字意图，而且还在整体字形中相互利用对方的形体作为自己形体结构的参照背景，这实际上已表明，在甲骨文的形体结构中，系统观念已经初步显现，也许当时是无意识的反映，但这正是汉字形体结构在后来的发展中系统性逐渐增强的基础，也是汉字在发展中逐渐形成自己内在规律的基础。

金文中的"集"（）用三只鸟（）在树上（）的形象组合，表示"鸟落"的意思。

（3）会义合成：这一模式是指用两个或两个以上的表义构件组合在一起，表示一个新的意义，这样的构件功能组合方式就是会义合成。例如：雀：从小从隹，义为小鸟。赤：从大从火，义为比朱红稍浅的颜色。明：从日从月，义为光明。鸣：从口从鸟，义为鸟叫。位：从人从立，义为位置。表义功能构件是指构件以它在独用时所记录的词的本义、引申义或相关意义来体现造字意图，所以说表义构件都是成字构件，会义合成方式组合而成的字，其意义都是由构件所表示的词义之间的关系来体现的。作为一个形体来说，只能具有两种意义：一是形体的形象意义，一是词汇意义。在构字时体现的是形象意义，构件就表现为表形功能，在构字时体现的是词汇意义，构件就表现为表义功能。只有成字构件既能体现为表形功能，又能体现为表义功能。在具体组构字形时，构件一次只能体现为一种功能。构件在字形中所体现的是哪种功能，主要是看它们参构的方式是形合还是义合，是形合方式，构件表现为表形功能；是义合方式，构件表现为表义功能。非字构件的表形功能只能是"表意"功能而非"表义"功能，这样就不会存在"六书"中"象形字"和"会意字"不易区分的问题，只要是非字构件的表形功能参构的形体，就一定是形象字；只要是表义功能构件参构的形体就是会意字。对于"冖、宀、疒"这些现在看来是非字构件参构的字，之所以把它们也看作是会意字，那是因为它们在甲骨文中确曾是独立的字，它们的词汇意义是从甲骨文中承袭来的，这进一步说明甲骨文对溯源工作的重要意义。除了历史上曾经确实独用过的构件以外，只要是象形性的非字构件，它们就只有表意功能，而不可能有表义功能。对于那些

没有形象意义，只有形体的标识作用的非字构件来说，它们连表形功能也不具备，只具有标示功能。

（4）形义合成：这一模式是指用表义与表形构件组合在一起，表示一个新的意义，这样的构件功能组合方式就是形义合成。例如：甲骨文中的"季"（），是由表形构件"禾"，和表义构件"子"（表示幼小）组合而成，以体现幼禾的意思。金文中的"宦"（），是由表形构件"宀"（表示房屋），和表义构件"臣"（表示奴仆）组合而成，以表示贵族家奴仆的意思。小篆的"兴"（），四手相对，是表形构件，中间的同字是表义构件，表示"共同"，由此组合来体现"起来"的意思。"柬"（）是由表形构件"束"（像树枝被捆缚的形状），和表示分别意义的表义构件"八"组合而成，以表示选择、挑选的意思。"胃"（）是由表示胃的形象的表形构件""和表示"胃"的类别"肉"（月）的表义构件组合而成，以此体现"胃脏"的意思。

（5）标形合成：这一模式是指用表形构件加上标示构件的组合。例如：甲骨文中的"亦"（），是用表示人形的表形构件"（大）"，加上标示符号"、"，以表示人的腋下的意思。"甘"（），是用表形构件"（口）"，在其中加上标示符号"－"，表示口中含有食物的意思。

（6）标义合成：这一模式是指用表义构件加上标示构件的组合。现代汉字中的"彭"就是由表义构件"壴"（鼓的木字）和标示构件"彡"（鼓声的标志）组合而成，以表示击鼓的鼓

声。"太"是由表义构件"大"加上标示构件"、"组成，表示程度更近一层的意思。"小"是由标示构件"亅"将表示"分别"的表义构件"八"隔在两旁，表示越分越小的意思。"吏"是由表义构件"史"和标示构件"一"构成，表示官吏的意思。

（7）标音合成：这一模式是指示音构件加上标示构件的组合。例如：甲骨文中的"千"（𧵎），是由示音构件"人"和标示构件"一"的组合，表示一千的意思。"百"是由示音构件"白"加标示构件"一"构成，表示一百的意思。由于标音合成字一般全是在假借字的基础上，"千"借"人"来表示，"百"借"白"来表示，而为了与借字进行区别，于是加上标示符号。又由于汉字总体上是采用据义构形的方式，因此标音合成字的数量很少。

（8）形音合成：这一模式是由表形构件与示音构件组合而成。这种字也主要体现在甲骨文中，后来所说的形声字其中有一部分就是由这种类型的字发展而来的，这是汉字出现声化现象的开始。在甲骨文中，它一般是由象形字加上示音构件产生的，象形字加示音成分的目的，往往是为了区别或便于识别。由此也可以看出，形声字之所以发展为后代汉字的主体，其关键在于它的区别作用，同时增加了语音的信息功能。

（9）义音合成：这一模式是指由表义构件与示音构件的组合。这是后来典型的形声字的类型。古文字时期的形义合成字，在原字类化以后，也就是表形构件类化成表义构件以后，就转变为义音合成字。这类字以表义构件来体现义类，以示音构件来提示语音。形成了同类字以音别，同音字或近音字以义别的格局，最终成为汉字结构的主体模式。例如："换"是由表义构

件"手"与示音构件"奂"组合而成，表示交换、对换的意思。而读音相同的"唤"、"涣"、"焕"、"痪"、"换"则可以通过表义构件"口、水、火、疒、手"来加以区别；对于义类相同的"换"、"打"、"扶"、"拄"、"扛"，它们都与手的动作有关，可以通过示音构件"奂、丁、夫、主、工"来区别。

（10）无音综合合成：这一模式是指由表形、表义、标示构件的一次性综合合成，只是没有示音构件的参与。

（11）有音综合合成：这一模式是指由表形、表义、标示、示音构件一次性组合而成。

汉字构形系统理论所归纳总结出的这 11 种构形模式，是在承认汉字是表意文字性质，汉字构形是有理据的前提下概括出来的。因为汉字构形，是探讨汉字的形体依一定的理据构成和演变的规律。

3. 汉字的区别手段

汉字构形区别手段是指汉字的构件在组字时所采取的措施，这些措施具有体现造字意图的作用，同时具有字与字之间相互区别的作用。汉字是一个符号系统，每个字符的存在都受着系统的制约，它既以某种方式与其他字符相联系，又以不同的形体结构与其他字符相别异。联系和别异是每个字符存在的两个必要条件，是汉字符号的本质内涵。而字符间联系与别异的判断，主要是根据汉字形体结构的区别性特征，也就是那些能够将字符相区别，又可以使字符相类聚的本质特征。汉字形体结构的区别性特征主要是通过以下几个方面的区别手段来实现的：

（1）通过构件形体的不同选择。构件的形体是构成整字的物质基础，不同的形体是决定字符间区别的关键所在。如，

"品"和"晶"的构件布局一样，但构件的形体不同，一为"口"，一为"日"，从而使二字相区别。再如，"江"和"河"左边的构件相同，使二字具有了类聚关系；但右边的构件不同，又使二字相别异。构件的不同选择大都具有别义作用，这是一切汉字字体最常用的区别手段。

（2）通过构件数量的不同选择。有些字的构件形体相同，其区别表现在构件的数量上。如，"木"、"林"、"森"三字，"人"、"从"、"众"三字；再如小篆中的"屮"、"艸"、"芔"、"茻"；甲骨文中的"🐍"（它）、"🐛"（虫）都是如此。

（3）通过构件功能的不同选择。有些字的构件形体相同，但构件在组字时所显示的功能不同，这样的构件也不能完全认同。如"锦"和"铜"虽然都含有构件"金"，但"锦"中的"金"是示音构件，"铜"中的"金"是表义构件，二字仍不能以"金"相类聚。

（4）通过构件置向的不同选择。置向是指构件的摆放方向，构件置向的不同，也可造成整字形体结构的差异。如小篆中"从"（从）、"比"（比）、"北"（北）三字都由两个"人"组合而成。"从"中的两个"人"都面朝左，"比"中的两个"人"都面朝右，"北"中的两个"人"一朝左一朝右。

（5）通过构件相对位置不同的选择。各构件摆放的方位也是构成字间差异的重要特征。如"吕"和"回"都由两个"口"字组合而成，但"吕"字中两个"口"一上一下，"回"字中两个"口"一内一外。再如，"杲"和"杳"都由"木"和"日"组合而成，但"杲"中"日"在"木"上，"杳"中"日"在"木"下。甲骨文中的"🐾"（丞）是用双手在上的

位置表示拯救的意思，""（承）则是用双手在下的位置表示捧着、承受的意思。

（6）通过构件接合方式不同的选择。现代汉字的接合方式主要有以下几种：

第一，离与接。例如"明"中的"日"和"月"、"英"中的"艹"和"央"都是相离的，"另"中的"口"和"力"、"杏"中的"木"和"口"都是相接的。

第二，夹与交。例如"街"中的"圭"被"行"所夹，"裹"中的"果"被"衣"所夹；"秉"中的"又"穿插于"禾"的中间。

第三，连与重。例如"我"中的"一"本是两横而连成一横，"史"是"中"与"又"相连、相重而成一形。

（7）通过构件组合方式的不同选择。如果是平面组合，各基础构件都与整字的构意有关，这样，就可以根据基础构件的功能加以类聚；如果是层次组合，则只有直接构件与整字的造字意图有关，可以成为类聚汉字的依据，而其他层级的构件则不行。如，"暴"和"温"，虽然基础构件中都有个"日"，但"暴"是平面组合，"日"直接与"暴"的造字意图有关，可以据之将"暴"与其他从"日"的字类聚起来；而"温"是个层次结构，"日"不是"温"的直接构件，不能成为类聚汉字的依据。

（8）通过构件组合模式的不同选择。直接构件的 11 种组合模式直接关系到形体结构如何体现造字意图，因而也是区别汉字和认同汉字的重要特征和手段。例如，"益"和"盍"虽然在

形体结构上很相似，但"益"为会形合成字，而"盎"为音义合成字。

以上几个方面对于汉字形体结构的认同别异，都具有十分重要的作用，如果字符在这些方面有相同之处，便可以据以类聚；如果有不同之处，则可以相互区别。正是由于同与异的相互作用，才使汉字形成一个严密的系统。

4. 汉字的构形理据

由于汉字是表意文字体系，通过字形结构的分析，能够明确造字理据，确定字义，帮助理解和记忆。因此对构形理据的分析，自古以来就是人们常用的一种析字方法，只不过构形理论是在了解了汉字形体结构规律的基础上，从更科学的角度来实现这一方法的运用。在了解了汉字的形体结构规律，掌握了结构——功能的分析方法，并领会了这一方法对汉字形体分析的意义以后，对汉字意义的讲解也就必须遵循这些规律，利用这一方法，对学习汉字学是非常重要的。汉字的理据讲解也必须符合科学，对汉字理据的科学讲解，需要遵循下面几个原则：

（1）汉字是由构件组合而成的，汉字的造字意图是通过构件来实现的，讲解汉字，首先必须要将构件讲解准确。例如：常听人把"忍"字讲成"人的心上插把刀"，这种讲解似乎对"忍"的意义进行了深刻的揭示，但对字形的分析却是错的，因为"忍"是从心刃声，以表示在感情上的克制，并不是从刀表义的。另外每一个组成汉字的成字构件，都已经具有确定的形、音、义，讲错了构件的形、音、义，也会使整个汉字的讲解发生错误。可见了解汉字形体结构规律，了解汉字形体发展演变的历史，对于汉字的讲解来说是相当必要，同时也是相当重要

的。对于现代汉字，许多已经看不出形象意味的构件，为了慎重起见，必须进行溯源，对于那些能与古文字形源对应上的表形构件，可以依据它们在甲骨文中是独用过的字，而把它们依旧看作是成字构件，具有表义功能；对于那些对应不上的形体，就不能硬说它是从艹屯声，否则现代汉字中就有太多的字无法描述它的结构类型，溯源就起不到应有的作用了。

（2）汉字是由构件组合而成的，构件在进入构字后，就具备了一定的功能：或示音、或表形、或表义、或起区别标示的作用。讲解汉字必须依据它们在构字过程中的客观实际功能，讲错了或曲解了构件的功能，都会使整个字的讲解发生错误。例如："饿"字中的"我"，是示音构件，如果把它当成表义构件来讲，"饿"就成了"我吃食"，那么"俄"、"鹅"、"峨"、"娥"的讲解就会成为"我的人"、"我的鸟"、"我的山"、"我的女人"。由此可见，汉字是成系统的，如果把一个构件的功能讲错了，就可能造成讲了一个，乱了一片的严重后果，对意思的理解造成更大的困难。

（3）汉字在由基础构件组合的过程中，有的是依层次逐级组合的，造字意图是逐级生成的；有的是一次性平面组合的，造字意图是以集合的方式产生的。讲解汉字时，必须按它们组合的实际状况来进行，既不能把层次组合讲成平面组合，也不能把平面组合讲成层次组合，否则就会发生错误。对于不了解汉字形体结构规律的人来说，常常是把所有的汉字都看成是平面组合。例如：把"温"讲解成"太阳照在器皿里，水就变温了"。这种讲解是错误的，因为"温"是一个层次组合的字，"日"不是"温"的直接构件，不直接对"温"的造字意图起

作用，它的功能只是与"皿"构成"温"的示音构件"昷"，"昷"和"氵"再组合才构成"温暖"的"温"，而且，这个"日"的形源也并不是"日月"的"日"。

（4）汉字的形体结构是发展变化的，现代汉字经过隶变、楷化的过程，出现了一批因黏合、省简、变形、讹错而变得失去理据的字，对于这些字已不能分析它们的造字意图。因此，在现代汉字的分析中，对于不能直接分析的形体，必须通过传承线索进行复形，使形义统一具备条件，才能讲解它们的意义。复形就是通过对字形的历时认同，沿着汉字发展的历史脉络向上溯源，恢复保留着造字意图的字形，通过早期的字形使形义关系显现出来。虽然就形体的外观来说，不同历史时期的汉字存在较大的差别，但是各个历史阶段又是相互联系、一脉相承的汉字字体的演变，是有一定的内在规律和发展趋势的。在复形时，只有依照汉字形体演变的规律和趋势去做，才能不主观而有说服力。例如："鸡"中的"又"是代示音构件"奚"的，而不是表义构件，不能当作是副词"又"的意思来理解。

（5）分析汉字的理据要符合汉字的总体构形系统。汉字不仅是历史的现实，而且是共时的系统。正因为汉字的形体结构是成系统的，它们之间发生着相互的网络关系，因此考察汉字的形与义，讲解汉字的形与义，都不能仅对单个汉字从主观的猜测出发，随意地作出结论，以免讲了一个，却与另一个甚至一批发生矛盾。

二、汉字系统的特性

汉字系统的特性主要表现为从无序到有序，这种系统的有

序性不仅表现在构形方面，还表现在书写和字际关系等方面。任何符号系统，要想有效地传递信息，都必须有明确的内部规则，必须处在有序的状态。汉字的发展过程，正是逐渐摆脱无序状态，建立内部秩序，最终走向有序状态的过程。

（一）构形的无序到有序

早期汉字构形的稳定性很差，异体很多，字形的繁简程度，字的参构构件、构件的位置及置向都表现出极大的灵活性，从甲骨文的形体特点就可以清楚地看到这一点。甲骨文虽然已经是成体系的文字，但个体字符的变异非常严重。由于甲骨文时期汉字仍然具有很强的象形性，有些甚至带有原始图画的特征，因此同一个字或繁或简，形体差异很大。如像短尾鸟之形的"隹"，在甲骨文中样式多达几十种；有些字采用了不同的构件，如"牢"字，或从"牛"，或从"马"，或从"羊"；有些字中部件置向不同，或左或右，或上或下，或正，或侧。这种混乱局面，是不符合语言对文字的要求的。作为记录语言的文字符号，应该有固定的形体和明确的意义，这样才能有效地充当日常交际的工具。所以，汉字在其发展过程中，通过自觉调节和人为规范，逐步使自身的构形朝着有序的方向发展。总体来说，汉字构形演变的根本方向是规范有序，乱只是暂时的支流，治才是发展的主流，汉字正是以这种螺旋式上升的方式逐渐走向成熟的。

1965 年 1 月，中华人民共和国文化部和中国文字改革委员会联合发布了《印刷通用汉字字形表》，共收字 6196 个，遵循从简从俗、便于学习和使用的原则，提供了通用汉字印刷字体（宋体）的标准字形，规定了表内字的笔画数目、笔画形状、笔

画顺序和构件部位，它既是印刷字体的标准，也为手写体确立了字形规范，使汉字构形的有序性得到进一步的强化。

（二）书写的无序到有序

现代汉字是典型的方块字，同一字号字形大小一致，行款排列整齐，字的内部书写有一定的顺序，即先横后竖、先撇后捺、从上到下、从左到右、从外到内、先里头后封口等等。这种规整有序的局面，是汉字几千年书写实践的结晶。

甲骨文的象形性很强，有些字写起来如同画画一般，十分困难。它们多数是以蜿蜒屈曲的笔道来显现事物的轮廓，很难说哪是起笔，哪是收笔，无法确定书写的顺序。作为礼器铭文的金文，由于其藏礼的特殊功用，在字迹上比甲骨文要讲究得多，字体大小大体一致，纵横行列也渐趋整饰，其端庄稳重和章法上的讲究，为小篆的整齐划一奠定了基础。小篆在此基础上用圆转匀称的线条来转写金文婉曲的笔道，粗细一致，形体整齐，初步形成了书写单位，具有了一定的书写规律，在汉字书写的有序性方面迈出重要的一步。但小篆的书写单位仍是清一色的线条，还没有形成笔画，这些线条要求匀圆齐整，书写起来仍然是很费工夫。隶书则把这些圆匀的线条变成平直有棱角的笔画，使汉字正式跨入今文字的阶段。笔画的产生，不仅大大方便了书写，而且有了固定的笔顺，如先左后右，先上后下，写横时一律从左到右，写竖时一律从上到下等。楷书则进一步省去了隶书的波磔笔法，书写起来更加快捷，笔画和笔顺也更加定型。特别是到了宋代，受雕版印刷的影响，楷书笔画变得更加均匀和平正，印版上的行格线也使得行款变得更加分明，从而最终实现了汉字书写的有序化。1997年公布的《现代

汉语通用字笔顺规范》是目前最明确、最权威的笔顺规范文本，是查证通用汉字笔顺最好的依据。

（三）字际关系的无序到有序

汉字作为记录汉语的书写符号体系，要求具有高度的系统性，字与字之间不能是散乱的，而应该具有密切的联系，而且这种联系还必须是理性的、可解释的，只有这样，才能有效地体现汉语词汇系统的高度有序性。王宁先生所提出的汉字构形学理论，对汉字体系的系统性和有序性进行了很好的诠释和总结。汉字不是一盘散沙，而是互有联系的整体；汉字构形具有理据，其理据不是孤立的，而是体现在整个系统之中；汉字构形系统是由若干个基础元素按照一定的结构模式分层次组合起来的有序网络，任一个体汉字都应该能够在这个网络中找到自己的合适位置；一旦位置序列变化失衡，构形系统就会作出相应的调整以达到新的平衡。但是，汉字字符之间的关系在早期阶段却处在明显的无序状态。较早产生的汉字多为独体的象形字，这些字各以其所代表的物象为构形依据，相互之间只强调区别，而缺乏有机的联系。由于象形造字法满足不了实际需要，人们开始摸索着用两个或几个象形字进行组合造字。起初，这些参构的象形字仍然保留着原有的物象特征，使得新产生的合体字之间仍然难以建立联系。后来，参构象形字逐渐义化，意义相近者逐渐合并，这样，在部分汉字之间便形成了一定的类聚关系。但是，由象形字参构的指事字和会意字所形成的类聚关系仍然是极其有限的，字际关系依然处在非常散乱的状态，只有当形声字出现以后，汉字的字际关系才可能真正走上有序化。

形声字由形符和声符组合而成，这种音义结合的构形方式，既能显示意义信息，又能显示语音信息，具有很大的优越性，完全适合汉语的特点。它利用义符和声符相互配合，分工合作，互为区别，互相限定，具有很大的区别性；它利用有限的部件和有限的构造模式，可以组合出无限的字形，具有很高的能产性；它的义符和声符使汉字的类聚成为可能，不仅可以从意义的角度加以类聚，而且可以从声音的角度加以类聚，具有很强的系统性。正因为如此，这种音义结合的构形方式成了汉字发展的主要方向。①

三、汉字系统的分析

汉字是表意文字体系，它的体系性就表现在汉字的形体结构是呈系统的，是可以被描写出来的。要想描写汉字形体的结构系统，首先就要显示汉字形体的结构系统，也就是要实现汉字形体结构要素的规整性。汉字是在社会上流传使用的，不论是历史汉字还是现行汉字，都会产生一些纷繁的写法，这些纷繁的字或构件如不规整，很难看出系统性。规整，是指把异写形素、异写构件、异写字经过认同归纳到一起，选择一个优化的形体作为标准体，也就是择出一个形体作为其他异写形体的信息代码。以甲骨文为例，"牢"（围军围围围）字中"牛"的异写形素，以 ❖ 为标准体。"监"（❖❖❖）字中临盆人形的异写

---

① 王立军：《从无序到有序 既对立又统一》，载《新乡师范高等专科学校学报》，2007（3），第100—102页。

构件以 为标准体。"高"的全字异写（高高高高高高）以 为标准体。这样就可以得出在同一历史层面上的汉字经过规整的形素，也就是形位。同时也可以得出经过规整的汉字全形，使汉字的纷纭杂乱状态得到整理后，出现清晰、整齐的总体状态。经过对不同历史层面的文本文字的整理，可以看出，每个历史层面上的汉字总体的确是成系统的。这个系统的情况大致如下：

（一）汉字是由一批具有构字能量并能体现造字意图的最小元素为基础组合而成的，归纳这些最小元素——形素，得出形位。在每个历史层面上，形位的数量都在 250~300 个，它们分别或完全具有表形、表义、示音、标示四种功能。例如："禾"在"稼"、"种"、"稻"字中有表义功能，在"和"字中有示音功能。"门"在"们"、"扪"、"闷"、"问"、"闻"字中有示音功能，在"闲"、"闺"、"闭"、"闪"字中有表义功能，在甲骨文的"门"（），金文"闭"（）、"间"（）中有表形功能。

（二）汉字由这批形位组构而成，近、现代汉字绝大部分是依层次组合，少部分是依平面组合。这些组合依结构—功能分析，都有一定的结构模式。在层次组合中，字义是一层层生成的。在平面组合中，字义是一次性生成的。正因为如此，汉字才能由少量的形位，生成形体结构和造字意图各异的成千上万个单字。这些单字凡是其中具有共同的元素，或既具有共同的元素又采用同一模式的字，彼此都会发生一定的关系，这就使每个汉字的形体结构，可以纳入一个网络中去。而且汉字的每个历史层面都有自己的系统，在不同的历史层面上同一个汉字

可能会有不同的网络关系。互有关系的字在类聚时和分析结构时彼此都是互为背景、互有参照价值。

（三）小篆以后的汉字，在形体结构模式上已经变成以形声为主，形音合成、义音合成的字占到90%以上，剩下的几种形体结构模式，基本上都是这些形声字的构件，完全可以系联到形声系统中去。那么形声字的表义构件在义类上可以归入一个子系统，示音构件在声类上可以归入一个子系统，在构件的意义关系上又可以归入一个子系统。例如："骤"字，在义类上与从"马"之字可归入一个子系统，在声类上与从"聚"、从"取"的字又可以归入另一个子系统，在同义系统中与"聚"和"众"也有关系。因此，可以把上述的关系网络描写为一个字表：这个字表以表义、表形形位为一个维度，将义近形位归纳在一起；以示音形位为第二个维度，将音近形位类聚在一起；采取有层次的排列。从这个字表里可以显示汉字总体形体结构的有序状态，也可以显示汉字的单字之间的相互关系。这就是汉字形体结构系统的总体表现。

汉字的形体结构是成系统的，这个系统是否严密，要从以下几个方面考察：形位数量与总字数的比例，比例越低，形位的构字能量越大，汉字的形体结构系统越严密。对汉字进行规范，尽量不要胡乱增加形位。形体结构模式越单纯，汉字的形体结构系统越严密。甲骨文有八种形体结构模式，到了小篆时，演变为"六书"的前"四书"，基本上定型了。异写字与异构字的比例越小，规整程度越高，形体结构系统就越严密。以汉字形体结构系统理论为指导，尽量优选一批通行的字形，淘汰纷乱又不合理的异写字与异构字，这是汉字规范必须进行的工作。

汉字形体结构是成系统的，它们相互之间发生着网络的关系，所以考察汉字的形与义，讲解汉字的形与义，都不能从主观的对单个汉字的猜测出发，随意地作出结论。

第二节 汉字的类型

汉字类型的划分取决于汉字性质的认定，由于对汉字性质认定存在分歧，所以对汉字类型的表述同样没有统一，较有影响的说法是表意文字、语素文字、音节—语素文字等。这些不同分类存在的原因，仍然是由于看待汉字的角度不同造成的，其实这些特征共存于汉字之中，从汉字形体的本质属性来看，汉字是据义构形，汉字的形体是表意的；从汉字形体所记录的语音单位来看，一个汉字代表一个音节，与语素对应，这是称汉字为音节—语素文字的由来。

一、汉字类型及形成条件

类型是指具有共同特征的事物所形成的种类。由于事物的特征往往是多侧面的，所以从不同侧面和不同角度看待事物，就会对同一事物形成不同种类的划分。就汉字而言，不同的分类标准及不同的分类角度，就会产生不同的汉字类型。如果从语音的角度进行分类，汉字可以分为多音字、同音字；从语义的角度进行分类，汉字又可以分为单义字、多义字；从形体的角度进行分类，汉字又可分为异写字、异构字、异形字和同形字；从使用材料的角度进行分类，汉字又可分为甲骨文、金文

等；从结构角度进行分类，汉字又可分为形声字、会意字等；若把汉字放在世界文字的大背景下来看，汉字的类型应该属于表意文字体系，这一类型的形成是由汉语的类型所决定的。

二、汉语的类型影响着汉字的类型

语言的类型若据词的结构特点来划分的话，汉语属于孤立语，即汉语的词形没有形态变化，词在句中的语法关系主要通过词序和虚词来显示，所以汉语又称词根语；若据句法特点来看的话，汉语又属于分析语，即汉语的句法关系也是通过词序和虚词来表示的。

（一）汉语的主要特点

汉语在一般情况下一个音节表示一个语素，如："失"、"济"、"巩"等；当然也有少量两个音节表示一个语素的情况，如："葡萄"、"徘徊"之类的联绵词，但这是少数情况，不足以代表汉语语音的本质特征。尤其在古汉语中，更以单音节为主，因此上面所举的"失"、"济"、"巩"等，在现代汉语里它们只能以语素的形式存在，而在古代汉语中它们却可以独立运用。

汉语在词的语法形式上没有形态变化，是靠词序和虚词体现语法意义的，例如汉语中，不论是做主语，还是做宾语，第一人称代词都是"我"，区别其语法功能主要是依据"我"在句子中的位置（词序）来决定；而英语的形态变化却十分丰富，名词有性数格的变化，像第一人称代词，主格是 I，宾格是 me，所有格是 my，在词的形态上就能够区分开来；动词也存在着人称、时态的变化；形容词、副词还有级的变化。汉语单音词占优势又没有形态变化，在词的语音形式上必然产生大量的同音

词，而古汉语中同音词的数量就更多。例如：制、志、挚、掷、至、致、置、智、质、治、峙、窒、炙、陟、滞、骘、贽、豸等，在古汉语中都是同音词。

汉语是有声调变化的语言，汉语中的词可因声调的不同而意义不同。例如：明代文学家徐渭题过一副对联："好（hǎo）读书不好（hào 喜欢）读书，好（hào）读书不好（hǎo）读书。"这副对联的意思是：年轻的时候，是大好的读书时光，精力充沛，记忆力强，可是却不喜欢读书；而到年老的时候，想要读书，却因眼力不济，记忆力减退等原因已不能很好地读书了。其中就是利用"好"的声调变化，说明"好"的不同意义。

汉语从古至今存在着多种方言，方言的区别主要表现在语音上。古代有"雅言"、"通语"和"方言"、"方音"的区别，现代有"普通话"和"地方话"的不同。

（二）汉语特点对汉字产生的影响

汉字是记录汉语的书写符号体系，汉语的每一个特点对汉字都有影响。汉语单音节词占优势和轻形态的特点，决定了汉语可以用一个表意形体（汉字）来记录，汉字的方块表意形体与汉语的词或语素对应整齐，形式上相互适应，记录汉语方便自然。汉语单音词占优势易于产生大量同音词的特点，决定了汉字的记录方式——以形表意，如果字形表音，同音情况就无法区别，例如"qī zhōng kǎo shì chéng jì"，如果只凭语音，就分辨不出是指"期中"还是"期终"；"这次作业 quán bù 符合要求"，只凭声音就不清楚是"符合要求"，还是"不符合要求"，造成误解甚至把意思理解反了。文字作为符号，区别是首要的，大量同音字在形体上无法区别，与文字符号的区别性要

求相背离，因此汉语同音词多的特点，决定了汉字的构形原则
——注重语义要素，甲骨文纯表意字占绝对优势的原因正是缘
于此，一义一形，"期中"还是"期终"、"全部"还是"全
不"，只要写出来，同音问题就不成问题了，同时还使汉字自古
以来具有了超方言的作用。汉语有声调的特点，决定了相同的
汉字可以利用声调的不同，表达不同的词性和意义，在一定程
度上可以限制汉字数量的无限增长。

（三）汉语特点对汉字发展的影响

汉语的特点决定了汉字从语义要素进行造字的原则，在记
录汉语的早期阶段（甲骨文时期），象形、指事、会意纯表意字
占绝对优势，但是纯表意字在表意方式和内容上的具体性特点，
又在一定程度上限制了它们的造字能量，不能满足记录汉语词
汇日益增长的需要，为此汉字曾利用假借手段来解决这一问题。
但是从能够长远地满足记录汉语需要的角度来看，假借并不是
一个优化的、可持续发展的解决方案；因为假借字毕竟是一种
纯音化的方式，它是利用词的同音关系，借用别的词的书写形
式，舍其意义，取其声音，以记录新词；从形义关系上来看，
它使汉字的形义关系脱节，而汉字字形本身的不表音特点，又
使这种字的音和义都不确定，大量的同音词现象又无法区别；
假借字无限量的增加，会导致汉字朝着音化方向发展，这又是
汉语特点所不允许的，所以除了甲骨文时期（尝试和探索阶段）
外，在汉字的其他发展阶段，假借字在总体汉字中所占的比例
数都是很小的，甲骨文时期的许多假借字都产生了后出本字，
即在假借字的基础上添加义符的方式，使字形中重新出现表意
因素——于是，"形声字"产生了。之后汉字中形声字的比例越

来越大，直至成为一种占绝对优势的主体方式，这种情况是汉字在长期记录汉语的过程中，为了能够很好地记录汉语，不断地调整自己，寻求最适合汉语特点的记录方式的最终结果。之所以如此，是因为形声结构有了示音成分，可以用声旁和形旁直接拼合，使其构造字形简便易行，实现了有限手段的无限运用，胜过其他造字法，因此使它在所有的结构类型中成为最能产的一种造字方法。形声字在区别性方面也表现出极大的优势：音同者以义别，义同者以音别，源同者以类别，类同者以源别。"用文字符号把一个词记录下来，如果只记录其语音，有时很难理解其词义。如果兼有提示词义的作用，就不会在理解上产生歧义。"① 形声字这种"兼表形音的汉字在辨词和记忆时都有明显的优点，通过形符和语音两方面的提示，有助于对这个字所记录的词或词素加以辨识"②。例如："扬"字的形符是"手"，提示意义与手有关，是手向上的一些动作。"杨"字从"木"，提示意义与树木有关。形声字正因为有了示音成分，不仅使它能产性强、区别性大，而且还使它与语言的联系更加紧密，其声旁提示了汉字所记录汉语中哪一个词，与词之间的对应关系更为紧密。从汉字的发展历史来看，甲骨文中形声字只占20%左右，到小篆时已发展到80%以上，现代汉字形声结构所占的比例更大，已经成为一种占绝对优势的结构。

形声结构在意义信息的提供上虽不如象形、指事、会意，但它的出现并没有改变汉字的表意性质，反而增强了汉字的表意性，并且还使汉字的系统更加严密。表意性和个体字符的象

① 刘又辛著：《汉语汉字问答》，北京：商务印书馆，1999年版，第125页。
② 刘又辛著：《汉语汉字问答》，北京：商务印书馆，1999年版，第125页。

形性不是同一概念，从某种意义上说，个体字符象形性的减退反而可以增强汉字的表意性质，并能从总体上促进汉字体系性程度的提高。在现代汉字中，"日"虽然不像太阳的形状了，但从大批以"日"做义符的字"晒、曜、阳、晴、暖、曝、暮、昏"都带有与"太阳"有关意义信息，其意义可以不通过形体是否像"太阳"就能体现出来，这不仅说明汉字的体系越来越严密，还说明汉字的整体表意性的增强。由此可见，汉语的特点不仅决定了汉字的产生方式、存在形式，而且还决定着汉字的性质以及汉字的发展方向。

（四）汉字对汉语的影响

汉字扩大了汉语的交际功能，约束了汉语的方言分化。汉字的书写形式影响了汉语的构词方法和组句方式。由于汉字可以别义，汉语语音别义的重要性有所降低，汉语音节逐渐向简单化发展。在修辞方面，双关、对偶的方式只能靠汉字来实现，汉字增强了汉语的艺术表现力。[①] 对联是汉民族特有的一种习俗，也是利用汉字作为手段对汉语特点进行完美展现的一种表现，尤其是那些利用同形汉字的不同读音表现不同意义的巧对，更能发挥汉语特有的艺术魅力。例如，山海关姜女庙上的对联：

海水朝朝朝朝朝朝朝落　浮云长长长长长长长消

再如，台湾云林土库镇凤峙（祀泉州乡土神广泽尊王）的对联：

---

① 王立军，宋继华，陈淑梅著：《汉字应用通则》，沈阳：春风文艺出版社，1999年版，第13—14页。

见见见见见见神主　朝朝朝朝朝朝神主

这两副对联都是利用汉字的形同音不同的特点，表现了汉语特有的语言韵味。第一副中，通过"朝"有 zhāo 和 cháo 两种读音，一、四、六字的"朝"读 cháo，二、三、五、七字的"朝"读 zhāo，以此来表现海水在早晨时涨时落的景象；"长"有 zhǎng 和 cháng 两种读音，一、四、六字的"长"读 zhǎng，二、三、五、七字的"长"读 cháng，以此来表现天上的浮云变幻莫测的现象。第二副中的"见"也有两种读音，一、三、五字读 jiàn，二、四、六字读 xiàn，"朝"一、三、五读 zhāo，二、四、六字读 cháo，以此来表达人们对神主的敬奉之情，希望能够通过自己每天早上不间断的朝拜，见到神主显灵。

利用双音节词声调的不同，以及汉字特有的构形方式进行拆字所作的对子，如：

和尚和尚书诗　因诗言寺　上将上将军位　以位立人

第一句中"尚书"是官名，第一、二字读 hé shang，"和"是"唱和"的"和"音 hè，第三、四字读 hè shàng，且"诗"是由"言"、"寺"组成的，正好把"诗"拆分成"言"和"寺"，第二句中"将军"是官名，第一、二字读 shàng jiàng，第三、四字读 shǎng jiāng，且"位"是由"人"、"立"组成的，正好可以把它拆分成"立"、"人"。

利用同音字创作的对子，如：

贾岛醉来非假倒　刘伶饮酒不留零
盗者不到道者来　闲者不来贤者来
扬子江头渡杨子　焦山洞里住椒山

这些都是利用汉字的优长发挥汉语特点的典型例子，这种汉字与汉语的完美结合，常会生发出妙不可言的表达效果，这是除汉字之外，其他文字所无法做到的。汉字在记录汉语的过程中，与汉语形成相互促进相互影响的关系，在相互发展的过程中，更加适应，更加协调。

本章小结：汉字的构形是由一批最小的基础构形元素——形素构造而成的，其构形是有规律成系统的，根据构件在字形中的功能性质可以把汉字的结构划分为 11 种构形模式：全功能零合成、会形合成、会义合成、形义合成、标形合成、标义合成、标音合成、形音合成、义音合成、无音综合合成、有音综合合成。汉字记录汉语，由于汉语的特点决定了汉字为表意文字类型。

思考与练习题：

一、说明汉字构形的系统性体现在哪些方面？

二、分析说明汉字成为表意文字类型的原因。

三、汉字构形系统理论对汉字结构分析与"六书"理论的比较。

第五章

汉字文化

章节重点：汉字与文化的关系体现在汉字的字形上，汉语与文化的关系与汉字与文化的关系所表现的内容是不同的。汉字与文化的互证关系。

关键词：汉字文化　互证

学习目标：通过了解汉字与文化的关系，明确汉字既是文化的载体又是文化的一部分。了解汉字与文化的关系，明确汉字与文化是可以互证的。

教学要求：明确文化与文字的关系，汉字所造就的独特的文化现象，汉字与中国古代历史文化的密切关系，与汉字联系密切的文化形态。

1. 了解：汉字与汉文化的关系。

2. 熟悉：汉字所造就的独特的文化现象。

3. 理解：与汉字互证的文化内容。

4. 掌握：运用汉字认识汉文化的方法。

学习导航：通过了解汉字构形的性质、特点，明确汉字与文化的关系表现在既是文化的载体又是文化本身。通过实例分析与说明明确汉字与文化具有互证关系。同时利用音像教材、

网络多媒体课件（课程）、网络平台资源和面授辅导有效学习掌握本章的重点内容。

汉字作为记录汉语的符号，既承载了文化，其构形的表意特征又使其自身体现着文化，依据汉字的构形系统去挖掘汉字的文化蕴涵，从中了解华夏先民的文化心理，是学习和掌握汉字的基本内容之一。

第一节　汉字与汉文化的关系

汉字是依据词语的意义构造字形的，汉字字形所承载的文化信息比任何拼音文字都更加丰富。所以罗常培在论述语言与文化时强调："谈到中国古代语言和文化的关系，我们便不能撇开文字。"[①] 特别是由于语言的变迁，许多语词消亡之后，汉字便成了语言的活化石。汉字发展到现代在结构方面绝大多数都是形声字，它的义符系统是汉语语义系统的物化形式，它的声符系统中，有相当一部分声符具有揭示语源意义的作用。汉字所具有的丰富的文化内涵是拼音文字所不具备的。

一、汉字是汉文化的核心内容

汉字是世界上迄今为止仍然在使用着的表意体系的自源文

---

① 罗常培著：《语言与文化》，北京：语文出版社，1989年版，第9页。

字，汉字以其悠久的历史向世人昭示着生动而形象的古人造字的心理，并以此传载着中国历史文化的丰富信息，从不同侧面展示了远古先民的观念与认识和生活的场景与状态。汉字两维平面的外在形态特征，为蕴涵丰富的思想文化信息提供了极大的现实可能性。它沟通着民族文化，是先民心理的物化反映，是汉文化的凝聚和组合。方块汉字形体中所隐含的是汉文化的广阔内容。

（一）汉语特点上的文化体现

汉语是通过词汇的意义系统来表述各种文化现象而成为文化载体的；以汉语词义为基础而产生的汉字，由于是记录汉语、表现汉语词义内容的符号体系，因此也成为汉文化的载体。从汉字形、音、义三个要素来分析，汉字的音、义要素是从汉语那里承袭而来，只有形体才是汉字所独有的要素。虽然字形与音义有关，但却有着自己独立的作用和价值，具有自身的构造规律和系统，这就决定了汉字既与汉语有密切关系，又与汉语有着本质的不同。汉字与文化的关系，一方面是以汉语为中介的，即通过记录汉语而成为文化的载体；另一方面，由于汉字形体的特殊性，使得汉字具有了汉语所不具备的文化功能。从汉字的性质来讲，汉字是表意文字体系，特别是早期汉字，形体与所记事物之间的关系极为密切，人们可以从字形中，窥探出与所记事物相关的文化信息，这些文化信息有些是词义能够反映的，有些是词义所不能反映的；这就表明汉字所承载的文化信息实际上有两个来源，一是来源于汉语中的词，一是来源于汉字的形体；前者是汉语的文化功能在汉字形体中的物化体现，是与汉语文化相重合的，因而归于汉语文化的范畴；后者

是汉字所独有的，是真正的汉字文化。[①] 所以说汉字文化所指的是汉字字形及其系统与文化的关系。在研究汉字文化的时候，要注意区分汉语与文化的关系，不要把属于汉语的文化现象看做是文字的功能，把有些汉语所表现出来的文化特征，由于与汉字结合而产生出的完美文化效果当成是汉字文化的表现，例如：在《说文》中"马、牛、羊"都是大部，即以此作义符的字很多，这是汉语词汇设词密度大的表现，是当时社会现象（我国曾经经历过游牧业为主的社会形态）在汉语词汇中的反映，文字的作用只是通过字形把这种现象物化下来，所以从根源上来讲，这并不是汉字的作用，而是汉语特点的反映。

（二）汉字字形上的文化体现

尽管来源于汉字形体所承载的文化信息才是真正的汉字文化，但是由于汉字形体的不断演变，以及社会文化的不断变迁，造字之初汉字形体和意义之间的自然联系会变得越来越模糊，甚至完全无法看出，这就使得人们对汉字构意的认识往往与最初的构造意图相违背，从而产生一些与汉字构形实际不符的理据阐释。汉字与文化关系在字形上的体现可以分析为两个方面：一是汉字形体自然映射出的文化内涵，即汉字构形对文化的客观体现；另一是历代人们对汉字字形的文化阐释，即对字形的主观认定。

对汉字字形的文化阐释，这种情况古已有之。早在先秦时期，人们刚开始进行字形分析的尝试时，就是用社会文化的眼光去审视汉字构形的。但由于当时人们对汉字的本质和历史缺

---

① 王立军：《汉字文化学的科学定位》，载《殷都学刊》，2001（2），第107—109页。

乏了解，使得他们对汉字进行阐释的出发点是阐释者自己所处的时代的文化，而不是造字之初的文化。如《左传·宣公十一年》云："夫文，止戈为武。……夫武，禁暴、戢兵、保大、安民、丰财者也。"很明显，这里，《左传》把构成"武"字的"止"和"戈"分别理解为"制止"和"战争"，"武"就是要禁暴戢兵、制止战争。这种解释带有浓厚的文化色彩，但这是《左传》时代的文化色彩，"止戈"不是造字时代的文化色彩。甲骨文的"武"蘸确实从"止"从"戈"，"戈"在上，"止"在下。不过，其中的"止"并不表示"制止"义，而是表示"脚"的"趾"字的初文，造字者借用一只脚表示人在走路；"戈"代表武器，人扛着武器走路，正会出"出征打仗"之义。可见，《左传》的解释并没有反映出"武"字的真正构意，它虽然似乎也是从字形出发的，但它对字形的理解并不是科学的，而是打上了深深的时代烙印。

这种情况在东汉许慎的《说文解字》中很多。由于《说文》是我国第一部阐释汉字字形的专著，所以全书通过对汉字形体的解析，揭示汉字的构意，必然要反映汉字形体与文化间的密切关系。由于许慎在传统文字学中的独尊地位，后来历代的汉字研究基本上是按照他的方法。这些研究既继承了许慎系统研究汉字字形的优点，也沿袭了他曲解汉字与文化的关系的不足。[①]

汉字形体所发挥出的文化作用主要因为汉字是表意文字体系，表意文字的最大特点是构形与所表词义之间的联系紧密。

---

① 王立军：《汉字阐释的文化解读》，载《中国教师》，2007（8），第47—48页。

在造字之初，汉字的构形往往是它所记录词义的形象化、具体化，用字形把词义生动形象地表现出来，这些内容大多以当时的社会生活为背景，通过对某种生活场景的描绘建立起字与词之间的联系。这样，汉字构形便与古代社会文化具有了极为密切的关系，使后人从文化的角度解读汉字的构形成为可能。加上汉字的悠久历史及其跨时代性的特点，更使它具有了较大的文化考古价值，成为研究历史文化及其变迁的重要依据。由于汉字自古至今一直顽强地坚持表意性，始终没有割断同文化的联系，这又使汉字构形的文化解读对各个历史阶段都有一定的适用性。

二、汉字所造就的独特的文化现象

探讨汉字与文化的关系，首先要明确汉字与文化不是并列的，汉字本身就是文化现象，探讨汉字与文化的关系，实际上是在探讨汉字这种文化现象与其他文化现象之间的相互关系，是以汉字的形体为中心来挖掘其内在所显现的其他文化的内涵。因此汉字与文化的关系是双向的，即表现为二者之间是可以互证的，人们既可以通过汉字的构形系统来窥探上古文化的种种现象，也可以反过来通过古代文化探讨其对汉字构形系统的影响与制约。

探讨汉字与文化间的相互关系，可以从宏观和微观两个角度着眼。宏观的汉字文化，是指汉字的起源、演变、构形等基本规律所体现的文化内涵；微观的汉字文化，是指汉字自身所携带的、通过构意体现出来的各种文化信息。宏观的汉字文化是建立在微观的汉字文化基础之上，在研究的步骤上，应从微

观起步，逐步积累材料，总结规律，然后再上升到宏观的研究上。

（一）汉字与中国古代的历史文化[①]

中华文化具有悠久的历史，汉字则是现存历史最悠久的构意体系文字。汉字的构形体系，可以成为探讨中华古文化的信息载体，据此考察中华民族古老文化的方方面面。其中，汉字构形系统对中国上古史研究的价值，尤为世人所瞩目。19 世纪末，甲骨文开始出土，其古老的字形对民族文化信息的承载作用，立即为学界所重视，并由此启发人们去探讨整个汉字构形系统的文化学价值。在文化史的研究上，利用汉字的形体所承载的文化信息进行论证，已成为一种十分常用的方法；通过文字形体本身的文化信息来探究古史，已经成为甲骨文、金文研究的重要内容。即使在甲、金文之后的篆书以及今文字中，由于汉字构形理据的保留，有关上古史的文化信息也并未丧失殆尽。从以下几个方面，即可看出汉字形体所承载的有关上古史的文化信息。

1. 汉字与史前的社会形态

凡是跟远古人类的生存密切相关的事物，都会受到当时人们的格外重视，反映到语言中，有关这些事物的词汇就会相当丰富。这些词，体现了先民对客观事物的观察和认识。随着社会的发展，随着社会制度和经济制度的变迁，许多词逐渐消亡了。汉字的表意体系却把这些词语的意义固定在字形系统中，成为史前社会形态的活化石，为后人把这些远古时代丰富的生

---

① 王立军，宋继华，陈淑梅著：《汉字应用通则》，沈阳：春风文艺出版社，1999 年版，第 156—161 页。

活内容保留下来。例如，据史学家考证，中国社会曾经经历过以狩猎鱼牧业为主的阶段，这一史实在汉字结构系统中具有多方面的体现。首先，汉字中关于"网"的字特别多，各种各样、各种用途的"网"都各有名称，因而各有专字。如："罟"，鱼网；"罛"，大鱼网；"罗"，捕鸟网；"罝"，捕兔网；这些内容都是对先民狩猎生活的生动写照。其次，汉字构形系统反映了中国古代畜牧业的发达及对家畜的饲养和认识。例如，中国古代汉字中关于"马、牛、羊"的字特别多，以《说文》所收字为例，"牛"部字有42个，"羊"部字有23个，"马"部字有110个。由于古字书中保留着这些字，中国古代社会的畜牧生活就有迹可寻了。

2. 汉字与古代的社会制度

在人类社会中，人与人之间不同的社会关系产生出各种不同的社会制度。在社会发展的不同阶段，社会制度也必然发生相应的变化，而社会制度的发展变化，都在汉字的构形中留下种种痕迹。

在甲骨文盛行的时代，中国正处在奴隶制社会，汉字以自己的构形再现了这种体制。在奴隶社会中，最高统治者是"王"，"王"甲骨文"𠄟"像斧钺之形。斧头从原始社会的农具过渡到阶级社会的武器，有了武器就有了生杀予夺之权。"王"既是武力的象征、权力的象征，又是掌握权利者的象征。

奴隶社会的被统治阶级是奴隶，奴隶主要来源于战争中的俘虏，本族中的犯罪者，被用作欠债抵押的妇女。其中，俘虏被当作奴隶的社会现实也在汉字构形中能够得到印证。战争是奴隶的主要来源，氏族社会后期以及奴隶社会中，各个部落、

各个氏族间为争夺地盘、食物等生活资源的战争经常发生，战胜的一方往往掳掠对方的大批人口作为奴隶。如："臧"，本义指奴隶。《荀子·王霸》："如是，则虽臧获不肯与天子易其势。"注："臧获，奴婢也。《方言》谓荆淮海岱之间，骂奴曰臧，骂婢曰获"。司马迁的《报任安书》："且夫臧获婢妾犹能引决，况若仆之不得已乎！"一句中的"臧"也是指"奴隶"的意思。"臧"的字形在甲骨文中写作"𢧜"，像以戈刺目之形，即将战俘刺伤眼睛，充作奴隶。

3. 汉字与中国古代的"神教"

中国没有原生意义上的宗教，中国传统文化思想是"儒、道、释"三者的统一。但在此之外，却有一个虽无固定体系，却又产生最早，且又影响至广的"神教"。汉族自古信仰多神，大自然中几乎所有对人类生活有重大影响的事物都有一个神灵作代表，如风神、雨神、雷公、地母；还有数不清的自造神：大的有天上的玉皇，地下的阎王，海里的龙王；小的有家里的财神、酒神、门神，甚至连烧火的灶坑都有一个神，叫灶王爷！另外，人世间的英雄、自己祖先的"灵魂"也被当作神，具有了降福、降祸的无边法力。"神"的最高代表是天神。在汉字系统中，凡与"神"有关的字都从"示"，而"示"的构形及其构意的阐释则反映了人们对天神的崇拜，"示"的甲骨文形体写作"𥘅"，是祖先牌位的形状，后来便成了天神的代表。《说文》："示，天垂象，见吉凶，所以示人也。从二。三垂，日月星也。观乎天文以察时变，示神事也"。字形中的"二"，是古"上"字，代表上天；"三垂"即三条竖线代表天上的"日月星"。意思是说，"上天"通过"日月星"对人间发生的事作出反映，或

降吉兆，或降凶兆，以此来统治人间，而人类则通过观察天象来领会天神的意图。这种对天神的信仰在汉字的构形系统中体现得相当充分。在汉字构形系统中，凡与祸福有关的字都从"示"。例如："禧、祯、禄、祥、福、祺、禛、褆"皆为吉福；"祸、祟、袄（妖）"皆为凶祸，因为在古人的概念中，吉凶祸福都是天神所降或所赐的。另外，在汉字中，祖先的"祖"、"宗"都从"示"，这都说明中国的"神教"具有人神合一的性质。由于对天神及其一切大小神灵的崇拜和敬畏，因此祭祀就成为人们生活中最重要的事情。

4. 汉字与中国上古的货币制度

货币是一个社会的经济形态发展到一定阶段的产物，它是财富的抽象代表，得到所有社会成员的认同，得以流通、储存、交换，以实现其自身价值。汉民族早期的货币制度，其产生的大致时间、存在的形式，除了史料的记载之外，在汉字结构系统中，也可以得到较为全面的印证。

从汉字的构形系统来看，中国社会在一个相当长的时期内，是以贝壳作为货币的。许慎在《说文解字》中说："古者货贝而宝龟，周而有泉，至秦废贝行钱"。"货贝"指"以贝为货（币）"，"宝龟"指"以龟为宝"。《诗经·小雅》："既见君子，锡我百朋。"郑玄笺："古者货贝，五贝为朋。""百朋"即二百枚贝。至秦代"废贝行钱"，贝已经不再作为货币，但是，由于汉字构形系统的成熟是在秦以前，因此，"这种古代的货币制度在文字的形体上还保存着它的蜕形"[1]。"贝"在中国古代的货币

---

① 罗常培著：《语言与文化》，北京：语文出版社，1989年版，第9页。

身份被清楚地固化在汉字形体之中，以至于汉语中凡是与财物有关的词，其记录符号大都以"贝"作为义符，构成了一个以"贝"为义符的字形系列。《说文·贝部》就收有59个字，完整地体现了汉语中有关财物、货币等概念各方面的词汇内容。

通过上面这些例证足以说明，汉字构形系统对中国上古史的证实作用，汉字中的文化信息是通过语词固化在字形中的，如果没有汉字构形系统对这些文化信息特有的固化作用，许多早已消亡的词语将会随之消失，对于中国上古史的考察来说，将会缺少许多有价值的证据。

（二）文化对汉字构形系统的制约与影响①

文化既包括精神文化又包括物质文化，可以说是包罗万象，因此文化项是不计其数的。仅以大项来说，数目也是相当可观的。目前就汉字的累积数量来说，已经有6万多个字形，字字都涉及肯定是做不到的。在此仅从微观角度着手，通过烹饪文化与汉字文化关系的事实，展示说明其他文化因素对汉字符号及其系统的制约作用。

饮食是人类生存的第一要求，在中国，饮食早就不只限于果腹，还可以诉诸视觉、嗅觉、味觉的欣赏，含有美学价值。饮食在奴隶制时代就与祭祀、礼制发生关系，涉及宗法、伦理和等级观念。中国人对吃饭、喝酒早已形成一套传统的理性认识，所以可以说，烹食既是物质文明，又是精神文明。用饮食为例，或许在中华文化的方方面面中，更具有代表性。在烹食现象中，有一部分属世界共通性；还有一部分属民族特异性。

---

① 王宁：《汉字与文化》，载《北京师范大学学报》，1991（6），第78—82页。

要探讨汉字与烹食文化的关系，民族特异性这部分，应当比世界共通性这部分更有价值一些。因为，具有民族特异性的文化，总是受到特殊的自然与社会环境、民族生活和民族习惯、民族心理的影响，是在长期的历史发展中逐渐形成的。它更容易反映后天形成的、综合的文化的深层结构。探讨汉字与文化的关系，对这部分材料需要给予更多的重视。

人类是与饮食共存的，但饮食进入文化范畴，应从熟食开始。《礼记·曲礼》说："古者未有火化，食草木之食、鸟兽之肉，饮其血、茹其毛。后圣有作，然后修火之利，以炮、以燔、以烹、以炙，以为醴酪。"这一记载，反映了中原由野蛮到文明的发展过程。汉字又如何反映现代文化呢？应当看到，个体汉字的产生和演变、汉字构形与表义功能系统的形成，都不是一朝一夕突然成就的，也不是阶段性突变式的，而是长期历史积淀的结果。这与各种文化的历史积淀状况是相应的。所以，通过汉字的个体与总体系统的存在形式与演变情况来探讨它所携带的文化信息，作为某些文化现象的确证，在一定程度上是可以做到的。以汉字与烹饪文化的关系为例，可以看出，汉字在以下五个方面携带着烹饪文化的信息：

1. 汉字原始构形理据的文化反映

汉字是依其所记录词（语素）的意义而构形的。构形时，选择什么形象，采用哪些物象来组合，都要受到造字者和用字者文化环境和文化心理的影响。所以汉字的原始构形理据中必然带有一定的文化信息。有些原始构形理据反映了烹饪原料与成品的特征。例如"蒜"，从"祘"，《说文解字·示部》："祘，明视以筭之。从二示。《逸周书》曰：'士分民之祘，均分以祘

之也，读若筭"。"筭"是一种长六寸的算筹。用以"均分"，也就是主要用来作除法的。"蒜"从"祘"，说明它因分成若干大致均匀的蒜瓣而得名。中原土生的"蒜"称"小蒜"，张骞出使西域引到中原的蒜称"葫"，又叫"大蒜"，都有均匀的蒜瓣。野生的药用"蒜"称"石蒜"，是无瓣的独头蒜。从"蒜"字的构形中可以看出，它指的是食用的多瓣蒜，其字形正是据此而构造的。

有些原始构形理据反映了某种生活事实。例如，甲骨文字形中许多与祭祀有关的字，形体上总有水点洒在祭祀牌位的四周的情形。

有些原始构形理据反映了某种观念。例如：齐，表示饮食的配方（食谱），甲骨文的字形是黍，画的是禾苗平齐的形状，表示人为约束使之齐等。这反映了中国古代把人为种植当成是和谐自然物的最重要的手段。"禾"表示"谐和"，是农耕发达时的观念。同时也反映了中国烹饪味觉审美的高标准是谐和，不是刺激。

有些原始构形理据是古老风俗的遗存。例如："新鲜"的"鲜"字，先从三个"鱼"作"鱻"，以后又从"鱼"从"羊"作"鲜"。这是因为，传说中的洪水时期，人住在山顶和树杈上，鱼成为人类的主要食品，而"鲜"字从"羊"，"善"、"美"、"義"、"祥"等在审美观与价值观方面的褒义词都从"羊"，正是古代"羊在六畜主给膳"礼俗的直接反映。

2. 汉字形体发展演变的文化脉络

汉字是记录汉语的符号，又以词义和意义所指对象作为自己的构形理据。因此，它的形体便会随着所记录词的音义变化

和所指对象的变化而变化。在这种变化中，时时可以窥见某些文化因素的影响。例如：在小篆里，表示炊具名称的字，以"鬲"做义符的很多。因为它们既有陶制的，也有青铜制品，后来"䰞"写作"锅"，"䰞"写作"釜"，字都从"金"，说明陶器已很少使用，以金属制品为主了。

3. 个体字符的存亡与文化的关系

古代汉字的许多字形，有的一直保留到后代，也有的中途死亡，不复再用。这些个体字符的存亡，很多是有文化方面的原因的。这种情况在《说文》中有许多例证，例如在《说文解字·牛部》中就有一系列为不同毛色的牛而造的字："犝，白黑杂毛牛，从牛龙声。""犏，牛白脊也。"等等，古代为不同毛色的牛设专名并造字的原因，一方面是由于放牧和役使的需要，更主要的原因是不同色的牛毛可以选作旄旌，作为部落的标志。因而"物"字从"牛"从"勿"（勿是旗）。而祭祀时太牢用牛则必须纯色。《说文解字》"牷，牛完全。""牷，牛纯色。"这些文化现象使牛的毛色格外重要以致需用不同的命名来分辨。随着这种文化现象的消逝，这些专名不再需要，上述一系列字便成为"死字"。《说文》"齿"部字大量死亡，"髟"部字数量极大减少，都存在着可值得探寻的文化原因。

4. 汉字构形表义系统的文化体现

汉字发展到甲骨文，已初具体系；到小篆时体系已经达到完善程度，经许慎《说文解字》描写后，得到了巩固并被汉字使用者所接受。这个体系以形声字为主体，它是一个完整的构形表意系统。在构形系统上，小篆对表义类的形符进行了规整，这就使它的构形系统与表义系统合流。例如，凡表烹饪用火的

字，都归在"火部"，实际上做好了类聚的工作。古代常用的烹饪用火方法可以分为四大类：

（1）炙、燔、炮、燎：这一类是直接在火上烤肉，但对肉的处理又各有不同。

（2）烘（䵄）、炒：这一类是干熟粮食。

（3）蒸、馏：这一类是以气把鱼、肉蒸熟。

（4）煎、熬、羹、鬻：这一类是用水把鱼、肉煮熟。

通过这四大类汉字的分析，可以得出古代烹饪用火的全貌，同时反映出汉字构形系统与表义系统统一的字词意义情况。由汉字的意义加以比较，形成的各种烹饪方法的对立熟粮与熟肉，烧烤与水煮，干汁与带汁，猛火与文火等，这正显示出古代烹饪方法的不同。

构形与表义系统还体现出古代烹饪文化的种种观念，以味觉字为例，"酸"与"辤"（辛）构形都与酒有关。"咸"与"鹽"（苦）构形都与"卤"即盐有关，说明这两个系统的味觉感受都是从实物中体味出来的。唯有"甘""甜"从"口"从"舌"，是无味之味，也就是一种经过谐调没有不适之刺激的味觉感受。通过汉字的构形与表义系统的展示，五味系统可以整理为这样：在"甘"的基础上可以产生出"酸"和"辣"（鹽辛），也可以产生出"鹹"和"苦"（鹽）。《春秋繁露》说："甘者，五味之本"，《淮南子·原道》说："味者，甘立而五味亭矣。"（亭，匀也）这些现象都是上述味感字的构形特点表现出的词义系统的反映。在这里，汉字可作为上古中国人分辨五味观念的确证。

以上四个方面所反映的烹饪文化对汉字构形系统的制约与

影响都是表层的，尽管如此，也足以表现出文化对汉字的影响以及二者之间的互证关系。同时表明探讨文化与汉字的深层关系，就应从这些表层事实入手。

第二节　与汉字联系密切的文化形态①

与汉字联系密切的文化形态有很多，例如古代民俗、原始艺术、宗教、思维等都与汉字联系密切，但是这些内容并不是汉字自身文化内涵的显示与体现，而是汉文化所具有内容的体现。这些文化形态与汉字的密切联系，是通过汉字对其内容的记录，以及人们对记录这些文化形态内容的汉字的阐释来体现的。汉字与文化形态的密切联系是多方面的，在此仅以举例的方式说明如下几个方面。

一、汉字与婚姻家庭

通过"安、定、妻、娶、婚"等字的分析阐释，表明汉字对婚姻家庭文化形态内容的反映。

"安"的本义是安定。字形由"宀"和"女"组成，"宀"为房子的象形字，表示房屋，整个字形像一个女子坐于房中。清代徐灏《说文解字注笺》："女有家，男有室，相安之道也。故'安'从女在宀下，女归于夫家也。""定"的本义与"安"同，也是安定。《说文·宀部》："定，安也。从宀，从正。"

---

① 本章内容主要参考王贵元著：《汉字与历史文化》，北京：中国人民大学出版社，2008年版。

"定"字中的"芷"是"正"的变体。"正"的本义是不偏不斜。"宀"在这里表示家，"宀"与"正"组合表示家庭稳定，即是安定。"安"、"定"二字皆以家的安宁来显示安定义，这是由当时的社会状况决定的。我国在夏朝就开始了公社制度向财产私有制度的过渡，到商朝时已经实行了全面的私有制。在私有财产制度下，原始公社的成员少数人发展为奴隶主，多数人成为自由民，不论是奴隶主还是自由民都是以家庭形式生产和消费，所以在当时来说，家是一切的中心。甲骨文即有"安"字和"定"字，与今字构形相同，说明商代此二字即已产生，产生时间当也不会早于夏代。"安"字和"定"字的构形，一定程度上反映了商代的社会制度和生产关系，说明了家在当时人们心目中的决定性地位。《周易·家人》："正家而天下定矣。"正家即使家正，《周易》的这句话正好可与"定"字的构形相印证。

美国著名的人类社会学家，得到马克思和恩格斯高度评价的路易斯·亨利·摩尔根，在其《古代社会》一书中，认为人类婚姻家庭的发展经历了五个顺序相承的阶段：第一个阶段是血婚制阶段。这是由具有血缘关系的嫡亲和旁系的兄弟姊妹集体相互婚配而建立的。第二个阶段是伙婚制阶段。这时已禁止了具有血缘关系的兄弟姊妹之间的通婚。虽然仍是一群男子和一群女子集体相互婚配，但男女之间无血缘关系。其表现形式或者是有血缘关系的姊妹同一群没有血缘关系的男子集体通婚，或者是有血缘关系的兄弟与一群没有血缘关系的女子集体通婚，或者是有血缘关系的姊妹同有血缘关系的兄弟之间集体通婚。第三个阶段是偶婚制阶段。由一对配偶结婚而建立，但不专限

与固定的配偶同居，婚姻关系只是在双方愿意期间维持。第四个阶段是父权制阶段。这是由一个男子与若干女子结婚而建立的。第五个阶段是专偶制阶段，也就是一夫一妻制，专限与固定的配偶同居。

第三个阶段，即偶婚制阶段，正是母系社会向父系社会过渡的阶段。这一阶段早期是以女子为中心的，男女婚姻生活表现为两种形式，一种是走婚，即通过男子夜晚对女子拜访而实现偶居，男女双方都以各自母亲的家庭为家庭，在母亲家庭进行生产和消费，他们所生的子女由女性抚养，只知其母，不知其父。中国云南省的纳西族、四川省的普米族曾经有过的"阿注"婚，就属于这种形式。另一种是对偶婚，这种形式的婚姻虽然也不牢固，不排除同其他异性的交合，如有一方不同意即可自由离散，但男子须出嫁到女方家，在维持婚姻期间，男子就住在妻子家，在那里生产和消费。分离之后，儿女仍归女方。发展到后期，随着男子经济地位和社会地位的增强，对在婚姻中以女性为中心，男子向女子靠拢的形式产生了不满，他们希望以自己为中心，让女子归向自己，但是女性并不愿轻易地放弃自己的中心地位。在这种情况下，男子凭借自己强于女子的力量，往往用武力把女子抢到自己家中，强行结为婚姻，这种行为就发展成后来的"劫夺婚"的结婚仪式。恩格斯在《家庭、私有制和国家的起源》中说，原始的氏族成员由男子去女子家同居转变为女子到男子家同居，是人类所经历的最激进的革命之一。又说，对偶婚制是与野蛮时代相适应的。随着对偶婚的发生，便开始出现抢劫和购买妇女的现象，这是发生了一个深刻得多的变化的普遍迹象。关于我国古代的劫夺婚，早在《周

易》中就有过记载，《周易·上经·屯》："屯如邅如、乘马班如。匪寇，婚媾。"屯如、邅如、班如描写的是抢婚者偷偷摸摸、躲躲藏藏，一边观察一边前进的样子。这句话的意思是：一群人骑着马偷偷摸摸地前进，他们不是为了抢劫，而是为了婚姻而来的。《周易·下经·睽》："见豕负涂，载鬼一车，先张之弧，后说之弧。匪寇，婚媾。往，遇雨，则吉。"意思是路上来了几辆车，一辆车运载着大猪，另一辆上满载着像鬼一样奇形怪状的人。这些人一会儿张弓搭箭，一会儿又松弓放箭，原来他们不是强盗，而是装扮成可怕的样子去结婚的。抢亲时遇上大雨，真是天赐良机呀。

　　分析"妻"、"娶"、"婚"等字的构形特点，可以发现，它们记录了劫夺婚这种历史现象。"妻"，甲骨文作𡚽，左部像长发女子形，下为女子，上像其长发形；字形右部为一只手，整个字形像用手抢女子，这就是说，妻子是抢来的女人。古文字学家徐中舒主编的《甲骨文字典》说："上古有掳掠妇女以为配偶之俗，是为掠夺婚姻，甲骨文妻字即此掠夺婚姻之反映。"解释得非常准确。后代"妻"的字形所表女子的长发的形体变为"十"字形，表示手的字形"又"变成了"⇒"字形，即成今"妻"字字形。娶亲的"娶"早期文献只写作"取"，如《诗经·齐风·南山》："取妻如之何？匪媒不得。"《史记·吴起传》："吴起取齐女为妻。"而"取"字的本义并不是一般意义的"拿来"，而是"抢夺"。《说文·又部》："取，捕取也。"《左传·隐公三年》："四月，郑祭足帅师取温之麦。秋，又取成周之禾，周郑交恶。"这两个"取"字意思正是抢劫。大意是郑国的祭足领兵抢割了温国的麦子，又抢割了成周的谷子。取的意义是捕

获、抢劫，自然"取亲"就是劫夺婚了。据文献记载，春秋以前，因征伐而娶妻的事屡见不鲜，著名的有夏桀征伐有施，娶有施女妺喜；殷纣王征伐有苏，娶有苏女妲己；周幽王征伐有褒，娶有褒女褒姒；晋献公征伐骊戎，娶骊姬等。这些事件或者因娶妻而征伐，或者是因征伐而娶妻，皆是把征伐与娶妻联系在一起，不能不说是抢夺婚的遗风。"娶"字是在"取"的基础上加了"女"旁，这显然是在抢夺婚的影响已经消失，而娶亲的意义又很常用，须单独成词的情况下才产生的。先秦文献用"取"而不用"娶"，说明抢夺婚的影响在那时仍然存在（甲骨文有一个"娶"字，但显然与后代普遍运用的"娶"在人们的认识上存在差异）。

　　"婚"字也是一个后出字，原本只写作"昏"，如《诗经·邶风·谷风》："宴尔新昏，不我屑以。"《礼记·经解》："昏姻之礼，所以明男女之别也。"男女结亲为什么称作"昏"？这是因为古代迎亲是在黄昏时进行的。《说文·女部》"婚"字下："礼：娶妇以昏时。妇人阴也，故曰婚。"《白虎通·嫁娶》："昏时行礼，故曰婚。"迎亲在黄昏举行，按《说文》的解释，是因为妇女是属阴的，夜晚也属阴，所以定在黄昏。这显然是阴阳观念流行后的解释，但是迎亲在黄昏进行并不是阴阳观念产生后才开始的，所以这一解释纯属附会。婚礼定在黄昏举行实则是抢婚制的遗俗。既然是抢夺，必然不会在光天化日下进行，而要选择黄昏时候。《礼记·郊特牲》记载，婚礼中不用鼓乐，《仪礼·士昏礼》规定，男方去迎亲时，要坐黑色的车，称作"墨车"，男方迎亲的人要全部穿黑色的衣服，这些规定可以说都是抢婚制的遗俗。今天实行的种种礼仪，习以为常，往往

不究其缘由，实际上现在礼节中仍有许多是有深远的文化内涵的。比如现在婚礼中迎娶新娘时，新娘头上要蒙一块大红布，叫"盖头"，西北民歌有"掀起了你的盖头来"，即指此。按规定，新娘的盖头必须在新娘进入洞房后由新郎掀去，这便是抢婚制的遗俗。当时抢女子时，是要把她的头蒙上的，以免她记清路线而跑回娘家。另外，在婚礼中，新娘到了夫家门前，规定须由新郎抱下轿或抱下车，有的甚至一直要抱进屋中，为什么一定要抱？是因为原初新娘的双腿是被绑着的，以防止其挣扎和逃跑，所以这也是抢婚制的遗风。

抢夺婚的婚姻仪式到很晚的时代，仍流行于中国的一些少数民族中，曹树翘曾在《滇南杂志》中对魏晋以后中国爨族的抢夺婚俗作过详细描写，"将嫁女三日前，（女家）执斧入山伐带叶松，于门外结屋，坐女其中。旁列米渖数十缸，集亲族执瓢、杓，列械环卫。婿及亲族新衣黑面，乘马持械，鼓吹至女家，械而斗。婿直入松屋中挟妇乘马，疾驱走。父母持械，杓米洗婿，大呼亲友同逐女，不及，怒而归。新妇在途中故作坠马状三，新婿挟之上马三，则诸亲族皆大喜……新婚入门，诸弟拖婿持妇扑跌，人拾一巾一扇乃退"。直到1949年以前，中国云南省的景颇族、傈僳族和傣族实行的仍是抢夺婚。

"嫁"字的本义是女子出嫁，字形由"女"和"家"组成。古以家指夫，以室指妻，"女"、"家"组合意为女子有了丈夫。《国语·齐语》："罢女无家"。韦昭注："夫称家。"无家即无夫。《礼记·曲礼上》："三十曰壮，有室。"郑玄注："有室，有妻也。妻称室。"《左传·桓公十八年》："女有家，男有室，毋相渎也，谓之有礼，易此必败。"《孟子·滕文公下》："丈夫生

而愿为之有室，女子生而愿为之有家。"上文皆男女相对而家室相对，家皆指丈夫。妻称室而夫称家，源于古代的家庭分工，《左传·桓公十八年》孔颖达疏："家者，内外之大名，户内曰室。但男子一家之主，职主内外，故曰家；妇人主闺内之事，故为室也。"

通过以上对这些字形的分析及字义的阐释，从中可以大致窥视出古代婚姻状态和家庭特征。安、定的解说可以反映古代的社会观念。妻、娶、婚、嫁的内容可以看出古代婚姻习俗。上古社会为宗族文化的社会，家庭在整个社会中处于中心地位，而在家庭中婚姻又为核心内容。从有关字形的分析中，可以发现古人关于家庭及家庭成员关系的种种观念，并且有些习俗和观念在当今社会仍然存在。

二、汉字与房屋建筑

自然界中天然形成的山洞和大树是人类最早的住所，远古时期北方人多居住在天然的山洞，南方人也有住山洞的，但大部分是在树上搭巢而居。这种状况历史文献多有记载，如《墨子·节用中》："古者人之始生，未有宫室之时。因陵丘掘穴而处焉。"《淮南子·主术训》："民有掘穴、狭庐所以托身者。"《周易·系辞下》："上古穴居而野处，后世圣人易之以宫室，上栋下宇，以待风雨。"《庄子·盗跖》："古者禽兽多而人少，于是民皆巢居以避之，昼拾橡栗，暮栖木上，故命之曰有巢氏之民。"《太平御览》卷七八引项峻《始学篇》："上古皆穴居，有圣人教之巢居，号大巢氏，今南方人巢居，北方人穴处，古之遗俗也。"属于旧石器时代的北京周口店北京人遗址和北京山顶

洞人住的就是天然洞穴。到新石器时代的仰韶文化时期，已经出现半穴居房屋。一般是挖离地面 50 厘米~80 厘米的坑，坑的中间立木柱，四周紧密排列木柱，木柱外面铺上草或草泥。《说文·穴部》："穴，土室也。"穴字上部"宀"表示房屋，"八"为出口通道。

"宫"字的本义是房屋，甲骨文作土，字形所从"宀"是房屋的外形正面轮廓，"吕"像屋顶斜面所开的通气孔和下面的门。字形所像与半穴居时代的仰韶文化高级一点的房屋相同。在先秦，宫就指房屋，与室、屋等不同的是宫，往往指有围墙的居住建筑，含宅院等，一般指尊贵者的居所，由此才发展为秦以后的帝王居所的专称。

古代贵族的房屋建筑，一般都是坐北朝南，外围有院墙，院墙南部正中是大门，大门两侧有门房，称"塾"。门内为庭院，庭院中部东西向有一堵墙，把庭院分为两处，南部为外庭，北部为内庭，内外庭正中有二门，称"闱"。院的北部是居住的主体建筑，主体建筑包括堂、室、房，都建在高出地面的平台上，平台南部正中有左右两层台阶，称"东阶"、"西阶"。平台南部是堂，堂的北面中间房屋是室，室两边的房屋称"房"。堂与室间有门和窗，门在东边，称"户"，窗在西边，称"牖"。室的北面还有一个窗户，称"向"。堂的东西有墙，但南面无墙，只有两根顶梁柱，称"楹"。

"堂"是居室的中心，是主人平时活动、议事、行礼待客的地方。"堂"字由"土"和"尚"两个构件组成，以土为构件，表明古代建筑以土为主要建筑材料，这里表示土木建筑。"尚"既是表音构件，又有表义作用。徐灏《说文解字注笺》："尚者，

尊上之义，向慕之称。"《集韵·漾韵》："尚，贵也。"《字汇·小部》："尚，崇也，又尊也。"它表明堂在整个建筑中的中心、尊崇地位。"室"是个会意字，由"宀"和"至"两部分组成。"宀"表示房屋，"至"表归宿之意，《说文·宀部》"室"下："至，所止也。""房"字由"户"和"方"两个构件组成，"户"表示房屋，"方"既表读音，也兼表义。"方"、"旁"古时声近通用，《尚书·尧典》："汤汤洪水方割。"王引之《经义述闻》："家大人曰：方皆读为旁。"段玉裁《说文解字注》："方，又假借为旁。"《说文·户部》："房，室在旁也。"段玉裁《说文解字注》："凡堂之内，中为正室，左右为房，所谓东房、西房也。"《六书故》："房，室旁夹室也。"《释名·释宫室》："房，旁也。室之两旁也。"可见，构件"方"表明房是室旁之屋。

　　了解了古代这种居住环境，对古代一些配偶、亲属称谓的来由便能一目了然。古代原配夫人，即嫡妻居住在室，所以称嫡妻为"正室"，宋张齐贤《洛阳缙绅旧闻记》："数岁，张之正室亡，遂以士子之妻为继室。"后代室又称"正房"，故嫡妻也称"正房"，《牡丹亭·仆贞》："活鬼头还做了秀才正房，俺那死姑娘倒做了梅香伴当。"因嫡妻之外的夫人居住在室旁的房，故称庶妻为"侧室"、"偏室"、"偏房"。《汉书·西南夷传》："朕，高皇帝侧室之子也。"颜师古注："言非正嫡所生也。"宋罗烨《醉翁谈录》："张资责娶李氏为正室，其越英为偏室。"明王世贞《鸣凤记·夏公命将》："前在扬州娶一女苏赛琼，用作偏房，以图后胤。"

　　如前所述，堂在家居建筑中具有中心和尊崇地位，而父母

往往是堂上活动的主事，所以古又称父母为“高堂”，续范亭《五百字诗》：“人人齐称赞，早早交公粮，可以悦妻子，可以奉高堂。”也称对方母亲为“令堂”，郑光祖《㑳梅香》第三折：“这声音九分是你令堂。”

古代家口增加时，则在庭院的东西两侧修建房屋，称东厢房和西厢房，用于后代子孙居住，这样就形成了几代人共用一堂的局面，故有“四世同堂”、“五世同堂”之说。同时也有了同祖兄弟称“堂兄弟”、同祖姐妹称“堂姐妹”、同祖叔伯称“堂叔伯”等称谓。

“户”是单扇的门，甲骨文作，字形像单扇门形。小篆时字形变作，后上边一横变作点，即成今天“户”字。

“门”，繁体作門，甲骨文作，像二户相对，故门指双扇的门，是象形字。

古代贵族院门为两扇，故称门，而卧室门为单扇，故称户，区别是很严格的。《公羊传·宣公五年》：“于是使勇士某者往杀之。勇士入其大门，则无人门（把门）焉者；入其闺，则无人闺焉者；上其堂，则无人焉；俯而窥其户，方食鱼飧。”这一段是讲晋灵公派刺客刺杀赵盾的事。闺即第二道院门。院门称门而室门称户。《孔雀东南飞》：“出门登车去，涕落百余行。”“往昔初阳岁，谢家来贵门。”这里的“门”显然都是院门。“府吏默无声，再拜还入户。举言谓新妇，哽咽不能语。”因为这是同院不同房间，所以“户”指室门。

古代贵族人家都有院门，而且为出入车马，院门都是双扇的，而一般贫寒之家或是没有院门，或是只有单扇的柴门，所以称贵族、官府用“门”如豪门、朱门、衙门，而称一般人用

"户",如屠户、猎户、庄户等。

"向"字的本义是指朝北的窗户,小篆作向,由"宀"和"口"两个构件组成,"口"为窗户的象形,"宀"为房子正面形,起衬托作用,表明口指窗户。《说文·宀部》:"向,北出牖也。"牖即窗。徐灏《说文解字注笺》:"古者前堂后室,室之前为牖,后为向,故曰北出牖。"冬天北风猛烈,故古代一般到冬天时都要把"向"堵上,《诗经·豳风·七月》:"十月蟋蟀入我床下。穹窒熏鼠,塞向墐户。"塞向,即堵上朝北的窗户。古代居室一般都坐北朝南,"向"为朝北的窗,方向性很强,故后来用"向"表示方向、朝向。

人类居住走的是从地下到地上(有的是从树上到地上)的过程,贵族住宅比较讲究,受风水、社会地位等文化影响。穴、宫反映了古人的穴居生活。堂、室、房、门、户、向反映了古代的居室建筑。

三、汉字与文学艺术

中国古代的神话传说中,有许多关于太阳的内容。传说古代本有十个太阳,都是天帝帝俊的妻子羲和生的,他们住在宇宙东方的汤谷,其住屋是一株奇大无比的树,此树名叫"扶桑",或称"榑桑",几千丈高,一千多围粗,形似桑树。十个太阳中九个住在扶桑的下部枝条上,一个居住在扶桑的上部枝条上,十个太阳轮流值班,每天都有一个太阳绕天空一周,晚上回到扶桑树上,接着另一个太阳出行,值第二天的班。古人对这一神话内容是非常熟悉的,所以《楚辞》、《吕氏春秋》、《淮南子》、《山海经》、《十洲记》等文献都有不同程度的记载,

《山海经·海外东经》："汤谷上有扶桑，十日所浴，在黑齿北。居水中，有大木，九日居下枝，一日居上枝。"又《大荒东经》："汤谷上有扶木，一日方至，一日方出。"《十洲记》："扶桑在碧海中，树长数千丈，一千余围。"《淮南子·天文训》："日出于汤谷，浴于咸池，拂于扶桑，是谓晨明。登于扶桑，爰始将行，是谓朏明。至于曲阿，是谓旦明。"

　　神话是神话时代人们的真实思想，也是对客观世界的认识，具有历史价值。关于太阳住所及巡行的思想影响深远，必然会反映在汉字字形中。"杲"、"杳"、"东"三字就是以这一神话内容为依据来构形的。"杲"，字形为"日"在"木"上，日即太阳，"木"的本义是树，这里的木即指榑桑，所以《说文》把"杲"排列在"榑"字后解释，《说文·木部》："榑，榑桑，神木。日所出也。"徐锴《说文解字系传》："'登于扶桑，是谓朏明'，故杲字日在木上。"《淮南子》描写太阳巡行"登于扶桑，是谓朏明"与"杲"字字形正好反映的是同一神话内容，所以"杲"字的本义就是太阳刚出现时的明亮。《诗经·卫风·伯兮》："其雨其雨，杲杲出日。"毛传："杲杲然日复出矣。""杳"字构形正与"杲"相反，是日在木下，表示太阳回到了扶桑树的下枝，其本义自然是天黑、幽暗。《说文·木部》："杳，冥也。"段玉裁《说文解字注》："暮为日且冥，杳则全冥矣，由暮而行地下，至于榑桑之下也。"《管子·内业》："杲乎如登于天，杳乎如沉于渊。"这可以说是对"杲"、"杳"两字形义的确切说明（太阳返回住处时，是先入汤谷深渊中洗浴）。"东"字繁体作東，字形是"日"在"木"中，这是以太阳居住的地方来表示东方（有人认为"东"字本像装有东西的口袋，为

"橐"的本字，这是仅据字形而推断的。文献中，"东"字从未有过"口袋"义），《说文·木部》"东"字下："从日在木中。"段玉裁注："木，榑木也。日在木中曰东，在木上曰杲，在木下曰杳。"徐锴《说文解字系传》"杲"字下："《淮南子》曰：日'拂于扶桑，是谓晨明，故东字日在木中。'"早晨太阳从东方升起，故古人把太阳的居住地定在东方。

中国汉代以前使用的主要书写材料是竹子，竹子经过剖析、烘干等工序后，再用绳子把一条条的竹片编连起来，使之成为一册竹简。"编"的本义就是编连竹简，《说文·系部》："编，次简也。"次简即编排竹简。《汉书·张良传》："出一编书。"颜师古注："编谓联次之也，联简牍以为书，故云一编。""编"字由"纟"与"扁"两个构件组成，"纟"，甲骨文作 ，像束丝形，《说文·系部》："纟，细丝也。象束丝之形。""编"字以"纟"为构件，是因为编连竹简多用丝绳。荀勖《穆天子传序》："古文穆天子传者，太康二年，汲县民不准盗发古冢所得书也，皆竹简丝编。"《南齐书·文惠太子传》也说襄阳古墓出土的《考工记》，是"竹简书，青丝编"。"扁"在"编"字中既为声符，也兼表义，因为竹简皆是扁形的，"纟"表编绳，"扁"表竹简，"编"字字形正好表现了丝编简的意义。

在纸发明以前，古代使用的主要书写材料是竹片（有时是木片）和帛，就书籍而言，纸书之前只有竹书和帛书两种。现今发现的刻在龟甲兽骨上的甲骨文和铸刻在青铜器上的金文以及陶器文字、石刻文字等，其材料都不是日常所用的书写材料，也不能归入"书"的范畴。《墨子·明鬼》说："故书之竹帛，传遗后世子孙。"《韩非子·安危》说："先王寄理于竹帛。"可

见古代只有竹、帛是流行的书写材料，也是真正的书籍。古代用毛笔书写，帛是白色的丝织品，在形式上与纸相似，所以帛用作书写材料容易理解，但是因为帛比较珍贵，也比较难得，因而只有非常重要的内容才用帛书写，也只有官方和贵族人家才可使用，可见即使在古代，帛书也比较少见，迄今为止，中国出土的帛书只有湖南长沙子弹库楚帛书和长沙马王堆汉墓帛书两种。古代最常用的还是竹质书写材料。竹子用作书写材料需要加工，《论衡·量知》说："截竹为筒，破以为牒，加笔墨之迹，乃成文字。"截竹为筒，即先把竹子按规定长短断成截，筒，《说文》作"箇"，释曰"断竹也"，断竹即断成截的竹筒，因是竹筒，故"箇"字以"竹"为构件，"甬"既是声符，也兼表义，表示圆筒形，《说文·甬部》："甬，草木花甬甬然也。"甬甬然，即花朵半开时的筒形状态。破以为牒，即把断开的竹筒析成竹条。析成竹条后，还有一道工序，就是在火上把竹条烤干，这样做一是防竹朽坏，二是免虫蛀，三是写字不晕。新截的竹子是青色的，烤干后青色消失，故此道工序古称"杀青"，又因用火烤时，竹子表面会有水分渗出，与人出汗相同，故又称"汗青"，也称"汗简"。《太平御览》卷六０六引《风俗通》："刘向《别录》记，杀青者，直治竹作简书之耳，新竹有汁，善朽蠹。凡作简者皆于火上炙干之。陈楚之间谓之汗。汗者，去其汁也，吴越曰杀，亦治也。"《后汉书·吴佑传》："恢（人名）欲杀青简以写经书。"李贤注："杀青者，以火炙简令汗，取其青，易书，复不蠹，谓之杀青，亦谓汗简。"西汉时，由朝廷主持，进行了全国首次大规模的图书校理活动，整理图书的步骤是先在杀青后的竹简上书写，校理改定后，缮写

在帛上。《太平御览》卷六０六又引《风俗通》："刘向为孝成皇帝典校书籍二十余年，皆先书竹，改易刊定，可缮写者以上素也。"上素即写在帛上。由此，"杀青"、"汗青"引申指著述完成。梁启超《新中国未来记·绪言》："既念欲俟全书卒业，始公诸世，恐更阅数年，杀青无日。"这里的"杀青"即指著述完成。刘知几《史通·杵时》："每欲记一事载一言，皆阁笔相视，含毫不断。故头白可期，而汗青无日。""汗青"也指著述完成。古代典籍一般都是用汗青后的简书写的，故也用"汗青"指史册，文天祥《过零丁洋》诗："人生自古谁无死，留取丹心照汗青。""汗青"即指史册。

竹简用于书写，内容少时用单独的简，内容多时，则或者先把若干简编连起来，然后书写，或者先写完后再编连起来。"编"字的本义就是编连竹简，《说文·糸部》："编，次简也。""次"即按顺序排列。编起来的竹简称"册"，"册"字甲骨文作 _册，正像用两道绳把若干竹简编成册的样子，《说文》解释册字说："象其札一长一短，中有二编之形。"是正确的。朱骏声《说文通训定声》："竹谓之简……联之为编，编之为册。"也是很好的说明。"简"字的本义也指竹书，《诗经·小雅·出车》："岂不怀归，畏此简书。"故"简"字以"竹"为构件，"间"，繁体作"閒"，字形为门缝渗进月光，表示缝隙。"间"在"简"字中即表示编连成册后，竹条与竹条之间有缝隙，同时也表音。《释名·释书契》："简，间也，编之篇篇有间也。"即是此意。竹简有长有短，一般是写经的较长，其他则相对短些，《论衡·量知》说竹书"大者为经，小者为传记"。古人对圣王古训和经书异常珍视，称其为"典"，"典"字甲骨文作 _典，像

双手奉册之形，表示典的尊贵。所以《说文·丌部》说："典，五帝之书也。从册在丌上，尊阁之也。庄都说，典，大册也。"大册即指长简。汉代写经的简一般为汉尺二尺四寸，而一般传记、诸子及书信等则用一尺简，故称书信为"尺书"、"尺牍"。《尚书·多士》说："惟殷先人有册有典。"殷指商代，此话说明商代已有典册，且典册是有区别的。简若与册相对而言，则仅指一片，《仪礼·聘礼》贾公彦疏："简谓据一片而言，策是编连之称。""策"为"册"之借字。

　　了解了古代以竹为书写材料的情况，对成语"罄竹难书"（把竹子用完了也写不完）、"名垂青史"（名声永留史册）等就容易理解了。

　　本章小结：汉字是据义构形的，决定了汉字是表意文字体系，通过对汉字形体结构的分析，可以探寻先人造字的文化理据，从而了解汉字与文化的关系。汉字与文化的关系既可通过字形加以分析，又可通过字义了解历史文化的遗迹。汉字与文化在许多方面具有互证关系，但是汉字与文化不是并列关系，汉字本身就是文化事象，探讨汉字与文化的关系，实际上是在探讨汉字这种文化事象与其他文化事象之间的相互关系，是以汉字的形体为中心来挖掘其内在所显现的其他文化的内涵。汉字与文化的关系是双向的，二者之间是可以互证的，可以通过汉字的形体印证某些文化现象，也可以通过文化现象说明汉字形体的构形原因。

思考与练习题：

一、简述文化的内涵。

二、举例说明汉字与文化的互证关系。

三、举例说明汉语与文化和汉字与文化的不同关系。

四、汉字在反映文化方面的表现是怎样的？

第六章

现代汉字的字义

章节重点：汉字字义与词义的关系；掌握现代汉字字义的方法。

关键词：字义　词义　本义　假借义

学习目标：通过了解汉语与汉字的关系，明确汉字的字义是汉语词义的反映，有本义和引申义。了解汉字的表意性质，明确汉字的字形所体现的造意仅仅是字本义，有时与词本义是不一致的。汉字在使用过程中存在着借用情况，因此汉字字义存在着假借义。

教学要求：明确什么是字义，字义的功能与作用，汉字字义的类型，如何正确理解汉字字义，字与词的关系，汉字表义的鲜明特征，形旁的表义功能。

1. 了解：什么是字义，字义的功能与作用，汉字字义的类型。

2. 熟悉：形旁的表义功能。

3. 理解：字与词的关系。

4. 掌握：如何正确理解汉字字义。

学习导航：在理解汉字表意文字性质，汉字与汉语关系的

基础上，把握汉字字义的类型，掌握字义的方法，明确字与词的关系。同时利用音像教材、网络多媒体课件（课程）、网络平台资源和面授辅导，有效地学习和掌握本章的重点内容。

现代汉字的字义是指现代汉字所具有的意义。现代汉字作为记录现代汉语的书写符号体系，其本质属性仍然是形体，字义是所记录现代汉语词义的反映。现代汉字记录现代汉语词汇的情况不同，现代汉字所反映的词义情况必然不同。掌握现代汉字字义的不同情况及规律是运用现代汉字的前提和基础。

第一节　现代汉字的字义

现代汉字的字义与词义的关系是由现代汉字与记录现代汉语词汇之间的关系所决定的。词汇的发展规律在词的构成方面体现为由单音向复音发展，在词义方面体现为由单义向多义发展，词只要存在多义就必然存在本义和引申义的区别；这就决定了汉字的字义由表现单音词的词义变为表现复音词的语素义，字义也由单义渐变为多义同时也具有了本义和引申义的分别。

一、现代汉字的字义类型

就文字的职能而言，文字是记录语言的视觉符号体系，语言是音义结合体，所以汉字的意义是从其所记录的汉语中承袭而来；由于现代汉语词义具有本义和引申义，现代汉字因记录

现代汉语，其字义自然具有本义和引申义。

（一）本义

本义就其实质而言它的内涵应该是指发生学意义上的原初义，但是这种意义是无法证实的，在现实中不具有应用价值，所以现在学术界所指的本义是一个具有操作意义的概念，它不是发生学的意义，也不是最初的原始意义，而是指造字时代与字形相应并有文献参证的较古的意义。例如："年"，其甲骨文字形为"𠂤"，是人背禾的形象，本义是丰收。在现代汉语双音词"年成"中的"年"即为收成的意思，用的就是"年"的本义。

汉字是表意文字体系，是由于汉字的字形是依据汉语中词的某一意义而构造（字形不反映所记录词的读音）。即汉字的构形反映一定的构意，由构意反映词义。构意就是构形所表现的造字意图，这种意义又可称为"造意"；造意所依据的是"实义"，即在语言中使用过的意义。造意虽然以实义为依据，但造意有时并不直接表示实义，而仅仅是实义的具体化、形象化；所以造意又称字本义，实义又称词本义。字本义与词本义有时统一，有时分离；这主要反映在《说文解字》对本义的解释方面。许慎的《说文解字》可谓是最早的系统分析汉字本义的书，其中所解释的字之本义可以说大都是造意，即对造字意图的解释与说明，因为它是通过分析字形来阐释字义的，所以在利用《说文》确定本义时要注意区分字本义与词本义的不同。

本义概念的设置对于汉字而言具有很高的实用价值，它是理解和掌握其他意义的基础。但是对本义的确定，现代汉字是无法做到的，必须通过古文字字形才能够确定。确定本义一般

有以下三个步骤：

1. 考察文献用例，归纳主要义项

本义是汉字构形的依据，先有文献运用的本义，后有字形的造意。由于造意与实义并不完全相等，所以根据字形所分析出来的"意义"，文献中不一定实际存在，多数字形所能提供的只是相关的意义信息。如音义合成字（相当于"六书"中的形声字）只能体现大致的义类，无法确定具体的实义；再如"大"字，只看字形即使是原始的字形，也无法断定它所表示的实义。一般所说的"据形知义"，有时只能理解为"据义知形"，是先知道了该字的意义，再来看它的形体，才能理解它的形义关系。对于"大"字，只有先明确其本义是大小的"大"，然后再分析古字形的"大人"形象，才能理解字形的造字意图与本义的关系。所以探求本义应先了解文献用义，把各义项归纳排比出来，再进行形义关系的分析，以确定本义。这也是将考察文献用例、归纳主要义项放在第一步的原因。前人在这方面做了大量工作，编纂了大量训诂材料汇编和字典，为人们了解汉字的义项提供了便利。

2. 利用字形，辨别本义

字形以本义为构造依据，它必然在一定程度上体现本义的有关信息，人们可以根据这些信息在众多义项中判本义，所以分析字形是探求本义的关键性步骤。探求本义所依据的字形必须能够体现笔意，越早的字形体现的笔意越明确。以确定本义为目的寻找形源只是为了寻求形义之间的联系，与探寻汉字形体变迁的源流是不同的，字形只要能够说明与意义间的关系，就无须追溯最早的字形体。例如："河"字的楷书字体就已经体

现出其构意了，即使追溯到甲骨文，也难以获得更多的意义信息。

3. 利用本义的特点及其与引申义之间的源流关系加以验证

要验证所定本义是否正确，验证的方法是寻找本义的特点及其与引申义间的源流关系。本义是相对较早的意义，是其他意义引申发展的起点。词义引申的基本规律是由具体到抽象、由个别到一般、由实义到虚义。这样，本义就应该是那些较为具体的或者有特殊所指的实在意义。本义既然是其他引申义的起点，它就能将其他引申义系联起来，从而构成一个以本义为源头的词义源流发展网络。如果所选择的本义能够成为这个网络的总源头，就证明这种选择是正确的，否则，就需要进一步加以考证。这三个步骤虽然在具体操作上有时会有所侧重，但多数情况下是相辅相成的。[1]总之，确定本义对于掌握和理解词义都是极为重要的。

现代汉字在形体上已完全符号化，造字之初的造字意图很难从现代汉字的字形中体现出来，而且随着时代的发展，造字时代字形所反映的本义有许多在现代汉语中已非常用，甚至消失。例如："页"的古文字字形体现的造字意图是人的头，从现在以"页"做形旁的字大都与"头"义有关还能说明"页"的本义是指人的头，但这个意义早已消失不用了。"走"的本义是"跑"，这个意义在古文字字形所体现的造字意图中是非常明确的，在现代"走"独用时本义已经消失了。这是在学习和掌握现代汉字确认本义时所需要注意的。

---

[1]　王立军、宋继华、陈淑梅著：《汉字应用通则》，沈阳：春风文艺出版社，1999年版，第138—141页。

（二）引申义

引申义是指由本义引申发展出来的意义，例如："年"的引申义有时间单位、年龄等，这些意义都是从本义中引申出来的。因为我国北方大部分地区的农作物是一年一熟，所以"年"就有了时间单位的意义；人的年龄是据时间而计算的，所以"年"又有了"年龄"的意义。现代汉字的字义所反映的大都是引申义。例如："践"字，字形从"足"，本义为"踏"、"踩"，由此引申为"履行"、"实行"，在"践约"、"实践"等现代词义中，"践"是引申义"履行"、"实行"的意思。"矫"字形从"矢"，其在构意中取"箭"的直意为造意，所以"矫"的本义是"将弯曲的东西弄直"，引申为"违反常情"，在"矫情"词义中"矫"的意义即为引申义"违反常情"。

（三）假借义

汉字并非始终记录造字时所依据的那个词的意义——本义，在使用过程中汉字的记录职能时有变化，有时记录派生词的意义——引申义，除此之外在使用过程中汉字的借用情况也非常普遍。借用主要表现为两种情况：

1. 本无其字的借用，即造字阶段的借用，这种情况在现代汉字中仍被大量使用。例如：代词"其"是借用"簸箕"的字形，代词"它"是借用蛇的字形，代词"然"是借用燃烧"燃"的古字形。

2. 本有其字的借用，即"通假字"，这种现象在古书中常见，像"蚤通早"、"倍通背"等。在现代汉字的使用中，由于汉字的规范化要求，这种现象则被视为"别字"。但在历史发展中因通假而本字被废，借字通行的情况在现代汉字中也是存在

的。例如：雅座的"雅"，本字应是"庌"，即待客的地方，雅座就是整洁、安静的席位。而"雅"是一种鸟，在此是本字已废借字通行。

假借义是因音同或音近假借而产生的与本义无关的意义，"然"的本义是燃烧，"然"的代词用法和连词用法用的则是假借义，与本义无关。假借义仅仅是文字现象而不是词义现象，从字形角度看待其与所记录的词义毫无关系，假借义因字形的借用而产生，只有字义才有假借义。词义没有假借义而只有本义和引申义。现代汉字中假借义作为常用义的情况也是较为普遍的，例如"页"的常用义"页面"就是假借义。

二、字义的功能与作用

字义的功能与作用主要体现在对词义的理解和掌握上。文字是记录语言的，所以在通常情况下字义的功能是对词义的直接反映；因此字义的作用则是掌握词义的途径。现代汉字在大多情况下，词义等于字义的相加，绝大多数汉语复合词的词义都与字义（语素义）有密切的联系，所以掌握字义就能理解和掌握词义。

现代汉字与词的关系最直接的表现就在于：现代汉字是记录现代汉语的符号系统，所以字与词的关系既密不可分，又分属两个不同的学科，汉字属于文字学范畴，词汇属于语言学领域；在这种关系中汉语处于决定地位，汉字处于从属地位。汉字的许多功能与作用都是由汉语词的功能和特点决定的，汉字与汉语词的关系也全部表现在汉语词的特点上。因此只有把汉字的诸多现象与其所记录的汉语联系起来去解释和理解，处理

好字与词的关系，才能更好地发挥字义的功能与作用。

（一）字义与词义

现代汉字的字义因与词的关系不同表现为不同的意义，现代汉语在词的构成上有单音词和复音词，现代汉字记录的是汉语中的单音词，这个词就用一个汉字来书写，如：人、山、水、地、大、河、树、鱼、鸟、草、花等。一个汉字就是一个词，一个汉字就是一个音节，字义就体现为词义。在现代汉语词汇中，双音词占绝对优势，多音词也在逐渐增多，因此，在这种情况下现代汉语词汇中更多的是由两个或两个以上的汉字来书写，字义和词义也就不一致了。现代汉字记录汉语中合成复音词的时候，字义就体现为复合词的语素义。从现代汉语的词汇构成情况来看，现代汉语的词汇是以合成复音词为主，所以现代汉字的字义主要体现为语素义。语素是语言中最小的语音语义结合体，现代汉语中单音节语素占绝对优势。例如：失败、仪器、体育、显像管、高科技、音素文字、一网打尽等，其中的字义都体现为语素义。汉字在记录单音词时对字义的理解和掌握是比较容易的，汉字的意义及与其所记录的词义一致。但是汉字在记录合成复音词时，汉字的记录功能变为记录复合词的语素义，词义并非语素义的简单拼合与相加，在历史的积淀中变得相当复杂。总之，字义是随着词的变化而变化的。

现代汉语词汇是从古汉语词汇发展而来，古汉语以单音词为主，现代汉语以复合词为主，在现代汉语复合词中用汉语自身系统中的语素及自身的结构方式构成的双音词，无论从数量还是从词汇系统两方面来看，都是现代汉语双音词的主体，其形成过程是各不相同的，现代汉字的字义也因合成原因不同而

不同。有的字义表现为语素义的本义，有的表现为引申义，有的语素义古今一致，有的字义在现代已经消失只保存在合成词中，有的字义的古代文化因素已消失，有的字义与历史结合时的词义存在偏离。

例如："除"的"除去"和"排除"义古今通用，而"除"的本义"堂前的台阶"现在已经消失。因"台阶"具有相互更替而上下的作用，由此引申而有"更替"义。这个意义在先秦常用，唐宋仿古文言中尚存，而现代汉语已不独用，唯在"除夕"（新旧年交替之夜）、"除岁"（新旧岁交替）这两个双音词中，作为不自由语素的引申语素义保留。"响"的本义为"回声"，现代汉语里这一义项已经消失，致使这一意义只保留在"响应"、"影响"、"回响"、"反响"等词语中。

"要领"，"要"是"腰"的古字，"领"有"颈领"义，因为"腰"和"颈"都是人体转动的枢纽，因而"要领"引申为"主旨"、"要旨"义，现代使用义与原初词组的意义偏离。因此对现代汉字字义的理解要依据合成词合成的不同情况加以区别对待。现代汉字记录的是汉语中的单纯复音词，那么这个字则不体现意义，只代表音节。例如：布尔什维克、葡萄、徘徊、玻璃、嘎嘎、咕咚等，记录这些词的汉字仅仅表示音节，字义与词义无关。

（二）单义字与多义字

现代汉语词汇根据义项数量的多少可以分为单义词和多义词。现代汉字如果记录的是单义词，字义就体现为单义。这种字数量很少，现代汉字的单义字包括以下一些内容的用字：

1. 日用品和食品用字。例如：

凳，没有靠背的供人坐的家具。

褥，睡觉时垫在身体下面为了使身体感到柔软舒适的卧具。

2. 人和动物的基本器官用字。例如：

喉，介于咽和气管之间的部分，由甲状腺软骨、环状软骨和会厌软骨等构成。喉是呼吸器官的一部分，喉内有声带，又是发音器官。也叫喉头。

肾，人或高等动物的主要排泄器官，在脊柱的两侧，左右各一，外缘凸出，内缘凹进，暗红色，表面有纤维组织构成的薄膜，有血管从内缘通入肾内，血液流过时，血内的水分和溶解在水里的物质被肾吸收，分解后形成尿，经输尿管输出。

3. 科技卫生用字。例如：

氮，气体元素，无色，无臭，不能燃烧，也不能助燃，化学性质很不活泼。

醛，有机化合物的一类，由羰基和一个烃基、一个氢原子结合而成，重要的有甲醛、乙醛等。

4. 动植物名称用字。例如：

猫，一种家畜，会捉老鼠。

狗，一种家畜，有的可以训练成警犬。

桉，植物名。

5. 姓名地名用字。例如：刘，姓。晁，姓。鑫，名。①

现代汉字如果记录的是多义词，字义就体现为多义。多义字的产生一方面是由其所记录词的本义通过引申产生出新的意

---

① 苏培成著：《现代汉字学纲要》，北京：北京大学出版社，1994年版，第126—127页。

义即引申义；另一方面是通过字的借用而具有的意义，即假借义。从现代汉字学的角度分析，从一个字的几项意义之间有没有明显的联系来看，多义字可以分为两类。一类是有联系的，例如：

粮：①可食用的谷类、豆类的总称。②作为农业税的粮食：公粮。"粮"的第二个意义是第一个意义的引申义。

甘：①甜，甜美。②自愿，乐意（多为不好的事）。"甘"的第二义是第一义的引申义。

另一类是各项意义之间没有联系的，这种情况又分以下三种类型：

（1）同形同音的多义字。例如：

果，植物结的果实。事情的结局。

果断。

副词，表示事实与所说或所料相符。连词，假设事实与所说或所料相符。

"果"的"植物结的果实"和"事情的结局"之间是引申义的关系；这两个义项与"果断"及表示"副词"和"连词"的意义都没有关系。它们之间实际上是四个不同的词，发音相同，是同音词。在用文字记录时四个词共用了一个字形，形成同形字的关系，而就"果"字而言，使之成为多义字。

姑，父亲的姐妹。丈夫的姐妹。出家修行或从事迷信职业的妇女。

姑且；暂且。

"姑"的"姑且、暂且"义与其他意义之间也属于同音词的关系，由于用了同一个字形来记录，属于使"姑"具有了多义

的性质。

（2）多音的多义字。例如：

哄①hōng，好多人同时发声。②hǒng，说假话骗人，用语言或行动使人欢喜。③hòng，吵闹，搅扰。

差①chā，不同，不同之点；大致还可以；错误；差错。②chā，错误；不相当，不相合；欠缺；不好，不够标准。③chāi，派遣去做事；旧时称被派遣的人，差役；差事。④cī，"参差"之"差"。

"哄"和"差"表示的意义不同，读音有别，从而形成了多音多义字。

（3）各个意义之间本来存在着联系，但在发展过程中失去了某些中间环节，使联系发生了中断，因此变得没有联系了。例如：

管①圆状的细长而中空的东西。②统辖，负责料理。

"圆状的细长而中空的东西"是"管"的本义，由于古时的钥匙其形状似管，所以"管"引申表示"钥匙"。《左传·僖公三十二年》："郑人使我掌其北门之管。"句中的"管"就是"钥匙"的意思。由"钥匙"引申为"统辖、管理"，但是"钥匙"的意义在现代汉语中已经不用，导致本义与"统辖、管理"之间失去了联系。

（三）同义字

汉字如果记录的是同义词或同义语素，字义间就体现为同义关系。同义字是指意义相同或相近而读音和写法不同的一组字。同义字可以帮助人们区分字义的不同用法和细微差别，从而正确把握汉字字义，这也是汉字功能和作用的主要体现。例

如：脚、足；首、头；行、走；购、买，这些都表明口语词与书面语的区别。

（四）同形字

如果一个汉字记录多个不同的词，则为同形字。同形字有广义和狭义之分。广义上的同形字是指所有表示不同的词的相同字形，其中也包括因词义引申或假借而造成的一字记录数词的现象。如"莫"本义为日暮，后假借为否定副词和无指代词，就可以视为同形字。再如，"厌"本义为满足，后引申为厌恶，也可以视为同形字。《新华字典》和《现代汉语词典》把因引申或假借而造成的同一字形记录不同的词的现象，都分别作为字头按序号排列出来，就是将它们当作同形字来看待的。狭义的同形字只包括那些代表没有引申或假借关系的不同词的同一字形。如，"听"，从口斤声，义为笑貌。在汉字简化时用"听"代替了听声音的"聽"，这样，"听"这一字形就代表了两个意义毫不相干的词，从而构成了同形字。

对此把同形字理解为狭义的同形字比较易于理解和处理字义及字际关系。这样就把因引申或假借而形成的不同词的同一字形的情况排除在同形字之外，这种处理是合理的，因为词义引申之间的意义联系是存在的，没有必要把记录它们的同一字形看成同形字，视作同一个字才不致割裂它们之间的关系。因假借而造成的借音字与狭义的同形字情况也不同，同形字是形义统一的，而假借是形义脱节的。狭义的同形字从其产生方式上大致可分为以下三种情况：

1. 因形借而产生的同形字

"形借"是裘锡圭先生在《文字学概要》中所使用的一个概

念，它是指用记录某个词的字形去表示另一个没有引申或假借关系的词的现象。例如："隻"，此字本为会形合成字，用以手持佳（短尾鸟）的形象会出"猎获"之义，是"获"（獲）的初文。后来，人们又用此字去表示一只两只的"隻"。这样，"隻"便记录了两个意义没有联系的词，因而形成了同形字。

2. 分别为不同的词而造的偶然相同的同形字

在不同时代或不同地域为不同的词造字时，偶然采用了相同的构形，这样的同形字纯属巧合。例如："铊"，《说文》中有一个"砣"字，释为"短矛也。从金，它声"；近代人们将秤砣的"砣"的表义部件改成"金"，又造出一个"铊"字；现代化学在记录一种叫 tā 的金属元素时，又用表义部件"金"和示音部件"它"直接组合出一个"铊"字。这样，"铊"就相当于是三个同形字。

再如"姥"，《广韵》中有一个"姥"（mǔ）字，注释说："姥，老母。或作姆"。近代以来北方人称外祖母为 lǎolao，最初写作"老老"，后在类化的作用下添加表义构件"女"，成了"姥姥"，这个"姥"（lǎo）字正与古代的"姥"（mǔ）同形。

3. 由于字体演变或字形简化、讹变等现象造成的同形字

两字（或一组字）本来构形不同，后来或者因为字形变化而偶然与对方的形体巧合，或者为了简化汉字而故意用形体简单的去代替复杂的，从而形成了同形字。这种类型在同形字中占绝大多数。例如："胄"，此字在《说文》中本为两个字，一在肉部；一在冃部。分别解释作："胄，胤也。从肉，由声"。"胄，兜鍪也。从冃，由声"。"胤"即有血统的后裔，兜鍪就是

现在所说的甲胄。隶变以后，二字相混而逐渐同形。[①]

（五）异体字

如果多个汉字记录同一个词，则为异体字的关系，这种情况在历史上是普遍现象，现代汉字经过规范之后这种情况已经消除，使用异体字视为不规范用字。

第二节 现代汉字的表义功能

正确掌握现代汉字的字义是有效运用现代汉字的基础，现代汉字是记录现代汉语的符号，所以汉语词义的发展变化是影响现代汉字字义的重要因素；如何利用现代汉字的形体结构来确定现代汉字的字义，也是现代汉字字义的重要内容。因此了解现代汉字的形体结构，明确汉语词义的发展是掌握现代汉字字义的方法和途径。

一、探究汉字汉语的发展历史

现代汉字是从古汉字发展而来，现代汉语的词汇意义也是从古代汉语的词义发展而来，注重汉字汉语的历史沟通与发展是掌握现代汉字字义的重要方法。对于现代汉字的本义要通过追溯古文字字形，了解造字之初的意图，通过构意确定字之本义，对于现代汉字所体现的引申义要了解词义在历史发展过程中的引申线索，对于假借义要通过历史的溯源明确其本字。

---

① 王立军、宋继华、陈淑梅著：《汉字应用通则》，沈阳：春风文艺出版社，1999年版，第110—113页。

例如：

"走"的古文字字形是个合体象形字，上部是人甩开臂膀的形象，下部是脚的象形，字形的构意表现为"跑"的意思，走的本义是跑。走的本义在现代已经消失，但在"走江湖"、"走码头"（即"跑江湖"、"跑码头"）、"走马观花"等词语中的"走"以语素义的形式仍保留着这种意义。

"失"的古义当"放纵"、"控制不住"讲，在现代"失"已失去独用的功能，此义以语素义在"失态"、"失声"中得以保留。

"捷径"一词的词义为便捷之路。周代实行井田制，田亩、道路均纵横直交。想要快速到达目的地最好的办法是不走大路，从小路斜出。正是因为周代的捷径必斜出，才有了不走正道，不合道义的意义。

这些字义如果不联系历史就不易正确理解，只有参照历史才能更好地掌握现代汉字的字义。

二、注重汉字形体结构的分析

现代汉字虽然已经符号化，但仍然属于表意文字体系，通过形体结构的分析来掌握汉字的字义仍然是十分有效的方法。

（一）象形、指事、会意字的表义功能

这三种结构的汉字是纯表意字，对于这类汉字，是可以通过字形结构的分析来帮助理解字义的。现代汉字相对古代汉字而言形体发生了很大的变化，由线条变为笔画，从而使字体风格由象形变为符号；这就使汉字的表意方式由古文字的象形表意，通过字形的音义化（字形已经脱离原初的象物性而与其所

记录词的音义固定地联系在一起）过程转变为系统表意。就汉字的历史发展而言，从甲骨文到现代汉字，汉字在字体风格上虽然发生了很大的变化，但是汉字的内部结构方式却保持着相对的稳定性，所以字形仍具有提示意义信息的作用。因此对现代汉字形体结构进行分析，仍然可以通过溯源的方式来了解现代汉字形体的变化规律，以确定现代汉字的字义。

例如："日"虽然字形已经脱离了原初的象物性，不再象形，但是通过溯源及对其字形发展历史的考察，可以清晰地看到其发展演变的轨迹，"日"的字形从甲骨文发展到现在，其发展变化属于正常的规律性变化，理据清晰；同时 rì 的读音和"太阳、光明、温暖"等意义已经固定地储存在字形中，"日"已成为代表"太阳"义的符号。对于像"日"这样相当一批音义化了的形体，完全能够充当合体字的形旁和声旁，从所从"日"为形旁的字中"晴、阳、明、暖"，能够清楚地知道"日"的构意，"日"所体现的正是系统的表意方式。所以对现代汉字进行结构分析时，系统观念非常重要，需要把个体汉字纳入整体汉字的系统中，在字与字的相互联系中去分析和理解现代汉字的字义。

（二）形声结构的表义功能

现代汉字的形体结构体现为形声结构为主体，对形声结构的汉字进行分析，主要通过其声旁和形旁。

1. 声旁的作用

（1）区别意义。形声字的比例是逐渐增多的，在甲骨文时期，形声字的比例只有 20% 左右，从汉字的发展史来看，汉字增加示音构件的目的主要是为了区别，是更先进的区别手段，

使字形所含的信息量更加多样化了。如：甲骨文中的少、旬、千、百等都是标音合成字，示音构件的加入正是为了区别同音字或近音字。在现代汉字中，如"桃、梨、橘、柳、杨"等字，形旁相同，就靠不同的声旁进行区别。

（2）提示语音。提示语音不是表音，汉字是表意文字，字形没有表意功能，只有提示记录的是语言中的哪一个词的作用。尤其是发展到现代汉字，由于语音的发展变化，形声字声旁的音读与其形声字的读音完全相同的只占不到15%。

（3）显示语源。形声字声旁的示源功能并不是所有的形声字声旁都具有的，只有那些有原字分化出来的形声字，其声旁才具有示源作用。例如："经、径、颈、茎、泾、胫"，这些字具有相同的示音构件"巠"，这些相同的示音构件显示出它们具有相同的语源，即"直而长"的特点，这一特点与各字的意义有着密切的关系；"经"是织布时用得直而长的纵线，"径"是直而长的小路，"颈"是直而长的脖子，"茎"是草木直而长的主干，"泾"是直而长的水流，"胫"是直而长的小腿。声旁的示源功能所提示的意义不是词汇意义而是词源意义，是造词理据的说明。

2. 形旁的表义功能

从汉字的发展历史可以看到，形声字产生之前，汉字为了限定字数的增长，且方便书写曾一度出现过大量使用假借字的情况。例如代词、语气词意义的"其"，就是假借"簸箕"的象形字形来表示；代词、连词意义的"然"，就是假借"燃烧"的会意字形来表示；连词意义的"而"，就是假借"胡须"的象形字形来表示。由于汉字形体不具备表音功能，因此假借字既不

表音又不表义，记录汉语的功能有所下降，于是假借情况受到限制，不再增加使用数量。而且还对已经出现的假借字进行改造，即在假借字的基础上通过添加形旁或声旁的方式使假借字重新恢复表义功能，如"田猎"的"田"，后来在"田"的基础上添加"攴"而成为"畋"；"易"添加"贝"为"赐"；"帝"添加"示"为"禘"；"正"添加"彳"为"征"等，这种在假借字基础上添加形旁或声旁而产生的新的结构的汉字便是形声字。由此亦可了解到形旁产生的过程和形成的原因。从形旁的产生过程来看，其作用是为了显示假借字的表义功能，恢复汉字形体的形义统一关系，由此可以确定形旁的基本功能即为"表义功能"。

关于形旁的表义功能，尹斌庸指出："形声字的形旁实际上并不直接表示汉字（语素）的意义，它只表示出与汉字意义的某种关系，如范围、种属、材料、工具等等。"[1] 形旁，实际上体现了人类对世界的概括和分类，反映了先人对自身、对自然、对社会的认识和概括。例如："雨"是对降水这种自然现象的概括，而作为形旁的"雨"是对云、雨等有关天象的再度概括。马、牛、羊、豕、犬、鸡是古人饲养的最重要的六种家畜，合称"六畜"。作为形旁，"马"有时记录的是有关马和马一类力畜的名称，例如：骏、骤、骡、驹、骠、驴、驼；有时记录的是有关马的动作性情，例如：腾、骇、驯、骚，还有时记录有

① 尹斌庸：《关于汉字评价的几个基本问题》，载《汉字问题学术讨论会论文集》，语文出版社，1988年版，第258页。

关人对马的动作，例如：驭、驾、骑、驰、驱、骗。[①]

可见形旁的表义功能是十分模糊而不确定的。尹斌庸把形旁与语素意义之间的联系程度归纳了六种情况，并对这六种情况的形旁表义预示力进行了分析：

（1）形旁与字义有近似相等的关系，其预示力为 1.0，例如：肌、辉。

（2）形旁与字义有种属关系，其预示力为 0.9，例如：梅、铁。

（3）形旁与字义无种属关系，但又直接关系，其预示力为 0.8～0.7，例如：沉、饭。

（4）形旁与字义只有间接的关系，其预示力为 0.6～0.4，例如：冷、坟。

（5）形旁仅有象征性的意义，其预示力为 0.3～0.1，例如：邻、家。

（6）形旁与字义没有关系（从现代汉字看），其预示力为 0.0，例如：法、独。

这一切都表明形声字声旁表义功能的不具体和不确定，使其形旁实际具有了类聚功能，于是声旁和形旁又产生了互相区别的功能，声旁相同则通过形旁加以区别，形旁相同则利用声旁进行区别，例如：抗、炕、钪。声旁相同，通过形旁进行意义及形体上的区别。抗：抵抗、抗拒；炕：火炕；钪：一种金属元素。因此费锦昌和孙曼均曾撰文特别指出"形旁在现代汉字中更为现实的作用则是区别同音字。当一些字不但读音相同，

---

① 杨润陆著：《现代汉字学》，北京：北京师范大学出版社，2008 年版，第 175—180 页。

而且所用的声旁也相同的时候，区别这些同音字的主要手段就是采用不同的形旁。比如读音都为 yí，用的声旁均是'夷'，怎么区分？加病字头为痍，加草字头为荑，加口字旁为咦，加女字旁为姨，加月字旁为胰……形旁的提示作用，减弱了现代汉字的无理性，使得人们还能够承受学习和使用现代汉字带来的沉重负荷；形旁的区别作用，又部分地解决了现代汉字拥有众多同音字的难题，使现代汉字能够完成记录现代汉语的任务。"①总之，利用形声字形旁掌握现代汉字的字义是无法做到精确的，这一点是需要明确的。

本章小结：现代汉字的字义是指现代汉字所具有的意义。由于汉字是记录汉语词的符号，词有本义、引申义，字义自然具有本义和引申义。汉字在使用中存在着假借现象，字义自然又有假借义。字与词的关系不同，字义体现词义的内容也不同，字记录的是单音词，字义就体现为词义，字记录的是合成词，字义就体现为语素义，字记录的是单纯词，字则仅表示音节而不具有意义。现代汉字虽然已经符号化，但是现代汉字毕竟是古代汉字发展而来，因此现代汉字仍然能够通过字形探寻字义。

思考与练习题：

一、简述字与词的关系。

二、如何分析和掌握现代汉字的字义？

三、什么是本义？如何确定本义？

① 费锦昌、孙曼均：《形声字形旁表义度浅探》，载《汉字问题学术讨论会论文集》，语文出版社，1988 年版，第67—68 页。

第七章

现代汉字的字序

章节重点：部首查字法、音序检字法、号码检字法和笔形检字法。

关键词：部首　音序　号码　笔形　检字法

学习目标：通过了解汉字的各种排序方法，达到掌握汉字检索方法利用字典辞书的目的。

教学要求：明确现代汉字字序的排列方法有：部首法、音序法、号码法、笔画笔形法，并能正确使用现代汉字检字法。

1. 了解：现代汉字字序排列的目的。

2. 熟悉：现代汉字排序方法：部首法、音序法、号码法、笔画笔形法。

3. 理解：现代汉字各种检字法的来源及规则。

4. 掌握：部首查字法、音序检字法、号码检字法和笔形检字法的使用方法。

学习导航：在明确现代汉字排序目的的基础上，通过对字典、辞书的实际运用，领会和掌握各种检字方法。同时利用音像教材、网络多媒体课件（课程）、网络平台资源和面授辅导，有效地学习和掌握本章的重点内容。

　　字序就是给汉字排列顺序，这是汉字研究中一项非常重要的内容。汉字排序的用途十分广泛，诸如工具书编写，档案、资料索引的编排，印刷铅字的排列，计算机汉字字库的编制，汉字信息处理和汉字识字教学等都要求汉字有一定的排列顺序。用途不同，排序的要求也不同。就识字教学来说，先学哪些字？后学哪些字？怎样进行排序，就与检索汉字的排序方式和要求不同，而且其难度相对也大一些，因为先学的这些字应该是学习汉字的基础累积字，这些字对学习其他汉字具有促进和带动作用，因此这些字应该是常用字，使用频率要高，构字能力要强，复现率要大，对符合这样要求进行汉字排序就不易做到。就工具书的编写来说也要求给汉字进行排序，但是这种排序的主要目的是为了检索汉字。因为汉字是表意文字，有着数千年的发展历史，从古到今累积起来的汉字总量就有六七万字，面对如此众多的汉字，要想全部掌握是根本不可能的；就 1988 年 3 月国家语委和国家教委联合发布的《现代汉语常用字表》中所确定的现代常用汉字还将达 3500 个，仅就这 3500 个字而言，一般人也并非能完全掌握，更不用说是几万字了，即使是研究汉字的专家也做不到全部掌握，更不用说正在学习和掌握汉字的中小学生，所以借助字典辞书来解决各种不同的生字问题，是汉字学习过程中不可避免的，要想充分利用字典就需要进行汉字检索，需要了解和掌握汉字检索的方法。汉字检索方法不同，排序的方式也不尽相同。

第一节　部首检字法

　　部首检字法是进行汉字检索最常用也是最重要的一种方法，因为它是直接体现和利用汉字性质特点及构形规律的一种汉字检字方法，因此是最适合汉字检索的一种方法。部首检字法指把汉字中凡偏旁相同的字排在一个部首之下，然后再按类别或笔画排列的检字方法。这种方法来源于东汉许慎的《说文解字》，许慎在《说文解字》中的突出贡献之一就表现在 540 个部首的创立，由此把每一个字按偏旁分门归类，使 9353 个字统辖于 540 个部首之中。但是《说文》的部首与后来检字法的部首之间却存在着本质的不同，因为《说文解字》检字之难是历代所公认的，清人为了解决这一困难曾编著了许多辅助性的《说文》查检工具书。由此可知，《说文》的部首并不是为检索而设的，它是严格意义上的文字学部首，是为体现和说明汉字构形的规律性和系统性而设立的；表明汉字在字形上可以通过相同的构件，或相同的构形方式来表现相同的构意，这是汉字构形最突出的特点，部首的归纳和提起正是汉字这一构形规律最突出的表现，所以许慎在每一个部首下都要重申"凡某之属皆从某"。

　　后来的检字法部首是在《说文》文字学部首的启发下，由《说文》部首发展而来。在后来所出现的历代字书中都或多或少地体现对《说文》部首的改进，逐渐向方便检索的方面转变。南朝梁顾野王所著的《玉篇》，删去了《说文》的 12 个部，另

增了 4 个部，共设 532 部，按照字义把部首分为 30 类，按类集中排列，比《说文》的排列容易检索。唐代张参编《五经文字》设 160 部，有的部首下面再设附部，如"水"又作"氵"，"手"又作"扌"，"人"又作"亻"，使部首与字的偏旁在形体上一致，更加便于检索。辽代僧人行均编《龙龛手鉴》设 242 部，并按平上去入四声为序排列，每个部内的字的顺序也按四声排列，对字的归部做了许多改进，彻底表现为据形归部，更加突出检索的目的。例如"辨、辨、辩、瓣"原在刀、力、系、瓜各部，《龙龛手鉴》统一改为"辛"部，使得部首的确定非常直观。金代王与秘编《篇海》将每部部内的字按照笔画多少排列先后，这是对部首检字法的重要贡献。直到明代梅膺祚编《字汇》对部首作了重大改革，按照当时通行的楷书字体，对《说文解字》的 540 个部首作了大胆的合并和重新归类，为 214 个部首，使部首大大简化了。与此同时，他还将同一部首的字按照笔画的多少（从少到多）排列。这种部首体现了简要实用为目的的检字原则，突破了"六书"的局限，完全适应了汉字的特点，影响极为深远。后来的一些字典、辞书，从明代张自烈的《正字通》到清代的《康熙字典》都完全因袭《字汇》的部首分类和笔画排列法。如"朝"字，《说文》归入"舟部"，《字汇》归入"月部"；"甥"、"舅"字，《说文》均归入"男部"，而《康熙字典》分别归入"生部"和"臼部"。可以说《字汇》才算得上真正体现了部首检字的原则。后来的一些字书、辞书对部首又进一步作了简化。如《新华字典》和《古汉语常用字字典》只有 189 个部首，《现代汉语词典》又减为 188 个，更加突出体现了方便检索的目的，这些部首已与《说文》部首的性

质完全不同了。

部首检字法把形体各异的众多汉字经过分析归类，有机地组织在几百个部首里，不认识的字，不能按读音查出来的字，都可以通过部首检字法查找出来，这是部首检字法的优势所在。但是由于汉字处于不断的变化状态，一个字常因简化而使归部发生变化，而且一个部首又往往因其在字形中位置的不同而形体产生变异，使部首不易确定，从而造成检字的困难；另有些字形存在两个以上的可以充当部首的构件，属于哪一个部首时常亦不易确定；尤其是一些形体简单的独体字，更加不好确定其部首所属，这是部首检字法不利的地方。

由于汉字形体的古今变化，使得字典辞书的部首编排方法存在着古今差异。现代字典辞书部首的编排方法更侧重于检索，比古书更方便快捷。新中国成立后，我国使用的各种字典辞书部首检字法中，有使用 250 部的（1979 年出版的修订本《辞海》），有使用 189 部的（《新华字典》），也有使用 214 部的（《康熙字典》）。虽然部首编排相较古代的部首更加便于检索了，但是以往偏旁部首的这种不统一的状况给教育、辞典编纂、信息检索都带来一定的困难。1983 年，中国文字改革委员会和国家出版局联合发布了《汉字统一部首表（草案）》，设立主部首为 201 个。草案发布后，在辞书编纂、汉字标准的制定、计算机信息处理等方面排序检索中得到广泛应用，得到社会各界专业人士的认可。人们熟悉的《汉语大字典》、《现代汉语常用字表》、《现代汉语通用字表》、《现代汉语词典》（第 5 版）、《新华字典》（第 10 版）、《现代汉语规范字典》、《中华字典》、国家图书馆书目检索系统等部首检字法，都依据这一草案进行部

首的设立。教育部、国家语委于 2009 年 2 月 25 日发布了《汉字部首表》和《GB 13000.1 字符集汉字部首归部规范》两个国家语言文字规范标准，并已于 2009 年 5 月 1 日正式实施。这两个规范标准的发布实施使得多年以来一直没有统一规范标准的汉字偏旁部首终于有了国家级别的语言文字标准规范，在部首规范方面解决了以往部首检字法所存在的许多矛盾和问题。统一规范汉字部首这一举措是顺应社会发展、文化传承要求的结果。

《汉字部首表》正是在《汉字统一部首表（草案）》的基础上制定的，依照现行的语言文字标准，在主部首和附形部首的确立、部首排序、部首表的使用规则等方面对"草案"做了适当的调整和补充。《汉字部首表》规定主部首为 201 个，保持了原草案的部首数，附形部首 99 个。《康熙字典》、《辞海》、《新华字典》、《现代汉语词典》等辞书部首均是《汉字部首表》制定的基础和依据。过去的汉字归部是据义归类，而利用《汉字部首表》而形成的《GB 13000.1 字符集汉字部首归部规范》则主要是据形归类。例如"则"字，据义归类，就归于"刂"；而据形则归于"贝"部。根据《汉字部首表》的归部标准，拿到一个汉字，首先从左、上、右看哪个能成为部首，能成部首的就选成部首。比如说"彬"字，左侧有"木"，就归到"木"部；再比如"闻"，一看外部是"门"，就不要查"耳"了。一个字如果左边和上面都不是部首，那就取右边或取下边，如"颖"就取"页"做部首；"染"就取"木"做部首。如果几个部首叠合，比如说江西的简称"赣"，在左边取部的时候，可能有一点一横，或者一个"立"，一个"音"，部首叠合的时候就取复杂的部首归部，比如"赣"归入"音"部。《汉字部首表》

的归部标准解决很多乱拆汉字的问题。例如"麻",依照以往的查字方法,在《现代汉语词典》(第五版)中,可以先查"广"部,而依照新的规定,"麻"字本身就是部首,应直接查"麻";而"章"过去可以先查"立"部,依照新规定,应查"音"字部。在给20902个汉字归部的《GB 13000.1字符集汉字部首归部规范》中,"广"部中已无"麻","立"部中也无"章"。

设立《汉字部首表》的归部标准,目的是为了让大家更方便地使用和掌握部首。在制定部首表的时候,吸收了各个辞书编纂单位的意见,有一条重要原则——尊重传统,坚持继承性。所以,这个部首表不是新创造一个内容,而是把原来有矛盾的、不统一的东西整合起来。没有统一的部首表的时候,有的辞典用250多个部首,有的用189个部首,习惯用189个部首的人查《辞海》的时候可能查不到,相反,用惯了《辞海》的人去查《新华字典》也有可能查不到。如果都用201个部首,让大家使用起来更方便。今后再版工具书逐步统一部首规范,均用统一部首表和归部规范编纂,一般以主部首为主。某些辞书,如大型书、词典、古汉语字词典可根据传统和实际需要,用繁体部首或变形、从属部首作为主部首。某些辞书还可以采用主部首和收字较多的附形部首同时立部,比如"车"和"玉"。汉字部首的统一将推动辞书编纂、汉字教学以及汉语走向世界。此外,汉字统一部首也将对汉字的信息化产生推动作用,例如对汉字信息编辑,确定电脑字库中某个汉字的位置,以及计算机汉字编码、手机汉字编码,图书信息检索,甚至对于今后应用于电脑的汉字输入法的编码都将产生影响。

利用部首检字法需要注意以下四个方面的定位原则:

1. 一般根据用字的上、下、左、右、外等五个部位的特征次序来确定。

2. 一般外设有部首的，定中坐。中坐也没有的，定右上角。

3. 一个位置具有几个部首的，接上、左、外、中坐、多笔次序定。

4. 部首次序无从采取或所在位置不符合规定的，接起笔，取单笔部首或接笔画排入难检字中。

以商务印书馆出版的《现代汉语词典》（2002 年增订本）为例介绍一下这种检字法的使用步骤：

1. 找出所查字的偏旁部首，数清部首笔画。例如需要查"睛"这个字首先必须知道它属部首是"目"部，其次，数出它的部首笔画是八画。

2. 在"部首检字表"的"部首目录"中找到这个部首，看清部首旁边标明的页码。在部首目录里找到"目"部在检字表第 48 页。

3. 按这个页码找到"检字表"中相应的那一项，并从这一页中找出要查的部首。翻开检字表第 48 页，找到"目"部，在这一页的左下方。

4. 数清所查字的笔画（除去部首的笔画数），按这一部中笔画排列顺序找到所要查的字。"睛"字除去部首还剩八画，在"目"部下属八画目录里找到"睛"，在词典的第 666 页。

第二节　音序检字法

　　音序检字法，就是按照字音来排列单字，以建立字序的方法。它来源于古代的声韵法，在古代确切地说应为"声韵检字法"。目前所能见到的最早音序检字法始于隋代陆法言的《切韵》，这部韵书分 193 韵，包括平声 54 韵，上声 51 韵，去声 56 韵，入声 32 韵，按此四声分为四卷，在每一卷中把属于同一韵的字排在一起。其后的《广韵》又分 206 韵，依然是这种方法。到了金代的韩孝彦、韩道昭父子所编的《四声篇海》和《五音集韵》又把每一韵的字按照传统的中古 36 字母（见溪群疑、端透定泥、知彻澄娘、帮滂并明、非敷奉微、精清从心斜、照穿床审禅、影晓匣喻、来、日）顺序排列，始"见"终"日"。同一字母的字又按平上去入四声为先后，这是音序检字法达到相当完善程度的标志。后来的《音韵阐微》、《助字辨略》、《经传释词》等韵书、字书，大都采用了这种音序检字法，只不过有的书在字母排列的顺序上有所变动罢了。如《经传释词》的音序排列，则为始"喻"终"非"。古代的声韵法，随着时代的发展，语音的变化已使音韵学成为一门专门的学科，现代人多数已经不了解，不会用了，如果要利用古声韵检字法去查有关字典、辞书、韵书或其他工具书，首先要有音韵学知识，能够判断某一字在古代的声韵情况；或是通过诸如《古今字音对照手册》一类的工具书，找到被查字所属的古音韵部和声纽，才能利用古音韵的音序进行检索。因此要改变古代韵书的声韵排序

法，以适应现代汉语语音的变化及现代人检字的需求，就先要有新的标音手段。1913 年制定的注音字母，是我国第一套法定的专用字母，1913 年由读音统一会制定，1918 年由北洋政府教育部公布的注音字母有 39 个，1920 年改定字母顺序，又增加到 40 个。1958 年 2 月 21 日全国人大一届五次会议批准公布了《汉语拼音方案》，这个方案不但是拼写汉语的国内标准，而且还是拼写汉语的国际标准。随着这两套拼音字母的施行，音序法也逐渐成熟，现在汉语拼音音序已经成为音序法的主流。因此，现代和当代的一些字书、词书，就以注音字母和汉语拼音方案中字母的先后次序排列，有的又在一个字母的下面，采用音节顺序排列，这就是现代的音序检字法。自此之后，中国大陆出版的音序法工具书都用汉语拼音音序，如新版《辞源》、《辞海》、《新华字典》、《现代汉语词典》、《新华词典》、《中国大百科全书》等许多字典、词书都广泛采用了音序检字法。

一、单字条目的排列法

（一）拼音字母查字法的音序检索顺序，是按照汉语拼音字母表的次序来排列的：即 a、b、c、d、e、f、g、h、i、j、k、l、m、n、o、p、q、r、s、t、u、v、w、x、y、z 的顺序，而不是汉语拼音声母表的顺序，这是为了与英文的 26 个字母及顺序相统一，与国际惯用字母顺序一致，以便于所有学习汉语的人掌握，包括第二语言（非汉语为母语者）学习者方便掌握和使用。

（二）如果声母韵母相同的，再按声调次序排列，依次为阴平、阳平、上声、去声、轻声。

（三）如果是同音字再按笔画多少排列，笔画少的在前，笔画多的在后。

（四）如果笔画相同的，则按起笔笔形横、竖、撇、点、折的次序排列。

二、多字条目的排列法

（一）单纯字母排列法

单纯按照汉语拼音字母的顺序，不考虑汉字的形体，不考虑声调的异同，只有拼音字母完全相同时才考虑声调的顺序。这样排列可以把同音字排在一起。《汉语拼音词汇》采用这种排法。

（二）汉字字母序列法

先按照第一个汉字音节的读音排列，把第一个汉字相同的条目汇集在一起。第一个汉字相同的，再按照第二个音节排列，依次类推。《现代汉语词典》采用这种排法，这种排列法适合多数读者的使用习惯。

利用音序检字法，首先要掌握两个步骤：1. 读准字音，根据该字音节确定应查什么字母。2. 在"汉语拼音音节索引"中找到这一字母，在这一字母相应部分找到该字的音节，看清这个音节旁标明的页码。

汉语拼音音序检字法有它的优点：即简便、快捷，但是这个优点必须是在具备两个基本条件的前提下才能实现的：既要知道所查字的读音（普通话的读音），还要熟悉懂得拼音字母；所以拼音音序检字法在熟悉懂得拼音字母的情况下，也只适用于知道所查字的读音，而不知道所查字怎样写或如何释义的情

况。可是一般情况下人们正是因为不认得某字才要查字典，"不认得"首先意味着不知读音，而不知读音就无法利用拼音音序检字法查字。另外虽然汉语拼音已经推行了 50 多年，可也不是人人都能熟练掌握，而对那些不熟悉拼音字母及其排列顺序的人来说，就难以使用这种方法了。

这里还是以商务印书馆出版的《现代汉语词典》（2002 年增订本）为例展示"马"字最通用简单的音序检字法步骤：

1. 读准字音，根据该字音节确定应查什么字母，"马"字的读音是"mǎ"，根据读音可以判断在"M"字母目录下去找"马"这个字。

2. 在"汉语拼音音节索引"中找到这一字母，在这一字母相应部分找到该字的音节，看清这个音节旁标明的页码。"M"在汉语拼音音节索引的第八页，就可以清楚地看到 mǎ 在词典的第 842 页。

3. 按此页码翻开字典的正文，按四声顺序找出所要查的字。翻开字典第 842 页，"mǎ"目录下的第一个字便是要查的"马"字。

第三节　号码检字法

号码检字法是用阿拉伯数字标示一个字的有关部位的笔形或笔形画数的总加来编排汉字先后次序的检字法。它主要包括四角号码、三角号码和五码检字法等。

一、四角号码检字法

在号码检字法中，现在较为常用的号码法是四角号码法。四角号码检字法最早见于 1926 年 3 月出版的《东方杂志》28 卷第三号上，是 1925 年由王云五提出来的。这种检字法是把汉字笔形归为十种，每种笔形取一个数字为代号。胡适把这十种笔形及其代号编成了一首歌诀：1 横 2 竖 3 点捺，叉 4 插 5 方块 6，7 角 8 八 9 是小，点下带横变零头。即横笔用 1 表示，竖笔用 2 表示，点捺用了 3 表示，两笔交叉用 4 表示，三笔交叉用 5 表示，角用 7 表示，八用 8 表示，小用 9 表示，点下有一横笔用 0 表示。每一种笔画都以号码代表，由于汉字是方块字。所以每个字都有四角，则分别用号码代表。每个字取角的顺序依次是：左上角、右上角、左下角、右下角。例如：俺 2421$_6$ 其中的小号数字 6 是附角号，取其右下角上方最突出处的笔形所得，为的是决定同码字的顺序。再如"端"字，其四角号码为 0212，根据 0212 号码查字典的页码，就可以查到"端"字。

它的优点是：查字快，省时间。读书遇到不会读音的字，使用这种方法最好，查字的速度快。商务印书馆出版的《四角号码新词典》及《辞源》、《辞海》都有四角号码索引，并有详细说明。它的缺点是：不知字形，就不知号码，就没法查。利用四角号码法还要了解 1964 年汉字查字法整理工作组公布的《四角号码查字法（草案）》，对原有的方法又作了几处改动，习惯上称为"新四角号码查字法"。以前的四角号码为"旧四角号码"，对习惯旧四角号码的人使用新四角号码编排的工具书，就要把新旧号码表加以对照，并要注意繁简字所取号码的不同

情况。

这里列举一些简单的汉字和它的四角号码，由字索码，然后检查所得出的号码是否正确，多次练习以求熟练掌握。

天：1080；孤：1243；已：1771；山：2277；问：3760；冰：3219；秋：2998；不：1090；买：1780；百：1060；刀：1722；裘：4373；碧：1660；为：3402；水：1290；取：1744。

二、三角号码检字法

三角号码检字法为陈以强首创（《三角号码字典》1983 年版，辽宁人民出版社），它是在四角号码检字法的基础上简化而成。应用这种方法检字时，只取汉字的三个角，即右上角、左下角、右下角，采用六种笔形代号（从 1 到 6），口诀为："1 横 2 竖 3 点捺，4 叉 5 角 6 方架"，一共 14 个字。如"兴"字，右上角取 2，左下角取 2，右下角取 3，该字号码为 223。

三、五码检字法

五码检字法是罗光安根据汉字笔形的特点所创造的（《五码查字法字典》1983 年版，湖南人民出版社）。这种检字法将汉字笔形分为横、竖、撇、点、折五类。检字时，将要查的字所含每类笔形的画数分类相加，得五个和，再将这五个和按横、竖、点、折的顺序组合，便得到一个五位数码。如果某字没有某种笔形，就用 0 补位，某字某一笔形超过九画，则一律归入 9。如"疆"字，横为十画，取 9，竖为五画，取 5，撇、点都没有，

各用 0 补位，折为四画，取 4，该字号码为 95004。[①]

号码检字法是单一的检字法，它可以单独使用，不须与其他检字法结合，而且没有条件限制，不知字音，定不准部首都不影响其检索。此方法排列次序较为精确，使无序的汉字，排列有序。熟悉了号码法检索，检字速度也很快。但它最大的不足是笔形与代码之间为硬性规定，需要死记才行。

第四节　笔画笔形检字法

笔画笔形检字法，首先通过笔画来编订次序，由于现代汉字常用字笔画数在 1~24 画之间，所以一般是先将现代汉字常用字按照笔画数的多少分成 24 组。其次是在这个基础上根据笔形的不同将同笔画的字再进行细分，笔形由笔顺确定，是按照汉字书写起笔顺序来定序。笔形的排列顺序有点、横、竖、撇、折和横、竖、撇、点、折两种。有的字书或辞书，为了细加区别一个字的笔形，又在每种笔形下面另取第二笔，再加上这五种笔形，以排列汉字。

笔形检字法一般不单独使用，它往往作为除音序检字法之外的检字法辅助手段而存在。为的是把众多的同一类属的汉字（如同笔画数或同一部首）再细加分类排列，便于检索。

1999 年 10 月 1 日，国家语言文字工作委员会发布《GB13000·1 字符集汉字字序（笔画序）规范》。这个规范是按

[①]　田雨泽：《汉字检字法刍议》，载《十堰大学学报》，1991（2），第 15—18 页。

照笔画排序的汉字字序规范，给出了 GB13000·1 字符集汉字字序的定序规则及该字符级所收 20902 个汉字的字序表。在此细致规定了各种笔形的定序规则："汉字笔画数相同时，按笔顺逐笔比较笔形字序。汉字笔形分为横（一）竖（丨）撇（丿）点（丶）折（乛）五种，横先于竖，竖先于撇，撇先于点，点先于折。如十先于厂，乃先于又，与先于万，汝先于汤，沃先于汶"。"主附笔形规则：汉字笔画数、笔顺完全相同时，按主附笔形逐笔比较定序。汉字笔形进一步分为主附笔形，主笔形先于附笔形。""横、竖、点主附笔形"的例子如："子先于孑，干先于于，夕先于久。""折笔主附笔形"的规定："先依折点数定序，折点少的先于折点多的。如：山先于巾，化先于仉，刀先于乃。""折点数相同时，依折笔的起笔笔形按横竖撇点顺序定序。折点数、起笔笔形都相同时，依折点后的笔形按横竖撇点顺序和主附笔形顺序逐笔比较定序。如：凡先于及。""跨字笔形比例规则：汉字笔画数、笔顺、主附笔形、笔画组合关系、结构方式完全相同时，按跨字笔形比例定序。两个汉字的对应笔形存在一长一短比例时，笔形短的先于笔形长的。"

　　汉字的字序，从检字法来说各种排序各有所长，也各有所短，为了扬长避短，一些字典、辞书往往不止采用一种检字法检索，目的是为了适应不同检索者的检索需求。这些检字法除了号码检字法可以单独使用，音序检字法有时单独使用外，其他检字法之间经常结合使用。如部首与笔画检字法、部首与音序检字法、笔画笔形检字法等之间的结合使用是非常普遍的现象。

　　除了上述这些检字法外，在古代还曾出现过"义类排序

法"。义序法是根据字义的类别来进行排序的方法。我国第一部
词典性质的小学专著《尔雅》的排序方法是其代表。《尔雅》的
作者和成书年代自古以来说法不一，但综合各家说法及资料，
此书大抵为秦汉之间学习诗文者纂集旧文递相增益而成。《尔
雅》的作用正如《汉书·艺文志》所云："古文读应尔雅，故解
古今语而可知也"。"尔"是近的意思，"雅"是正的意思，"读
应尔雅"就是说解文字应该正确。《尔雅》可谓是一部故训汇
编，是把前人关于经义的解释汇集起来供人们使用。《尔雅》现
存共三卷，编排体例是按照词的意义内容分作十九类，即：

释诂　释言　释训　释亲　释宫

释山　释水　释草　释木　释虫

释器　释乐　释天　释地　释丘

释鱼　释鸟　释兽　释畜

《释诂》、《释言》、《释训》三类，主要解释的是普通词语。
解释的方法，有三种情况。一种是把一些词义相近的字放在一
起，最后用一个通用的词作解释。例如《释诂》："初、哉、首、
基、肇、祖、元、胎、俶落、权舆，始也"。表明从这些词的意
义都是开始的意思。第二种把共同的词义作统一说明，然后再
把多义词的其他意义选出来与另外的词再进行类聚，互相说明，
如："敆郃盍翕仇偶妃匹会，合"也；"仇雠敌妃知仪，匹也"。
说明"仇敌妃"是多义词，它们有不同的类聚关系。第三种是
先通后分，主要是先把共同词义作统一说明，然后再把含有另
一种意义的词分别说明。如："乔嵩崇，高也；崇，充也"。说
明乔嵩崇三词都含有"高"的意思，而崇除有高的意义之外，
另有"充"的意思。其他十六篇则为专科词语，都是解释各种

事物的名称，把一些内容相关的词类聚到一起，如《释亲》是专释人的称谓关系的词；《释宫》是专释宫廷建筑方面的词等等。

《尔雅》辑录了古代大量的词汇，并逐一作了解释，它用当时通行的语言解释不同地区的方言，用通俗的语言解释书面的雅言。书中包括的内容非常广泛，它不仅是一部古代词典，也是一部历史文献，通过它可以了解古代社会的政治、经济、文化、天文、地理、生物等各方面的情况，是帮助人们了解古籍中许多难以理解的词义非常重要的工具书。

但是《尔雅》的不足主要在于解释词义过于简单，将一些意义相近的词放在一起最后用一个词统一概括，未免失于笼统，不能区分每个具体词的真正含义。

古代按义类排序的字典辞书还有：《小尔雅》、《广雅》等一系列后来出现的"雅"类辞书。汉代的《释名》、《方言》也属于这种排序方法，汉代的一些识字课本如《急就篇》等也大多采用此种排序方法。可见义类排序法在古代字书的编排中是非常常用的方法。

但是从现代检索要求来看古代的义类排序法则自然会感到它的分类和编排方面的不严密，检索方法的不方便。这与古代字书的作用与现代不同有关，《尔雅》等书的作用是搜集古书的故训汇编，与现代为了检索为目的进行编撰的字典辞书性质是不同的。不仅如此，使用义类排序法不便检索的情况还在于"义"不存在自然的序列，也不易找出义序规律，对其排序往往是因人而异的，所以对其排序的标准不易统一，把语词分为多少类、怎样分类都存在着很大的任意性。查检者对语词的分类

和习惯很可能与编书者产生差异，因此在检索时则会出现许多不便，没有规律，不便查找，起不到检索的作用。现代虽然也有用义序编排的词表，如梅家驹等编著的《同义词词林》（上海辞书出版社，1983 年版）。分类比古代精密得多，但正文后还附有汉语拼音索引以备用，说明"义序"本身在现在已经不完全适合作为检索手段来使用了。

本章小结：字序就是给汉字排列顺序，给汉字排序的目的有许多，其中工具书的检索也是汉字排序的目的之一。对字典、辞书进行检索需要给汉字排序的方式，现在主要有部首法、音序法、号码法和笔画笔形法。

思考与练习题：

一、什么是字序？为什么要对汉字进行排序？

二、通过实例说说部首检字法的原理。

三、简述音序检字法。

四、现代字典、辞书有哪些检字法？请简要说明之。

第八章

现代汉字的形体和结构

章节重点：现代汉字构字分类，汉字字符的分类，现代汉字新六书，现代汉字构形依据，现代汉字形体分析。

关键词：现代汉字　结构系统　特征

学习目标：通过了解现代汉字与古代汉字形体结构的不同，明确现代汉字的结构特点。结构系统：笔画、构件、全字。了解现代汉字的构形理据，掌握现代汉字构件拆分的原则。

教学要求：什么是构形法，现代汉字构形依据，现代汉字形体分析，现代汉字结构系统。明确什么是构字法，现代汉字构字分类，汉字字符的分类，现代汉字新六书。

1. 了解：什么是构字法？现代汉字构字分类，汉字字符的分类，什么是构形法？

2. 熟悉：现代汉字新六书。

3. 理解：现代汉字构形依据。

4. 掌握：现代汉字形体分析。

学习导航：掌握现代汉字与古代汉字在形体结构方面存在着不同特点的基础上，明确现代汉字的结构特点和结构规律。了解现代汉字是古代汉字发展的结果，明确现代汉字的结构仍

然保持理据，注重掌握现代汉字的构件拆分原则，准确把握构件在汉字结构中的功能。同时利用音像教材、网络多媒体课件（课程）、网络平台资源和面授辅导，有效地学习和掌握本章的重点内容。

形体是汉字的本质要素，汉字虽然是没有中断历史的古老文字，但在其发展过程中，形体从古到今的变化却是十分显著的。汉字是表意文字体系，字形不反映语音要素，理解汉字的意义主要通过字形结构来掌握，现代汉字的形体结构与古代汉字不同，因此了解现代汉字形体结构的特点对掌握现代汉字具有重要作用。

第一节　现代汉字的构形法

对现代汉字的研究和运用可以分为三个层面：笔画（书写层面）、构件（构形层面）、职能（运用层面），这三个层面既相互联系又各自独立。笔画是现代汉字的书写单位，构件是现代汉字的结构单位。

一、现代汉字的构形依据

现代汉字的构形要素分书写要素和结构要素，现代汉字的全字是由结构要素直接体现的。

（一）现代汉字的书写要素——笔画

笔画是指构成字形的各种形状的点和线。在隶书以前的古文字形体中是没有笔画的，甲骨文和篆文称线条，金文称铸迹，笔画是汉字隶变之后才出现的。从落笔到起笔所写成的点或线叫一笔或一画，所以笔画是汉字的书写要素，准确地说笔画是构成汉字楷书字形最小的连笔书写单位。汉字笔画发展到楷书，已经定型，变为可以称说、可以论序、可以计数的书写单位。现代汉字的基本笔画是点（丶）、横（一）、竖（丨）、撇（丿）、折（乛）。在现代汉字中笔画最少的字只有一画，如："乙"、"一"，最多的可以有30多画或者更多。由于汉字的性质是表意文字，笔画不体现构意，因此它仅仅是汉字的书写单位，而不是汉字的构形单位。

笔画写成以后的样式、形状，称作笔形。笔画按笔形来定名称说，传统上把汉字的基本笔画分为八种类型，即点、横、竖、撇、捺、提、折、钩。1965年公布的《印刷通用汉字字形表》规定了五种基本笔形：横、竖、撇、点、折，将传统笔画中的"捺"归并到"点"类，"提"归并到"横"类，"竖钩"归并到"竖"类，竖钩以外的所有复合笔画一律归"折"类。把汉字的基本笔画分为五种，简单明了，有利于按笔画及笔形编排字典、索引，也有利于排列人名顺序。五种基本笔形称说的先后顺序有不同的提法，1964年，汉字查字法整理工作组经过多次征求意见和比较研究，建议以"横、竖、撇、点、折"的顺序为规范。笔形的分类可粗可细，如果为了检索、排序则宜粗，例如，现代辞书只归纳为横、竖、撇、点、折五种笔形。如果为了教授书法或描述写法则宜细，例如，点可以细分为撇

点、提点、顿点等；折也可以按方式、方向和顺序进行更细致的描述。但是为了满足中文信息处理、汉字研究、汉字教学、出版印刷和辞书编纂等方面的需要，对于折笔教育部和国家语言文字工作委员会于 2001 年 12 月 19 日专门发布了《GB13000.1 字符集汉字折笔规范》，同时给出了 GB13000.1 字符集汉字折笔笔形表。为此对汉字 24 种折笔笔形进行了规范，并对其分类、排序、名称及其原则作出明确的统一规定。

　　笔顺是汉字书写时笔画的书写顺序，是在用毛笔书写的时代，前人写字经验的总结。笔顺有相当的灵活性和个人习惯性，本来没有绝对的规则可言，特别是对书写熟练者来说，在一定的范围内，先写哪一笔并不会绝对影响写字的准确和美观。规范笔顺的作用主要是为了给汉字排序，以便检字。但是遵循一定的笔顺规律，对于把汉字写得方正、整齐，养成良好的书写习惯是很有必要的，特别是对于学习书写汉字来说，把规则与具体字的笔顺结合起来进行书写，要比死记每个字的笔顺更容易把握。前人总结的笔顺规则大体有以下几条：先上后下（崇），先左后右（理），先外后内（闷），先横后竖（十），先撇后捺（人），先连后断（匹），先中间后两边（水），先进去后封口（围），折不过三（凸、乃）等。但是在现代社会，为了促进语言文字的规范化，消除规范笔顺本身存在的难点，满足汉字研究、汉字教学、汉字信息处理、出版印刷和辞书编纂等方面的需要，国家语言文字工作委员会和中华人民共和国新闻出版署于 1997 年 4 月 7 日公布了《现代汉语通用字笔顺规范》。在《规范》中，笔顺完善的具体内容有以下三个方面：一是在《现代汉语通用字表》的基础上，把隐性的规范笔顺变为显性，

列出了 7000 个汉字的跟随式笔顺；二是明确了字表中"火"、"叉"、"凸"、"爽"等一些字的笔顺；三是调整了"敝"、"脊"两个字的笔顺。而且在《现代汉语通用字笔顺规范》中，每个汉字的笔顺都分别用三种形式进行表示：一是跟随式，即一笔接一笔地写出全字，如"类"、丷半半兴兴类；二是笔画式，即用一（横）、丨（竖）、丿（撇）、丶（点）、乛（折）五个基本笔画表示，其中，㇀（提）归为一（横），亅（竖钩）归为丨（竖），㇏（捺）归为丶（点），各种折笔笔画归为乛（折），"类"的笔画式表示则为丶丿一丨丿丶一丿；三是序号式，即用横、竖、撇、点、折五个基本笔画的序号 1、2、3、4、5 来表示，"类"的序号式表示是 431234134。

　　《现代汉语通用字笔顺规范》中 7000 个汉字的字序与《现代汉语通用字表》基本一致，按汉字的笔画数排列，同笔画数的字依笔顺以"横、竖、撇、点、折"为序。由于"敝"、"脊"笔顺调整等原因，有些字的字序作了相应调整。根据《现代汉语通用字笔顺规范》的规定，对"肃"、"脊"等字的规范笔顺说明如下：

　　垂：撇、横、竖（中间）、横、竖（左）、竖（右）、横、横。

　　肃：最后四笔的书写顺序是"先两边，后中间"，全字书写笔顺是：横折、横、横、竖、长撇、竖、撇、点。

　　脊：《字表》"脊"字上半部分的笔顺，原来规定为由左到右书写——点、提、撇、撇、点、捺；《规范》调整为先写"人"字两边的"点、提、撇、点"，次写中间的"人"字。

　　敝：《字表》对"敝"字左半部分的书写笔顺，原来规定为

先写中间的一竖，再写上边的点、撇，然后写下边的竖、横折钩和里面的撇、点。《规范》调整为先写上边的点、撇，再写下边的竖、横折钩，然后写中间的一竖和里面的撇、点。

再：横、竖、横折钩、竖、横、横。

里：竖、横折、横、横、竖、横、横。

重：撇、横、竖、横折、横、横、竖、横、横。

火：点、短撇、长撇、捺。（丶 丷 丿 火）

义：点、撇、捺。

叉：横撇、捺、点。

爽：先写"横"，次写两边的"爻"，最后写中间的"大"字。

乃：横折折折钩、撇。

必：点、卧钩、点、撇、点。

皮：横钩、撇、竖、横撇、捺。

癶（登字头）：横撇、点、撇、撇、捺。

忄（竖心旁）：点、点、竖。

另外三种情况也值得注意：一个字的右上方的"点"，要最后写，如"戈"、"成"、"我"等字。以"三框"（匚，也叫"匠字框"）为部首的字，先写上边的一横，再写里面，最后写"竖折"，如：匠、巨、医、匡、匾等。以"凶字框"（凵）为部首的字，先写里面的部件，再写凶字框，如：凶、击、函、画等。

需要明确注意的是笔顺规范不是学术问题，不允许存在不同笔顺观点的流派，它必须由国家权威机构立法，对每个汉字的笔顺笔画作明确的规定，所有的人都必须遵守。即使有个别

汉字的笔顺规范不太合理、有讨论价值，但在国家没有采纳并颁布新笔顺之前，也只能遵守现有笔顺规范中的规定。

　　国家关于汉字笔顺的文件共有四个：《印刷通用汉字形表》（1965 年发布）；《现代汉语通用字表》（1988 年发布）；《现代汉语通用字笔顺规范》（1997 年发布）；《GB13000.1 字符集汉字笔顺规范》（1999 年发布）。在这四个文件中，《现代汉语通用字笔顺规范》是目前最明确、最权威的笔顺规范文本，由国家语言文字工作委员会标准化工作委员会编辑，语文出版社 1997 年专册出版，是查证通用汉字笔顺最好的依据。

　　（二）现代汉字的结构要素——构件[①]

　　构件是由笔画组成的具有组合汉字全字功能的构字单位。王宁先生在《汉字构形学讲座》中给"构件"所下的定义是："当一个形体被用来构造其他的字，成为所构字的一部分时，我们称之为所构字的构件。如'日、木'是'杲'的构件，'木'是'森'的构件，'亻、列'是'例'的构件。"[②] 从王宁先生的表述来看，汉字是由构件组合而成，所以构件是汉字的构形单位。

　　1. 构件的类型

　　构件在组构汉字的过程中存在着各种不同情况，依据这些不同情况可以把构件分为不同的类型。

　　（1）直接构件：直接构件又称一级构件，这样说是因为直接构件是直接构成汉字全字的结构要素，汉字的造字意图是通

---

　　① 本节内容皆依据王宁《汉字构形学讲座》有关内容，上海教育出版社，2002 年版。

　　② 王宁：《汉字构形学讲座》，上海教育出版社，2002 年版，第 32 页。

过直接构件来体现的。例如："鞭"其造字意图是通过直接构件"革"和"便"来体现的，"革"指明其字的意义类别，"便"提示其字的声音信息。对独体字来说，它的构件就是它自己，它的基础构件、直接构件和全字是相同的，例如："自"的形素是"自"，直接构件和全字也是"自"。以上是按拆分的程序来说的，若将拆分的程序反转过来就是组合程序，即汉字依层次逐级构成的顺序。例如："薄"字，就其组合模式来看是属于层次组合，其字形的组合顺序依次为："寸"和"甫"组成"尃"，"尃"和"氵"组成"溥"，"溥"和"艹"组成"薄"。从这个组合过程可以看出，汉字的"形素"在层次组合的字中，是逐层加入的。也就是说，"艹"、"寸"和"甫"虽同是构形的最小单位，但它们却可以在不同的层次出现。"寸"和"甫"出现在组合"薄"字的第一层次，而"艹"却到第三层次中才出现。又如"照"字构形的层次组合过程为："刀"和"口"出现在组合的第一层次，"日"是在组合到第二层次时才加入，"灬（火）"则到第三层次才加入。

（2）成字构件：指既能独立成字，又能参与构字、体现构意的构件。也就是说，当它不作其他字的构件时，本身就是一个完整的字，与语言中的某个词对应。例如："目"，在作"睛"、"瞳"的构件时，表示所构字的意义与"眼睛"有关，而"目"本身就是一个独立的字，与语言中"眼睛"这个义项相对应。"胡"在作"湖"的构件时，其构意是提示"湖"字的读音，而"胡"本身就有 hú 的读音和"颌肉"的意义。"目"和"胡"都是成字构件。

（3）非字构件：指只能依附于其他构件来体现构意，不能

独立用来记录语言的构件。这种构件无法与语言中的词对应。非字构件有下列几种类型：

第一，作为标志或表示区别的单笔画或笔画组。例如："末"中的上面一横是依附于"木"而存在，表示"木"的末梢，它本身不能独立存在，不能与语言中的词对应。"刃"字中的一点、"亦"字和"母"字中的两点，"夫"字中的短横，都只能依附于成字构件而存在，其构意只有在所构字的具体环境中才能体现出来。

第二，古文字传承保留下来的非字象形符号。例如："果"字上部的"田"，是由古文字果实的象形变异而来，"番"字下部的"田"是由古文字兽足的象形变异而来，它们与"田地"的"田"同形而没有音义，都属非字构件。

第三，充当部首的位移变体，例如："水"在左边写作"氵"（三点水），"火"在下边写作"灬"（底火），"肉"在左边写作"月"（肉旁），"刀"在右边写作"刂"（立刀），"手"在左边写作"扌"（提手），"阜"在左边写作"阝"（左耳），"邑"在右边写作"阝"（右耳）。这部分非字构件在《说文解字》里就属于构字频率较高的部首，它们不仅是构形的组成部分，而且还具有体现汉字构形的构意作用，这些部首在小篆中不论放在哪个部位，都与它们做独体字时的写法一样，因此它们在《说文解字》里大都是成字的。等到汉字进一步由小篆发展到隶楷阶段时，汉字形体随着书写方式的笔画化，使某些字的形体产生变异，由于构字时所放的位置固定，于是使变异呈现出一种规范。但是由于书写的原因，这些变异形体与作为独体字时的形体已经不同了，因此使这些变异形体变成了非字构

件。这类构件与上面两类构件都不同的是，它们虽然不能独立记录汉语，但是它们与成字时形体的对应关系非常整齐，构意也与相应的成字形体完全一样，十分明确。对于这类构件又可以称作结构部首，与仅仅作为查检而设的检索部首相区别。

第四，经过变异或黏合、丧失理据作用的记号构件。例如："冬"（圣）的上部是古文"终"（夗），本是成字的，楷书"夂"丧失理解成为记号构件，也就是非字构件。"贵"（臂）的上部本是"臾"，本是成字的，楷书变异为"中"，丧失理据成为非字构件。"春"（萅）的上部本是从"艸"从"屯"得声的，黏合后变为非字构件"夫"丧失理据。

2. 笔画与构件性质的区分作用

从汉字的书写过程来看，虽然构件是通过笔画的书写组合来完成的，但是把二者加以分别还是非常必要的。因为汉字的构件是体现构意的，而笔画却不具有体现构意的功能。如"革"是以整体的构形来表示"去毛之皮"这一构意的，拆分成笔画后，各笔画体现不出构字意图，这就使构件与笔画有了根本性质上的差别，笔画不能体现构意仅仅是汉字的书写单位；构件能够体现构意，所以应为汉字的构形单位。

除此之外，还由于汉字结构的生成与书写的顺序不完全一致，书写是一笔一笔实现的，但不都是写完一个构件再写第二个构件，只是在书写完成以后，才能看见全部构件的构形布局。例如："回"由"囗"（wéi）和"口"两个构件组成，但书写时并不是先写完"囗"再写"口"，也不是先写完"口"再写"囗"。正因为结构生成与书写顺序的不一致性，所以，在分析正规字体结构时，主要分析构件及其功能；而当分析变异字体

结构时，由于这种变异是书写造成的就必须首先考虑书写顺序和笔画密集程度所起的作用。可见如果不把书写单位笔画和构形单位构件区别开来，就会在分析这些不同现象时产生困难，容易把来源和本质完全不同的现象混淆起来。所以，虽然不少形素是由多个笔画构成的，但是在作构形分析时，并不以笔画作为下一层次的单位。也有少数构件是单笔画的，为了理论体系的严谨，这种构件应具双重身份：在书写时称为笔画；进入构形时，称为单笔构件，这正如一个形音义完备的字往往也有双重身份：在构字时称构件，独用时即称全字或字样一样。①

（三）现代汉字的构形结果——全字

全字是由构件组合而成的汉字使用单位，是形、音、义的统一体，是汉字经过结构要素的组合完成之后的构形结果。在现代汉字里，人们常根据全字有多少个基础构件的数量，把全字分为独体字与合体字。凡是由一个基础构件参构的就是独体字，由两个或两个以上基础构件参构的就是合体字。全字既是汉字的使用单位，也可以作为汉字的构形单位，成为另一个全字的构形元素即构件，而一旦成为构件以后，则不再是形、音、义的统一体。如："月"，单用时是形、音、义的统一体，是全字，而在"玥"中，它就成了一个构件，只起示音作用了，在"期"中则表示模糊的类属意义了。可见全字是由构件组构而成，在第四章汉字的系统中，已经介绍了构件在汉字构形过程中具有不同功能，汉字根据构件的不同功能能够组成 11 种构形模式：

---

① 王宁著：《汉字构形学讲座》，上海，上海教育出版社，2002 年版，第 31—39 页。

零合成字（全功能构件＋o）

标形合成字（表形构件＋标示构件）

标义合成字（表义构件＋标示构件）

标音合成字（示音构件＋标示构件）

形音合成字（表形构件＋示音构件）

义音合成字（表义构件＋示音构件）

有音综合合成字（示音构件＋各类构件）

会形合成字（表形构件＋表义构件）

形义合成字（表形构件＋表义构件）

会义合成字（表义构件＋表义构件）

无音综合合成字［各类构件（无表音）］

这 11 种构形模式可以涵盖古今所有有理据的汉字类型。就现代汉字而言构件的表形功能丧失，因此，有表形构件参与的构形模式也就随之消失，成为 7 种：零合成字、标义合成字、标音合成字、义音合成字、会义合成字、有音综合合成字（示音构件＋各类构件）、无音综合合成字（各类构件无表音），这是汉字形体简化影响构形系统简化的表现。

对汉字结构的分析通常使用"六书"理论来进行，在此介绍构件功能模式而不用"六书"来说明现代汉字的结构系统，是因为"六书"的具体内容是许慎根据小篆的字形结构总结出来的理论，而小篆字形经过许慎的规整之后，首先把构件成字，也就是加以义化，于是只有独体字才是象形字，这样一来构件的功能则简化为表义、示音和标示三种，构形模式也就简化为形象、指事、会意和形声这四书了，所以"六书"既无法涵盖古文字字体，也不适合对现代汉字形体结构的分析。一般人勉

强用"六书"分析各类汉字时，常按小篆把独体字称作象形字，采用标示构件的字称作指事字，有示音构件的都笼统称形声字，没有示音构件的都笼统称会意字。就独体字而言，把现代汉字的独体字称为象形字已不妥当，楷书中相当一部分独体字是黏合而成的，如果用独体象形字的观念去看，是难以理解有什么形可象的，现代汉字的独体字与古文字的象形字就外在形体的象形性方面已有很大的差别，这足以说明"六书"不能涵盖现代汉字的结构类型。所以用构件结构功能的方法来分析现代汉字，把独体字称为全功能零合成字。汉字的理据性解释是由构件的理据性所决定的，对于所有有理据的汉字结构，其构件在构形中都可依据理据确定其在构形中的功能，据其功能可以把现代汉字的结构分析为上述七种类型。除此之外在现代汉字的结构中，合成字的直接构件理据丧失的情况较之以前的文字增加了许多，对其参构的字形则无法界定构形模式，只能依据构件理据的丧失情况把它们称为"半理据字"（构成汉字的构件既有记号构件又有理据构件）、"无理据字"（构成汉字的构件无理据构件），也可以称之为"半记号字"或"记号字"。

二、现代汉字的形体分析

从上面的分析可以看出，汉字构形是有规律成系统的。汉字的构形系统是在汉字是表意性质的前提下，体现为由一批可生成的、具有构意的、最小构形元素，按照一定的层级方式组合而成。汉字的基础构形元素是形素，归纳形素可以得到形位，形位在参构汉字时即成为汉字的构件。例如："薄"、"器"两字，"薄"，可以拆分出"艹"和"溥"，"溥"又可以拆分出

"氵"和"尃"，"尃"又可以拆分出"甫"和"寸"，所以"薄"属于层次结构，因此它的拆分是层层拆分的。"器"：可以拆分出"口、口、犬、口、口"，是一次性拆分的，所以"器"是属于平面结构。虽然它们拆分的方式不同，但它们同样都拆到不能再拆的程度，表现为"形素"。一般说来，汉字的构形和构意是统一的，这些形素在形体上是相对独立的，并且还都能体现构意。例如"薄"中的"寸"，是指有法度的意思，它不能再拆成一、亅和丶，因为这三个是笔画，在形体上已没有相对独立性，不具有示音、表义、表形和区别的功能，不表示构意。在依层次拆分的汉字中，处在全字和形素之间的构形单位，叫做这个字的过渡构件，它们可以用层级来指称，例如："薄"字共有三级构件，一级构件是艹、溥，二级构件是氵、尃，三级构件是甫、寸。

由此可见，对一个汉字而言，其组合模式的确认与理据性的说明，都是通过汉字的构件来完成的，构件是分析现代汉字结构理解现代汉字字形的基础。因此对现代汉字的形体进行分析，其前提和条件集中体现在对构件的合理拆分和确认上。据此，国家语言文字工作委员会于 1997 年 12 月 1 日颁布了《信息处理用 GB13000.1 字符集汉字部件规范》（简称《汉字部件规范》），并于 1998 年 5 月 1 日正式实施。《汉字部件规范》的颁布与实施，对汉字形体分析提供了非常重要的原则。

《汉字部件规范》中对现代汉字进行构件拆分采用的原则是：根据汉字的构形规律、现行汉字的发展现实和汉字的历史承袭性，"从形出发，尊重理据，立足现代，参考历史"。依据这个原则，对 GB13000.1 字符集中的 20902 个汉字逐个进行拆

分、归纳与统计，规定汉字的基础构件为 560 个，将 560 个独立使用的构件又归并为 393 组，各组的第一个构件称为主形构件，其后所列构件为附形构件。如："人"是主形构件，"亻"为附形构件；"心"为主形构件，"忄"、"⺗"为附形构件。附形构件大多是从主形构件演变而来的，是主形构件的变体。《汉字部件规范》的主要起草人是王宁、张普等人，王宁就现代汉字的构件拆分问题还曾专门撰文《汉字构形理据与现代汉字部件拆分》①，对现代汉字的构件拆分问题作了具体的阐释与说明，对分析现代汉字的形体是非常有效的方法。

（一）构形理据与构件拆分

对现代汉字的构件进行拆分，是在承认现代汉字是有理据的，同时承认这种理据具有不同于古文字的特点的情况下，现代汉字的构件拆分才有规律可循。现代汉字的字形理据与构件拆分的关系表现为以下几种情况：

1. 汉字构件组合为合体字时，大部分是依层次二合的，极少部分是一次性多合的（如器、品），只要理据存在，拆分即可按组合的程序反向进行。例如，一构件的"册"，两构件的"们""引"，三构件的"鸿""靴"（其中"江""化"二次拆分），四构件的"啊""姿"（其中"阿""次"二次拆分，"可""欠"三次拆分），五构件的"擲""器"（"器"一次拆分；"鄭"二次拆分，"奠"三次拆分，"酉"四次拆分），六构件的"躁""薑"（"足""枭""置"二次拆分，"品"三次拆分）。以上拆分都是按理据，依组合层次的反向进行的。而且每

---

① 王宁：《汉字构形理据与现代汉字构件拆分》，载《语文建设》，1997（3），第 4—9 页。

层拆分，都可产生一种新的理据的讲解。

2. 有些现代汉字因为构件的形体异化，理据无法直接讲解，但构件分合与字理没有矛盾，追溯其历史仍可见其理据。例如："赤"：原形从"大"从"火"，"大"异化为"土"，"火"异化为"亦"，但"土"与"亦"仍明显区别为相接的两个构件，参考字源拆分为"土""亦"，再分别以"大""火"的变体讲解，不发生矛盾。

"监"：原形从"目"从"人"从"皿"含"一"，"目"异化为"臣"，"皿"含的"一"（象征水）与"人"合为"个"，但这些构件都一一分离，仍可参考字源一次性拆分为"臣""皿""𠂉""丶"。

"亲"：原形从"木"，"辛"声，"辛"省形作"立"，但"立"与"木"仍明显分立，可拆分为"木""立"，再以"立"为"辛"的省减变体，理据即可完备。

以上拆分仍是以理据为分合依据的，是一种历史与现实一致的拆分。

3. 一部分现代汉字，构件的分合与构形理据是不一致的。这里又分两类情况：一类是理据应分而楷书交织黏合。以上所举"甫"字、"夬"形即属此类。另一类是理据应合而楷书分离。例如："冓"，原像交构连接之形，上下本不可分，楷书将上部与下部分别楷定，成为两个相接可分的部分；"朋"𦥑、𦥑，甲骨文像两串相连的贝串，小篆像鹏鸟的羽翅𦥑，都相连不能分，楷书以两个相离的"月"字构形。在这种情况下，服从字理便违背字形，服从字形又会与字理不一致。应从发展的观点出发，尊重现实字形进行拆分。

4. 一部分现代汉字，本为古文字描写性的隶定字楷化而成。它们的构形与意、源本是一致的。例如："东"，原是声借字，小篆释"日出东方"之意，将其形改造为"从日在木中"（東），依物象组合，"日"插在"木"中。"兼"，原取"以手握持两禾"之意。"本"、"末"、"夫"，均以指事符号插入意义符号之中。依理据分析，"東"的"木"与"日"可以分立，"兼"起码可以将"彐"（"又"的变体）抽出，但楷书"木"的树木形、"日"的太阳形、"兼"抽去"彐"后的两个"禾"形均已失去象物性，这种穿插结构的原因已无法解释，也应看作字形与字理矛盾，尊重字形来处理。

以上四种情况：1、2 两种属于有理据拆分，3、4 两种属于无理据拆分。在有理据拆分中，字形与字理是一致的，因此属于依形拆分。在无理据拆分中，字形与字理发生矛盾而采取尊重字形的原则，因此也属依形拆分。尽量尊重理据而不违背字形，其目的是尊重历史而不复古，立足现代而合乎规律，这样做，既维护了汉字的历史传承性，又维护了汉字共时的系统性，使汉字教学与汉字信息处理在符合规律的基础上取得一致。

（二）构形理据与构件归纳

对现代汉字的形体进行分析，是从个体分析到整体归纳，从而总结出现代汉字形体分析的方法和规律。这就需要把构件从不同的汉字结构中拆分出来之后加以整理，对相同的构件进行归纳，以利于对汉字结构的理解和掌握。对相同构件进行归纳必然存在相同构件的认同原则。在这一方面，也存在字形与字理的关系问题。

1. 一部分构件，属于既同形，又同源的构件，由于同源，

它们必然同意，如果是成字构件，又必然同音。例如：闭、闸、闻、问、闷……中的"门"，妈、玛、骂、骠、驴、驼……中的"马"，村、忖、尊、尉……中的"寸"，这些构件归纳为同一构件，在形源两方面都是合理的。

2. 一部分构件，同源也同音义，但由于书写部位及结构环境的变化，书写略有变异。例如"材"与"梁"中的"木"，"分"与"半"中的"八"，"情""思""恭"中的"心"。这类情况，形体相距不远的，可立独用字的字形为主形，其余按其变体归纳，形体相距较远的可以分立。

3. 一部分构件，同源而不同形，变异之后又与其他不同源的构件合流。例如前面所举的"火"在"然"中异化为"灬"与"鱼""燕"的尾部合流。在"赤"中异化为"亦"，与"亦"的下部合流。这些构件异化后的形体都与主形距离较远，按形归纳与按源归纳发生矛盾。在汉字教学中，为强调形与义的关系，应依源归纳，再指出异化的发展脉络；而在信息处理中，则宜按形分别归纳，再在归入的同形构件中说明来源。

4. 既有同源异形而与不同源构件合流的现象，也必然会有不同源而同形的现象。例如小篆字形中的"青"（顷）从"丹"，"服（𦨶）、前（𦨶）"从"舟"，"肘（门）、背（梅）"从"肉"，"朔（蠹）、期（蠹）"从"月"，楷化后均作"月"形而合流。又如同一"土"形，在"赤"中源于"大"，在"至"中源于"↓"，在"鼓茜"中源于"屮"与"豆"的上一笔接合。同样，在汉字教学中，应依源区分，再指出合流的发展脉络；而在信息处理中，则宜按形归纳，再在下一个层次中区别其来源。

把形与源（音义）放到两个层次中去处理，在汉字教学中以音义为纲、以形为纬，在信息处理中以形为纲、以音义为纬，目的是为了从现代的实际出发而尊重历史与传统。这样做诸多矛盾化解在不同层次、不同维度的摆布之中，使构件系统达到优化，从而有利于对现代汉字的形体进行合理的分析。

第二节　现代汉字的构字法

构形法侧重于体现现代汉字在构形方面由笔画到构件到全字的层级组合系统。构字法则侧重说明现代汉字由构件组合成全字时所体现出来的结构类型及结构特点。因为汉字是表意文字体系，结构是汉字的理据层面，所以通过汉字的结构分析可以得到汉字的构形理据，从而掌握现代汉字的意义。

一、现代汉字的构字分类

汉字的形体在历史发展过程中，是不断地发展变化着的，古今汉字的形体不同，字形结构的类型也有所不同。对现代汉字形体结构的了解，有助于更好地掌握和运用现代汉字。

汉字全字的构字单位是构件，构件在组合成全字的过程中是以不同的功能来实现全字的组合，构件的功能不同，其全字的结构类型就不同，以此来体现不同的理据。依据王宁的汉字构形学理论，构件在现代汉字中的功能体现主要有表义、示音、标示和记号，对理据字的结构进行分类，可以把现代汉字的结构分为七种类型：零合成字、标义合成字、标音合成字、义音

合成字、会义合成字、有音综合合成字（示音构件＋各类构件）、无音综合合成字（各类构件无表音）。记号字是理据丧失的字，排除在理据字的类型外，统称为记号字或半记号字。

（一）现代汉字"新六书"

除了王宁的汉字构形学对汉字结构进行的分类之外，目前在研究领域关于汉字结构类型还存在着其他一些分类方法。在教学领域，关于现代汉字结构类型的分类，影响较大的有苏培成提出的"新六书"。

从"新六书"的角度来看待汉字的结构，则把汉字的构字单位定义为"字符"。"字符"的概念是裘锡圭提出来的，他在其著作《文字学概要》中指出："文字所使用的符号称为字符。"并对"字符"进行了分类："各种文字的字符，大体上可以归纳成三大类，即意符、音符和记号。跟文字所代表的词在意义上有联系的字符是意符，在语音上有联系的是音符，在语音和意义上都没有联系的是记号。"① 苏培成认为现代汉字就是由这些不同类型的汉字字符的相互组合形成"新六书"，即：会意字、形声字、半意符半记号字、半音符半记号字、独体记号字、合体记号字。

1. 会意字：由两个或两个以上意符构成的字。会意字中的字符都是意符，没有音符或记号。例如"尘"由意符"小"和"土"构成，两个字符组合表示灰尘。又如"林"，由两个"木"构成，表示很多树木。

2. 形声字：由意符和音符构成的字。现代汉字的形声字从

---

① 裘锡圭著：《文字学概要》，北京：商务印书馆，1990年版，第11页。

内部结构看可分为意符和音符两部分。意符表示字的类属意义，音符表示字的读音，意符和音符组合构成形声字。例如"枫"是由意符"木"和音符"枫"组合而成，意符"木"同"枫"的意义相联系，表示"枫"是一种树木；音符"风"同"枫"的读音相联系。

3. 半意符半记号字：由意符和记号构成的字。苏培成认为这类字从溯源角度分析来看，有不少本来是古代的形声字，但是由于音符变形，已经不能表示现代汉字的字音，只能算是一个记号，而字义变化不大，则成为半意符半记号字。例如：布（从巾父声），音符父，已经不能识别，成为记号。

4. 半音符半记号字：由音符和记号构成的字。苏培成认为这类字大部分是从古代的形声字发展而来的，音符还可以比较准确地指示汉字的读音，但意符由于多种原因已经不能表示字的类属意义而变成记号。例如"究、泯、漠、职、织、僻"等，这些字的意符，因为所代表的语素意义发生了变化，古今意义形成了差别，不能表意而成为记号。

5. 独体记号字：由一个记号构成的字。独体记号字有的是古代的象形字和指事字，如"人、日、月、山、水、千、甘、上、下、本、口、面"等，有的是会意字或形声字简化形成的，如"及、办、币、开、了、丑、里、发、关、击"。这些字，从现代汉字的字形上看不出读音和意义，成为纯粹的记号字。

6. 合体记号字：由几个记号构成的字，字形上也看不出字音和字义，例如"舌、射、点、别、夸、忙、快、沙、法、这、笑、旧"等。比如"笑"，原来是形声字，指风吹竹子发出的声音，所以意符用"竹"，音符用"夭"，但现代汉字"笑"的意

义和读音与它的意符和音符都失去了联系，成为记号字。

（二）关于记号字

现代汉字的形体结构与古代汉字相比较，最大的不同表现在两个方面：一是汉字象形性消失，二是记号字增多。象形性消失说明汉字形体更加显示其符号化特征。记号字增多表明汉字构形理据的丧失。

例如："日"，在古文字的形体中是太阳的象形，而在现代汉字的形体中则完全符号化了，字形不再具有形象表意的特征。再如现代汉字"春"字的上部"夫"，是"萅"楷书化后"艹"和"屯"的黏连合并的结果，字形已经完全丧失理据，变为记号。产生现代汉字形体结构这两种特点的根本原因是为了满足汉字方便书写的要求所致。方便书写最有效的办法就是简化字形，简化字形的主要方法是书写方式的笔画化。例如：甲骨文字形的"鸡"（ ），就是一个"鸡"的象形，是用线条对鸡这种动物的形象进行摹画，形象表意的方式十分明显；现代汉字"鸡"的字形则由线条变为笔画，使古文字字体的个体形象表意风格完全消失。书写方式的笔画化必然导致字体风格的符号化，结果使汉字在表意方式上发生变化，即由个体形象表意转变为整体的系统表意，而整体系统表意方式必然会造成记号字增多现象的产生。

对记号字内涵的界定学术界的意见是一致的，即认为是理据丧失的字。所谓理据丧失是指汉字的形体不可解说，结构体现不了构字意图，而仅仅是汉字形体结构中的一部分，这种形体就是记号。由记号参构的字就是记号字，半记号字是指在字形结构中，部分构件理据丧失，部分构件理据尚存的字。但是

在对记号字的具体认定上，目前却存在较大的分歧，分歧产生的原因主要在于对理据存留情况的理解上。对现代汉字理据字的理解与确定目前有两种不同的观点，二者的分歧主要体现在是否关照汉字形体的发展历史方面。

苏培成认为："分析汉字的结构首先要区分溯源分析和现状分析。溯源分析是以这个字在产生时候的字形为对象所作的分析。如果这个字是汉代以前产生的，溯源分析就要追溯到它的古文字的字形。现状分析是以当前楷书规范字形为对象所作的分析。现代使用的汉字，其中的大多数是由古代的汉字发展变化来的，不过有些字变化得大些，有些字变化得小些。一个字不管它在造字时遵循的是什么字理，也不管它是怎么样从古代变化到现代的，只从当前楷书规范字形出发分析它的结构，就属于现状分析。对许多字来说，溯源分析和现状分析的结果是一致的。例如'从、休、库、吠'都是会意字，'裘、洲、枫、绒'都是形声字。可是也有不少字两种分析的结果并不一致。例如'人、手、山、水'，溯源分析是象形字，现状分析是记号字；'江、河、培、攀'，溯源分析是形声字，现状分析是半意符半记号字。如果不区分溯源分析和现状分析，用溯源分析代替现状分析是不科学的，得出的结论是没有什么用处的".[①] 根据这种认识，他把现代汉字的记号字分为三种类型："独体记号字"、"合体记号字"和"半记号字"，并分别指出其来源情况：

1. 半记号字

（1）"由于音符变形，或是不能准确表音，变成记号"。

---

① 苏培成著：《现代汉字学纲要》（增订本），北京：北京大学出版社，2001 年版，第 64 页。

现代汉字学基础教程

（2）"意符因不能表意而变成了记号"。

2. 独体记号字

（1）"独体记号字由一个记号构成。主要来自古代的象形字。由于形体的演变，古代的许多象形字已经不再象形。例如：日月山水手木心子女弓矢刀戈户舟。……这些字变成了记号，是说从楷书形体上已经看不出所像为何物，也看不出该怎么读音"。

（2）"有些独体记号字属于古代的假借字。这样的字经溯源也不能说明字形和字义的关系"。例如：我、方、而。

（3）"有些独体记号字来自古代的指事字"。例如：本、末、刃、甘。

（4）"有些合体字经简化后成为独体记号字"。例如：乐、龙、门、书、专。

3. 合体记号字

（1）"来自古代象形字，经过变化不再象形"。例如：鼎、龟、鹿、爵、舜、蜀。

（2）"有的来自古代的形声字，当这些字的意符和音符都失去了作用，就成为合体记号字"。例如：骗、特、氅、酥。

（3）"有的是简化字"。例如：听、头、杂。

（4）"有的来自古代的会意字"。例如：射、至。①

王贵元认为，就汉字演变的本质特征而言，"汉字的发展走的是由字形表示物象到字形表示词的音义的道路，早期的汉字，绘形的依据是物象，这就决定了汉字形体的不稳定，主要表现

---

① 苏培成著：《现代汉字学纲要》，北京：北京大学出版社，2001 年版，第 93—101 页。

232

为构件形体和合体字构件量的不统一，如表示'人'的形体或有头或无头、或有足或无足、或坐或跪或站，'逆'字或从止、或从彳、或从辵等，甲骨文就是如此，这是因为汉字构形时虽然面对的是物象，但是字形对物象的描绘不可能像素描一样全面逼真。象物性汉字的这种特征存在两个问题，一是书写费时，因为它是以描画来完成的；二是增加了释读的困难，实质上是汉字原始性的表现。决定汉字形体根本性改变的是形体表现的对象由物象变为词的音义，不表现物象则形体的象形失去了意义，字形即可由费时不便的描画变为方便快捷的书写，但由于汉字是记录语言的书面符号，只能渐变，所以这一过程是相当漫长的，经历了象形、亚象形到音义符号的过程，从金文到战国文字，特别是战国文字，部分形体虽然仍是象形的体态，但与所表示的物象本身已相差甚远，实际上已成了假象形，小篆更是这样，直到隶变才彻底祛除象形的痕迹，所以隶变的根本原因是汉字由表示物象到表示词的音义的变化。古今汉字形体的变化是渐变，是描画与书写的变化，所以古今形体间有对应关系，现代汉字仍是固定的形体表示固定的音义，因此古今汉字的转换是构形时表示物象（象形）到表示词的音义的转换，而不是表示物象（象形）到什么也不表示的记号的转换，是由原来物象的符号变成了音义的符号，也就是由形符变成了义符或音符，而不是由形符变成了记号，我们不能说独体字不象形就成了记号，就同不能说合体字的构件如'从''晴'等的构件是记号一样"。①

---

① 王贵元：《现代汉字字形三论》，载《语言文字应用》，2005（5），第30—31页。

可见，只有通过历史分析才能明确现代汉字形体的演变结果，反之就会把一个形体在独立成字时如"日""心"等当做记号，而当它们作为组成"晴""意"等字的构件时又当做义符，产生一个形体两种功能的不统一情况，这不仅影响对现代汉字结构的分析还会让人对此现象产生质疑："同样的形体，表示的也是同样的意义，怎么独用时是记号，构字时就成了义符？让人难以理解。譬如'日'，无论是单独使用还是参构其他字形，它的形体和它表示的'太阳'意义完全没有变化，怎么可以区别对待？再如'从'是由两个义符组成的会意字，'表示一个人跟随另一个人'，而'人'是记号……在由它重合的'从'中怎么能看出来是'一个人'和'另一个人'？"实际上，"从"中的"人"表示一个人，是以"人"表示一个人为前提的，"人"表示一个人的功能不应否认。"人"与"从"、"日"与"晴"等只是构件单独构字与参与构字的区别，是独体字与合体字的区别，而非形体及其表义功能的区别，不宜分为两类①。有鉴于此，在记号字的认定方面，只把参构形体通过溯源分析，证明理据丧失的字称之为记号字。如"寒"字的中间部分，是由小篆字形䆞的"䒑"和"人"两个构件无理混合而成的，超出了古今汉字形体由描画到书写的普遍对应规律，既与古构件不能对应，更不能表示任何音义，而成为记号。对于通过溯源分析，可以恢复理据的字，则不作记号字处理。对于现代汉字结构类型中，由古代的象形字发展而来的独体字一律看做是"全功能零合成字"，即在独用时是形音义俱全的独体字，作为

① 王贵元：《现代汉字字形三论》，载《语言文字应用》，2005（5），第30页。

构件时或以音，或以义，就可以避免独用时为记号字，参构他字时为音符或意符的矛盾。

对现代汉字结构理据的分析一定要参照历史，因为汉字发展的历史是持续的，尽管在构形方面古今存在着差别，但许多现代汉字在结构上仍保持着古代汉字的"传统"。对此王宁曾明确指出："传统，是历史的存在依时代的需要而传衍流变，它既与历史衔接，又与现代切合。对于任何一种文化现象来说，历史与现代不会没有矛盾和差异，也必然存在统一与契合的内在联系"①。正是因为"矛盾"和"差异"才使汉字向前发展具有了推动力，正是因为"契合"与"联系"才使对现代汉字的理解具有了基础和依据。因此参照历史的目的正是为了寻找现代汉字的构形理据；参照历史所认定的记号字数量远远少于不参照历史的记号字数量，其结果可以表明现代汉字的形体仍然大量保存理据，证明汉字仍然是表意文字体系。

二、现代汉字的结构理据

汉字由古文字圆转的线条变为今文字平直的笔画，使汉字便于书写的同时字形的象形性也随之消失，某些个体字符的理据已不再像原来那样具体鲜明，从而导致汉字构形理据的变化。但是，在汉字顽强坚持表意性的制约下，加上人们对汉字理据的高度重视，现代汉字的理据以一种有别于古文字的方式保留在字形结构之中。王宁在《汉字构形理据与现代汉字构件拆分》

---

① 王宁：《汉字构形理据与现代汉字构件拆分》，载《语文建设》，1997（3），第9页。

一文中从历史发展和现实状况两个方面对此问题进行了阐述①。

（一）从历史的发展看汉字的理据

隶书是古今汉字的分水岭，隶书这种字体萌芽于东周时期，经过一段时间的发展，到秦汉之际已经渐趋成熟。隶书作为今文字的开端，最重要的标志就是笔画的形成，其次在构形方面较之小篆的形体有所简化。由于书写的变化，隶书中相当一部分形体已经变得不合小篆的理据。造成这种情况的主要原因是由于过于注重书写的便捷，而一味强调字形简化的结果，这种情况在草书兴起后更加走向极端。从出土的居延新简来看，许多字的书写已经不见构件只见轮廓，甚至起、落、连、断一时都难以辨清，离开上下文极不易识别。但是尽管如此，汉字的构形理据并没因此而完全丧失。

从历史的实际用字情况来看，"正字"观念始终是汉字发展的主导方向，文字学家一直在用极严肃的态度恢复理据、讲求"六书"。例如隶书在严肃的表奏、对策、碑碣中，书写与结构仍有规律可循。楷书阶段的汉字，自觉规范的力度更大。通过汉字的发展历史足以说明在历代统治文化正字法的强化下，汉字得以大量保存理据；绝大多数通行字的字形与旧时理据保持着明确的对应关系。据已研究的测查结果表明，汉代碑刻文字经过归纳整理后，在一级拆分平面上，理据尚存者占91%左右，马王堆出土帛书传抄上古典籍的文字，去重、归纳、整理成字表后，个体汉字在一级拆分平面上，保留理据的占89%以上。唐宋时代由于强调正字，因此字形中保留理据的比例数更大。

----

① 王宁：《汉字构形理据与现代汉字构件拆分》，载《语文建设》，1997（3），第5—8页。

现代汉字形声字已达 90% 以上，义符的表义功能也较好地保留下来。这些都表明，现代汉字理据尚存，因此对现代汉字结构的分析不能随意拆分和讲解。

（二）从现实的状况看现代汉字的理据

现代汉字是指书写现代汉语的楷书字，它是历史的隶书、楷书直接演变而来的，但就具体字形而言，又是自甲骨文以来各代字形直接和间接积淀的结果。从这个角度说，楷书字形的溯源是不难实现的。但是，汉字字体对结构有直接的影响，楷化以后的汉字理据，不同于古文字阶段汉字的理据，而具有这一阶段的特点。在古文字阶段，作为构形基础要素的独体字和一部分表形的非字构件，大多是象形的，这些形体所具有的识别信息来自物象，因而能脱离字的群体而独立具有理据。例如，人们见到眼睛的象形符号"𦣝"而想到"目"，见太阳的象形符号"⊙"而想到"日"等等。当这些象形符号去组构其他字时，也常常以其象物性带给合体字以理据：古文字"𣊞"（旦）以日之初升状为理据，"𥄔"（监）以目之俯视状为理据。因此，古文字的理据是从基础构形要素开始，为每个字符独立具有，可以从具体的物象作为起点来解释的。汉字经过小篆的规整，到了隶、楷阶段，汉字的构形理据发生了五个方面的变化。

1. 象物性由淡化到消失

由于汉字形体的象物性由淡化到消失，使基础构件脱离了字的群体很难独立识别。因此现代汉字的构形元素，必须依靠组合和聚合，以群体作背景，方能显示其构意。如"包"（婴儿在襁褓中，义为包裹）、匊（两手捧着细碎的米，义为掬起）、旬（日子经十而一度循环，义为十日），都是在组合的另一构件

配合下，理据才能显现。而且，一个字尚不足以充分说明字形的理据，许多所从相同形体的字类聚后，方能体现形体理据之所在。这就充分表明现代汉字理据是以系统的方式保存的，因此分析现代汉字理据的方法自然需要通过系统的方式来进行。

又由于汉字是历史文化的积淀，早在产生之初，字形已与语素结合，而把语言意义承负为己有。在现代汉字中，这些失去象形意味的构件，不再以物象提供识别的信息与解释的依据，而是直接以其具有的语言意义和声音来提供所从之字的理据；如 "罒" 已失去网形，但却具有网意，成为网的变体而为罟、罾、罢、署……提供理据；"矢" 已不像一支箭，但却具有箭的意义，因而可以给矩、短、矮、矫……提供理据；"隹" 已失去短尾鸟的形状，但却从语言中承袭了 zhuī 音，因而可以给谁、椎、礁等字提供声音信息，等等。王宁把这种现象总结为象形构件的义音化。义音化以后的构件提供理据的功能，与它单独成字时记录语言的功能是一致的。对于那些不成字的象形构件，虽然仍有少数遗留，已经属于边缘现象，可进行个别处理。

2. 多构件黏合合并为一

经过隶变时构件的黏合，加上受行书连笔的影响，原来的古文字基础构形元素，产生了形体的粘连，有合二而一甚至合更多构件为一的现象，例如 "辶、共、西、更、退"，它们的小篆字形为 "𢌳、𦥑、𠥓、𣆅、𨓜"，在古文字的多构件合体字里，理据可以一直贯穿到最后一个层次，而在现代汉字里，理据大多保留在一级构件的组合中，越到后面的层次，保留理据的数量越少。后来的偏旁、部首分析法，就是适应现代汉字这一特点而产生的。对分析和讲解现代汉字，是有效的。

3. 不同形体因变异而同形

由于书写的笔画化，笔画趋于平直，"随体诘诎"的象形意味消失，一些原来形体与意义完全不同的独体字，作为构件进入构字时，发生形体异化，变为同形。例如"青"（青）从"丹"，"服（𦩁）、前（𣅶）"从"舟"，"肘（𦙮）、背（𦜺）"从"肉"，"朔（𣎆）、期（𣃁）"从"月"，楷化后均作"月"形而同形，在分析理据时，必须回归本形才能解释其理据。

4. 相同形体因变异而异形

与上述情况相反，原来形体与意义都相同的独体字，作为构件进入构字，由于部位的不同和受相邻构件的牵连，又异化为不同的形体。例如："蔚、光、然、赤、黑"，它们的小篆字形为"𤏡光𤏽𤆍𤎡"，都有构件"火"，而在现代汉字中其中的"火"分别异化为："小、灬、灬、**亦**、土"。在分析理据时，需要把它们理解为"火"的变体，分别还原为"火"才能理解其理据。同源同意而异形、异源异意而同形，这种现象在各个阶段的古文字里都是存在的，是汉字形体在发展演变过程中普遍存在的正常现象，只是在现代汉字里这种现象的数量较之古文字有所增多。

5. 理据丧失

由于现代汉字的简化与笔画的形成，在仍保留理据与理据的可分析这两种情况之外，确实有一部分形体是既不保留理据，又由于字形与意、源发生矛盾而难以重现理据的。例如："甫"小篆字形为甫，原从"用""父"声，"父"即"斧"的古字，斧标志权力，所以"甫"是男子的美称。在小篆中"父"与"用"已相交合为一形，无法分析；现代汉字除一点离析于外，

其余部分已成为非字，"男子的美称"这一本义也已成为不用的古义，"甫"在现代汉字构字时又多作声符，难以归纳出意义，"甫"的理据遂完全丧失。再如"春"小篆的字形为舂，原像两手（収）捧杵（午）在臼中舂米，是一次性合成的四构件字。隶变、楷化后"午"与"（収）"黏合成"夫"，本身是非字构件，不具音、义，又不能再进行拆分，无法分析理据。再加上"夫"与"春""泰"的上部同形而不同源，归纳造意也不可能，理据于是全部失去。

以上举例中，"甫"自身的理据难以再现，但它已经成字，承袭了语言的音与义，再用它构字时，仍可承担表音表义作用，重新带给所构字以理据。而"夫"却仅是非字构件，音、义全无，完全与语言脱节，成为真正的"记号"，使之所构字失去理据，并且不能再重现理据。这种理据丧失的情况，在历代古文字中都存在，致使有些古文字字形的造意至今难以考察清楚，不能彻底识别。而在隶、楷阶段，由于字形演变繁复，积淀的情况过多，数量较之古文字有所增加。

综合以上五点可以总结出现代汉字保留构形理据的实际状况是：（1）现代汉字的理据是依赖总体的构形系统而存在的，也只有从总体的构形系统出发来综合考察，才能得到完满的解释。（2）现代汉字的理据是历史文化的承袭，只有参照其历史来源，才能作出准确的判断。（3）现代汉字丢失理据从而游离于构形系统之外的现象是存在的。

本章小结：现代汉字是古代汉字发展而来，在形体上与古代汉字既有联系又有区别，汉字据义构形的方式决定了汉字是

表意文字体系，其构形是有理据的，现代汉字的理据体现虽然与古代汉字不同，但是其理据是存在的。结构类型与古文字有所不同。

思考与练习题：

一、简述现代汉字的结构特点。

二、现代汉字构形理据如何体现？请用实例加以说明。

三、现代汉字的结构类型有哪些？请举例说明。

第九章

现代汉字的应用方法

章节重点：汉字的正字方法；汉字的教学方法。

关键词：正字法　汉字教学

学习目标：通过了解汉字的作用，明确现代汉字的正字意义，达到更好地使用现代汉字的目的。识字是终身的任务，学习汉字教学的方法，明确掌握现代汉字的学习方法。

教学要求：明确什么是现代汉字正字法，汉字正字法的作用，正字意识的培养与训练，规范使用现代汉字的状况。

1. 了解：什么是现代汉字正字法。

2. 熟悉：汉字正字法的作用。

3. 理解：汉字教学的意义。

4. 掌握：规范用字及有效学习现代汉字的方法。

学习导航：在了解汉字作用的基础上，明确正字法在现代汉字运用中的意义，以正确使用汉字；明确汉字教学的作用和意义，在了解汉字教学方法的前提下，掌握学习汉字的有效方法。同时利用音像教材、网络多媒体课件（课程）、网络平台资源和面授辅导，有效地学习和掌握本章的重点内容。

现代汉字应用的体现是十分广泛的，有应用就必然要进行规范，规范是为了更好的运用。规范的方式可以通过政策实施，也可以通过教学手段。

第一节　现代汉字的正字法①

汉字是在不断演变和不断规范的矛盾中加以运用的，汉字的社会交际职能要求文字形体固定，要求文字的统一和标准化，用正字法来限制它的变异和不规范。可是，汉字在人们的使用过程中，又不可避免地会突破正字标准的约束，在一定程度上使汉字体系发生变化。有些变化是合理的，符合汉字发展趋势的，有些变化则是违反汉字规律、破坏汉字系统的。在这种情况下，社会又不得不重新确立正字法的标准。因此，不同的历史阶段具有不同内容、不同标准的正字法。确立汉字的形体标准，是一个历史范畴，但不是永恒不变的。

一、什么是现代汉字正字法

文字必须具有全社会统一的规范和标准，只有这样，文字的使用者才能按照规范和标准去使用文字。因此，现代汉字的正字法主要体现在规范现代汉字的写法和使用方面。它是指对现代汉字的形体标准和使用规范进行确定的法则，如对现代汉字错字、别字的纠正；对简体字、淘汰异体字的规定等。每一

----

① 本节内容主要参用王立军、宋继华、陈淑梅著：《汉字应用通则》，沈阳：春风文艺出版社，1999年版，第170—213页。

时代的汉字都有社会普遍认同的统一标准体，之所以侧重在汉字形体的书写与使用的规范方面，是因为汉字是表意文字体系，汉字的构形反映构意，形体是汉字的本质特征，确立汉字统一的标准形体，是汉字规范化的基本要求，目的是最大限度地发挥汉字的职能。新中国成立以后所确立的正字标准是传承字和简化字。"传承字"是指从古至今一直延续下来未经简化的字，如"田、地、人、手、足、比、也、洗"，等等。在社会通行字中，古今传承字占有相当大的比例。

二、现代汉字正字法的内容

为了正确使用现代汉字，首先要明确现代汉字正字法有哪些具体内容和具体要求。

（一）简化汉字的形体，确立简化字的正字标准

"正字"的观念古已有之，历代所谓的"正字"，主要有两个标准：一个是经典传承字，一个是《说文解字》所收之字。经典传承字大都被收入《说文》之中，因此二者属于同一系统。《说文》是经过专家规范的汉字系统，是为解释经典而作的，所选字体大都是保存理据较为完整、笔画较为繁复的字形。但是对于汉字的书写职能而言，要求字形简便、书写快捷，这就使得方便书写成为汉字发展始终不懈的追求。

新中国成立后在正字方面最重要的工作就是简化汉字，汉字的这一发展趋势是由其社会功能所决定的。汉字是因义构形的表意文字，其形体直接携带着意义信息。

首先，当人们根据意义为词或语素制定视觉符号时，总是与造字者的具象思维相联系，抽象性不可能很强。文字符号遵

循着"分理别异"的原则，保持符形的区别度。所以，表意文字个体字符丰满而繁难，在它的早期往往不可避免。

其次，表意文字的特点是形义统一的，作为词义却是语言要素中变化最快、最迅速的。词义的增加和改变会直接推动汉字的孳乳和字形的变化。汉字如果坚持表意，汉字的数量必然会越来越多。但是，汉字字形的繁化阶段在文字的使用范围日益扩大以后，便必然要结束。因为，文字职能的发挥，是由书写和认读这两个不可缺少的环节组成的。就认读而言，人们希望符号形象丰满、易于识别；就书写而言，又总是希望符号简单固定，便于书写。追求形象丰满，往往会增加符形的繁难，不符合书写的要求。特别是当字符数目激增，数量超过了人们的记忆负荷之后，符形的繁难就更难被广大的使用者接受。为了克服数量激增和造型繁难这两个尖锐问题，作为表意文字的汉字必然要遵循以下两个规律进行发展：

第一，在易写与易识的相互矛盾中，个体字符要不断调节造型，使其简繁适度，达到优化的标准。也就是说，在保证必要的表意性和区别度的前提下，最大限度地减少构件和笔画数。

第二，在新词新义大量增加、字符数量不得不随之增加的情况下，不断地规整基础构件与基本构字方式，使文字的总体构形系统日趋完善与简化。

汉字在历史上经过多次的人工规范，例如李斯对小篆的整理，东汉对隶书的整理，南北朝、唐代对楷书的整理，其中最彻底、最系统的一次是东汉许慎对前代小篆体系的人工整理和规范。每一次规范，对前代文字来说，都是一次系统的简化。小篆是对大篆的简化，隶书又是对小篆的简化。自《说文》对

汉字的结构体系进行规范之后，汉字的结构体系基本定型，汉字的系统简化减缓，但是个体字符的简化从未停止过。进入 20世纪以来，社会上出现了更多的简体字。同时，许多以普及文化、开发民智为救国手段的知识分子，开始收集、研究和提倡简体字，并提出各种简化方案。较有影响的有：1921 年陆费逵的《整理汉字意见》、钱玄同的《减省现行汉字的笔画案》。陆氏提出了整理汉字的办法：限定通俗用字，减少汉字笔画；钱氏则主张把简体字广泛应用于一切正规的书面语。此后，出现了一批收集整理简体字的专书，如钱玄同、李家瑞的《宋元以来俗字谱》（1930），杜定友的《简字标准字表》（1934），钱玄同等的《简体字谱》（1935），容庚的《简体字典》（1936），等等。在文化界进步人士蔡元培、邵力子、郭沫若、郑振铎等人的积极倡导下，简体字成为一些正式报刊的用字。在简体字运动的推动下，1935 年 8 月，国民政府教育部正式公布了《第一批简体字表》。这是历史上由中央政府公布的第一个简体字表。但是，由于顽固守旧势力的阻挠，简体字表又被通令收回。这个字表虽然短命，但对社会上应用、流行简体字仍然产生了很大的作用。

综上所述，新中国成立后开展的汉字简化运动具有广泛的社会基础，是适应汉字系统发展的趋势、顺应历史潮流的正确举措。

新中国成立以后，党和政府立即着手组织专家对汉字进行有计划的简化。这次简化工作的总原则是："约定俗成，稳步前进。"约定俗成，是指在社会习惯的基础上，因势利导，尽量采用已经流行的简体字。具体做法是：在过去汉字简化的基础上

进行简化，首先整理、研究和肯定在群众中长期而广泛流行的、已经社会化了的简体字，对此只作必要的修改和补充；简体字的选择以最常用的为限，不是对每一个繁难的字都简化。稳步前进，是指对需要简化的字分批进行，不一次解决，也不一次推行。这样做既符合社会需要，又有群众基础；既便利初学者的学习，又照顾已识字人的习惯，从而保证简化字得以顺利推行。

简化汉字的具体操作方法为：

1. 保留轮廓，减省笔画。即省去原字中繁难的部分，只留下轮廓部分。如：

伞——伞　　樹——树　　齊——齐　　齒——齿
龜——龟

2. 以点代面，减省构件。即选取其中的一个构件来代替原字，省去其他构件即以部分代全体。如：

聲——声　　開——开　　醫——医　　與——与
寧——宁

3. 声符义符，以简换繁。即用构形简单的声符或义符替换原来的构形繁复的声符或义符。替换义符的，如：

願——愿　　鹼——碱　　骯——肮　　貓——猫

替换声符的，如：

纖——纤　　劇——剧　　擁——拥　　藝——艺

4. 就地取材，草书楷化。即将已经社会化的草书字的笔形楷化，作为规范字。如：

書——书　　貝——贝　　車——车　　專——专

5. 偏旁改造，符号替换。即用一个笔画简单的符号来替代一个或几个笔画繁难的偏旁。这个符号只起替代作用，没有表义或示音功能。如：

雞——鸡　　對——对　　歎——叹　　區——区

6. 全面改造，另造新字。有些字不便简化，亦不便以同音字替代，就另造新字。这些新造的字有两种情况。

（1）新造字为会意字和形声字。新造字为会意字的，如：

塵——尘　　寶——宝　　體——体　　竈——灶

新造字为形声字的，如：

驚——惊　　態——态　　郵——邮　　審——审

（2）新造字为纯粹的符号。如：

隻——只　　義——义　　頭——头　　萬——万

7. 古为今用，弃今用古。即抛弃现用字形，采用古字来取代今字。如：

雲——云　　捨——舍　　鬍——胡　　電——电

8. 同音合并，两个字共用一个字形。即借用结构简单的音同或音近的字，来替代结构繁复的字。采用同音替代简化法的前提是：借用字与被借用的字，其中有一个必须是罕用的僻字，借用以后不至于发生意义的混淆。这种方法如果选字得当，既简化了笔画，又精简了字数；但这种情况却成为新的假借字，与汉字的表意性相悖，字形既不表音也不现意。如：

谷（山谷）、穀（穀物）——谷

后（君主）、後（前後）——后

强（虫名）、彊（彊弱）——强

胜（腥臊）、勝（勝任）——胜

9. 偏旁类推。即用简化偏旁或可作偏旁的简化字，来替代

合体字中的同形构件，类推出一批简化字。如：

寧——宁 擰——拧 獰——狞 嚀——咛

类推简化是汉字简化最重要的方法，简化率极高。这是因为，汉字的构形系统以形声字为主体，具备了成批类推简化的条件。绝大多数简化汉字都是类推简化出来的。

上述简化的原则和方法不是凭空想出来的，而是在研究、总结前人简化汉字经验的基础上提出来的。虽然简化过程中有一些具体操作方法还存在一定的不足之处，但其成就是主要的，大方向是正确的。简化字的正字标准依据国家语委于 1986 年 10 月 10 日重新发布的《简化字总表》中规定的字形为准。

（二）整理异体字形，确立正字标准

异体字是指结构不同而音义完全相同，具有相同的记词功能的一组字。汉字自古以来就存在着异体。异体字的存在造成了一字多形，增加了学习和使用的负担，影响了汉字职能的有效发挥。随着汉字使用范围的日益广泛，要求不断提高规范化程度。整理异体字，有利于减少字数，逐步消除字形混乱现象。因此，全面整理异体字便是汉字正字法的重要内容。新中国成立初期，在简化汉字的同时，有关部门立即着手整理异体字。

这次整理异体字本着两个原则：从俗和从简相结合，照顾书写方便。"从俗"是指选择应用较广的字，废除较生僻的字。例如：

选用的规范字：村 乃 奔 杳 冰 筒 拖
废除的异体字：邨 迺 犇 愙 氷 筩 拕
"从简"，就是保留笔画较少的，废除笔画较多的。例如：
选用的规范字：采 笋 你 志 挂

废除的异体字：採 筍 妳 誌 掛

如果从俗和从简不能兼顾，或繁简相差无几，则以从俗为主。例如：

选用的规范字：耻 考 阔 游 够 同

废除的异体字：恥 攷 濶 遊 夠 仝

有左右和上下结构的异体字，为了便于书写，一般选用左右结构的字作为规范字。例如：

选用的规范字：峰 群 棋 晰 略 鹅

废除的异体字：峯 羣 棊 晳 畧 鵝

只有少数的几组，因为大众习用，仍选用上下结构的字作为规范字。例如：

选用的规范字：蟹 幕

废除的异体字：蠏 幙

"从俗"符合文字的社会性，"从简"符合文字发展的主要趋势。因此，这两个原则基本上是正确的。哪些是正字，哪些是被淘汰的异体字以《第一批异体字整理表》中的规定，结合1986年10月10日重新发表的《简化字总表》的说明以及1988年3月25日国家语委与国家新闻出版署《关于发布＜现代汉语通用字表＞的联合通知》中的规定为准。

（三）整理印刷体字形，确立印刷用字形体规范

整理印刷体字形，主要是对异写字进行整理。异写字是指构字构件相同，而写法不同的一组字。在字形整理之前，汉字的楷书印刷体中，存在着许多字形不统一的现象，即同一个字，在不同的出版物中，写法多有出入。有些字在不同的旧字典中，形体也不一样。例如，青——靑。这种异形，主要是由于书写

造成的异体，因而是异写字。异写字的存在，使得部首、笔画、四角号码等汉字排检法都遇到许多不易解决的难题。印刷体的混乱现象同样也影响到手写体，给人们学习和使用汉字增加了负担。同时，汉字信息的计算机处理技术也需要汉字字形的标准化。为了适应出版业的发展，减轻社会学习和用字的负担，使汉字更好地适应信息处理科学技术的进步，整理印刷体字形，实现汉字字形的标准化已是非常迫切的现实问题。为此，中国文字改革委员会和文化部联合对印刷体字形进行了整理。这次字形整理的总原则，仍然是"从简从俗，便于学习和使用"，具体操作原则，主要有：

1. 笔画繁简不同的，选用笔画简省的。如：

选用的规范字：吕　　黄

废除的异写字：呂　　黃

2. 笔画有连、断不同的，选用笔画连接的。如：

选用的规范字：鬼　　免　　草

废除的异写字：鬼　　免　　草

3. 笔画有中断与延伸不同的，选用笔画延伸的。如：

选用的规范字：角　　灰　　蝇

废除的异写字：蔀　　壶　　艬

4. 笔画有短长之别者，选用笔画缩短的。如：

选用的规范字：丑　　亏　　周

废除的异写字：丑　　亏　　周

5. 起笔笔画有撇横之别的，选用横笔的。如：

选用的规范字：丰　　刊　　忝

废除的异写字：丰　　刊　　忝

6. 起笔为点的，一律写侧点。如：

选用的规范字：户　永

废除的异写字：户　永

7. 笔画有直笔和折笔之别的，选用直笔。如：

选用的规范字：吴　直　普

废除的异写字：崗　喬　櫟

8. 笔画有八、丷之别的，选用从丷的。如：

选用的规范字：关　肖　平

废除的异写字：关　肖　平

从以上操作原则可以看出，印刷字体的整理原则，在保证"从俗"、"从简"的前提下，尽可能地考虑到书写的方便，如"直笔"、"侧点"、"丷"笔形的选择等规定，减少了写错字的几率。印刷通用汉字的字形规范用字以1965年1月公布的《印刷通用汉字字形表》为依据。

（四）地名用字的规范

主要方法是改换生僻地名用字。我国幅员广阔，许多地名用字地域性很强。这些字在当地属常用字，但在全国范围内是生僻的，其中还有一些字笔画繁复，书写不便。这种状况，给人们的社会交往和信息处理造成了障碍。同时这些字的存在，给计算机的汉字输入造成了困难，也在邮电传递上发生错误。因此，从1951年12月19日发出更改地名用字的指示开始，到1964年止，国务院批准35个县级地名中的生僻字改用为常用字。这些生僻的地名用字，有的难认或容易读错字音，例如：雩都县改为于都县，新淦县改为新干县，盩厔县改为周至县；有的笔画太多，例如：鳛水县改为习水县，醴泉县改为礼泉县，

等等。

1987 年 3 月 27 日，国家语委、中国地名委员会、铁道部、交通部、国家海洋局、国家测绘局联合颁发了《关于地名用字的若干规定》的通知，对地名用字规范作了新的规定，要求"地名的汉字字形，以 1965 年文化部和中国文字改革委员会联合发布的《印刷通用汉字字形表》为准。

（五）整理计量单位名称用字的规范

1959 年，国务院发布了《关于我国计量制度的命令》，纠正了一种术语表示两种计量单位的状况，废除了一些特殊汉字，如："瓩、糎"等，对改变名称计量单位用字的混乱状况起到了积极作用。但是，计量单位名称用字仍有混乱现象。如在书面语中，"盎司"与"温斯"并存，"唡"存在着 liǎng、yīng liǎng 两种读音；还有一些复音字，如"吋"读 yīng cùn，等等。

1977 年 7 月 20 日，国家文字改革委员会和国家标准计量局颁布了《关于部分计量单位名称统一用字的通知》。《通知》要求，所有出版物、打印文件、设计图表、商品包装，以及广播等，均采用"附表"中选用的计量单位译名用字，停止使用其他译名用字。《通知》所附的《部分计量单位名称统一用字表》，废除了一字双音即复音字如"哩"、"呎"、"吋"，它们所指称的计量单位，分别改用"英里、英尺、英寸"。

关于现代汉字的正字标准以《现代汉语通用字表》为依据遵照执行。此表是全面体现新中国成立以来正字工作成果的字表。该表于 1988 年 3 月 25 日由国家语委和国家新闻出版总署联合发布，共收字 7000 个，是国家公布的最新的规范字表。它规定了每个字的规范字形，包括笔画数、笔顺和笔画构件的组合

结构。这个表体现了《第一批异体字整理表》、《简化字总表》、《印刷通用汉字字形表》等重要字表的基本内容，吸收了各个字形规范化字表的精华，并作了某些合理的调整。因此，此表可作为国家正字工作的主要标准。语文出版社出版了《现代汉语通用字表》一书；几个字表可参看该社出版的《语言文字规范化手册》。前三个字表凡与《现代汉语通用字表》不符的，均以后者为准。

三、规范现代汉字的方法

汉字正字法的目的就是为了使人们在使用汉字时有标准可依，由于正字法是重在字形，因此正字法的作用主要体现在汉字的书写规范方面，即书写汉字的形体要符合现行正字法规定的标准。要想充分发挥正字法的作用，就必须在汉字的书写和使用方面进行规范，规范汉字的方法有：

（一）规范字形书写

字形规范是书写规范的总体要求，写出来的字形要符合现行汉字的字形规范。正字法的作用是要求人们能够在书写方面做到：

1. 不写繁体字

除特殊场合，如古籍整理、书法创作、海内外或外籍人士题字等，其他场合要写规范的简化字。现行汉字的正字是规范的简化字，以 1986 年国家语言文字工作委员会等单位颁布的《简化字总表》为标准，1977 年公布的第二批简化字已经被废除，在公共场合应停止使用，同时，不要乱造简化字。因为简化字从 1956 年《汉字简化方案》的公布，到 1964 年《简化字

总表》的出版，可以说简化字已经推行了四五十年，现在 50 岁以下的人，学的都是简化字。简化字和繁体字之间虽说不是两种对立的文字体系，但也不是简单的一对一的关系，简化字并没有对所有汉字都进行简化。对这种情况不了解，随意进行繁简转换，就会出现繁简用错的情况。例如：简化字"发"对应的繁体字有两个，一个是"髮"一个是"發"；头发的发是"髮"，发出、发财是"發"，不明情况就有可能用错。同样"获"也对应着两个繁体字"猎获"的"獲"和收获的"穫"；"钟"对应着"鍾"和"鐘"，转换时都需要加以注意，才不至于用混。对于同音字形合并的情况就更要注意了，表示"穀物"时，"谷"才可以转换做"穀"，表示"山谷"、"河谷"时是不能转换的，因为"山谷"的"谷"本身就没有简化。需要说明的是，繁体字在现代汉字中属于不规范字用字，但繁体字并不是错别字。现代汉字的规范字是"简化字"，在现代社会使用汉字需要运用规范的简化汉字，在识字教学中教给学生简化字是现行的规范汉字，繁体字在现阶段是不规范汉字，在一般的书面交际中不应该使用，但是不使用并不等于"消除"，在一些特殊场合还是需要使用繁体字的。

2. 不写异体字

凡是《第一批异体字整理表》中淘汰的异体字，都属于不规范汉字，没有特殊需要不应在社会书面交际中使用。

3. 不写旧字形

新旧字形的界限是以 1964 年公布的《汉字印刷通用汉字字形表》为准的。本表所收字形为新字形，此前的与此表字形不符的为旧字形。这个字表不仅是印刷字形的规范，同时也是手

写体的字形规范。每个汉字的使用者都应该写规范的新字形，不写旧字形，坚决消灭异写字。

4. 杜绝写错字和写别字

错别字是错字和别字的总称。错字，是指写的不是字的"形体"，指随意增简字的笔画、写错字的偏旁构件、写错字形结构，从而造成错字。写错字，大都是由于对汉字的笔画安排和结构形式辨别不清，记忆不准造成的。例如：把"武"字的右偏旁写成"戈"，把"冠"上面的构件"秃宝盖⼍"写成"宝字盖宀"，把"创"的声符"仓"写成"仑"。另外《简化字总表》所不载的简化字都属于错字。别字，是指不合规范的替代字，或叫白字，是指本应写甲字，却写成了与甲字的意义毫不相干的同音或形近的乙字。写别字的原因主要是：

（1）两字音同或音近

例如："刻苦"写成"克苦"

"诡辩"写成"鬼辩"

"贡献"写成"供献"

"布置"写成"部置"

"自暴自弃"写成"自报自弃"

"不卑不亢"写成"不悲不亢"

"英雄辈出"写成"英雄倍出"

"称心如意"写成"趁心如意"

（2）两字字形相近

例如："证券"写成"证卷"

"派遣"写成"派遗"

"痰盂"写成"痰盅"

"暧昧"写成"暖昧"

"针灸"写成"针炙"

"鞭笞"写成"鞭苔"

"病入膏肓"写成"病入膏盲"

"驰骋疆场"写成"驰聘疆场"

"刚愎自用"写成"刚复自用"

"别出心裁"写成"别出心栽"

"鬼鬼祟祟"写成"鬼鬼崇崇"

"惴惴不安"写成"揣揣不安"

（3）两字音同音近且字形亦相近

例如："姿态"写成"恣态"

"摧毁"写成"催毁"

"提纲"写成"题纲"

"妨碍"写成"防碍"

"惩前毖后"写成"惩前毙后"

"痴心妄想"写成"痴心忘想"

"焕然一新"写成"换然一新"

"明辨是非"写成"明辩是非"

虽然错别字是汉字使用过程中的一种常见现象，具有普遍性，但是它又出自个人行为，上面的内容仅仅是举例的方式，并不代表这些字只要出现错别字就一定如此，在此只是分析说明错别字产生的原因有上述这些情况，至于怎么错的，用白了哪个字则因人而异。总之错别字的存在妨碍人们准确地表达思想，影响书面交际。其中，别字的危害更大一些。写了错字，还有可能使对方"猜"出作者所表达的意义，因为毕竟有正字

的轮廓在，如"武"、"冠"，多加一撇或多写一点，人们仍能看出是哪个正字的错写；即使错的面目全非，只可能使读者不知所云而已，发生误解的可能性不大。而写了别字，则会造成对书面意义的误解，误解比不解危害更大。汉字是表意文字，是以形别义的；形体的不同，代表着不同的意义。因此，写了别字，往往会因一字之差，意义全变。就字形结构来说，错字与别字不同；但从记录语言的功能上来说，二者都属于错字。别字可以说是相对的错字，是由于书写者把它的记录功能搞错而产生的错误，用在甲语境中是错的，用在乙语境中可能是对的；错字是绝对的错字，在任何语境下都是错的。由于错别字的存在是人们进行正常的书面交际的障碍，因此，必须消灭错别字，提倡按照规范的正字书写汉字，按国家规定的标准字形书写。

（二）避免写错字

避免写错字要从两个环节入手，一是构形要素，二是书写要素。构形要素包括构形构件和结构形式，书写要素包括笔形、笔顺和笔画。

1. 构形要素的规范

汉字是由数量有限的构件按照一定的结构模式构成的。从构形层次上来说，构件规范和结构形式的正确是两个不可忽视的环节。

（1）构件规范

构件是汉字的构形元素，许多错字都是由于构件（主要是义符）的书写错误造成的。特别是因义符形体相近而致错。汉字中有许多形近构件，例如：亻与彳、辶与廴、衤与礻、宀与穴、广与厂、日与曰等，这六组偏旁形体相近，是形近构件。

这些偏旁最容易混淆，在书写时出错。要防止将义符写错，最有效的方法是将义符与字义联系起来。汉字的义符，绝大多数是标明所构字的义类的，了解二者的意义联系，便不会写错义符。例如："礻"与"衤"："礻"（示），本义是祭祖牌位，《说文》中把它解作"天垂象，见吉凶，所以示人也"之义，引申有"神灵"的意思，做义符时便将这两种意义带入。凡从"示"之字皆与祭祀、神灵有关。"祸"、"福"，古人认为是"死生有命，富贵在天"，故字从"示"。"社"的本义是指土地神；"祟"的本义是指凶兆出现；"祠"的本义是指祭神之处；"祝、祷"的本义都是指同神说话，"祝"是祝愿，"祷"是祷告、祈祷，都是向"神灵"发出的心愿，希望借助神灵的力量来实现，故字皆从"示"。"衣"，作义符时带入的构意都是表示"衣服的本义，凡与"衣物"有关之字皆从衣不从示。例如，"初"的本义是"裁衣之始"，故从"衣"。"裕"，指衣食富足；"衬"，指内衣；"裤"、"裙"，皆为衣物；"袜"，指"足衣"；"襟、袖"，皆为衣物的某部分；故字皆从衣而不从示。

"宀"与"冖"："宀"甲骨文是房屋之形，故凡从"宀"者皆属建筑物或与建筑物有关的意思。如"家、宅、宇"等。"富"，屋里有粮仓；"字"，本义指"生孩子"，生子必在屋里；"宝（寶）"，家中有玉有贝；"宿"，止宿之处；"宰"，《说文》："罪人在屋下执事者"，即屋中的奴隶。

"冖"，由蒙头布巾的形象演变而来，本义为覆盖，所从之字皆与帽子、覆盖义有关。如冕、冒上部所从的构件是古"帽"字，即从"冖"得义。因此，冠，是一种帽子，上面不会有点；寇，本义是入"室"抢劫，上面必须有点。

"亻"与"彳"：二者虽皆称"人"，意义却迥异。与"行走"有关的字皆从"彳"，因为"彳"是由甲骨文道路的形象演变而来，如"行、往、径"都是指人走的路，"循"是顺着走，"御"是驾驶马车。与"人"有关的字皆从"亻"，因为它是由甲骨文的卫（人的形象）变来的。如"仇、仙、侮、倡、优、傀、偏"等等。

"广"与"厂"：广，本是房屋之形，所以从"广"之字皆与房屋有关。如："府"，指藏文书的地方；"废"，指房屋颓败；其他如"庐、庞、廊、庙"等都与房屋有关。

厂，是山崖的"崖"的古字，凡从"厂"之字皆与山崖、山石有关。如："厝"是指磨刀石。"崖、岸"上面的"山"都是后加上去的，原字形都从"厂"，与崖岩有关。

（2）结构形式规范

结构形式是指因构件摆放的位置不同而构成的结构样式。汉字的结构有左右、上下、内外三种主要的结构形式和其他几种次要的结构形式。在绝大多数汉字中，构件的位置是固定的。但是，构件摆放的位置，作为一种区别要素，在汉字体系中并不严密。主要有三种情况。

第一种情况是：构件摆放位置的不同，构成异体字。在有些汉字中，构件的位置没有区别意义的作用。例如：晰、鹅、群、峰、蛾都有左右、上下两种结构形式，构成意义全同的异体字。

第二种情况是：构件位置的改换可构成错字。有一些字，其构件的结构形式是固定的，不能随意改换；改换了结构形式，就构成了错字。例如，邻、融、鳞，是左右结构，把它们的构

件左右调换一下，就会变得不成字；遵，把"寸"拿到最下面，也会成为错字。

第三种情况是：构件的摆放位置不同，构成记词功能不同的字。在多数情况下，构件摆放的位置则构成区别意义的手段。即，构件的结构样式不同，就构成记词功能不同的两个字。例如：杏——呆　呆——杳　旮——旭　本——末，由于构件的位置区别意义的作用并不严格，因此给汉字的规范书写带来了一定的困难，在记忆、书写汉字时，一定要注意构件的摆放位置，防止写错字。

2. 书写要素的规范

书写要素包括笔画、笔形、笔顺。

（1）笔画

笔画是汉字的书写元素，是构成汉字字形的各种点和线。书写汉字是从形状不同的笔画开始书写的。因此，了解汉字的笔画是很必要的。现在的规范字体是楷书。汉字的笔画有一个重要特点，即多数笔画是直线形的。楷书的基本笔画共有五种，即点、横、竖、撇、折，其他笔画形式都是这五种笔画的变体。这五种笔画的走向和起止比较固定。楷书的基本笔画，在不同的字里和不同的部位上又有许多变化。这些变化了的笔画，又叫"发展笔画"，与"基本笔画"相对。掌握了基本笔画及其写法，发展笔画便很容易掌握。

汉字笔画与书写规范的关系：

第一，每个规范汉字的笔画是有定数的，书写时一定要注意不可随意增减笔画，否则就会产生错字。如："庆、驮"中的"大"字上加一点，便成为错字；"伐"字的最后一撇被减掉，

就会变成别字。

第二，每个规范汉字的笔形也是一致的，不能改变，否则就会出现错别字。例如："天"的末笔是捺，写成竖弯钩就成了"无"；"元"字最后一笔是竖弯钩，写成一个斜点就与"六"分不清了。

第三，相同形状的笔画在每个字中的位置是固定的，位置的改换，就成了不同的字，如：主——玉、庄——压，点的位置不同，就会构成不同的字；末——未、士——土，长横短横的不同位置，也同样构成不同的字。可见，汉字笔画与书写规范的关系是相当密切的。

（2）笔顺

由于绝大多数汉字是由多笔画构成的，所以书写时就存在下笔的顺序问题。这个下笔的先后规则就叫笔顺。掌握笔顺规则，目的是为了提高书写速度，避免写错字，并使汉字写得均衡漂亮。笔顺的规则大致有八条：

第一，先上后下。如：立、宝、辜、旦。

第二，先左后右。如：林、愧、陈、以。

第三，先外后内。如：用、匡、闷、匀。

第四，先中间后两边。如：办、小、水、承。

第五，先外后内再封门。如：圆、回、田、且。

第六，先横后竖。如：十、干、井、丰。

第七，先撇后捺。如：八、大、人、人。

第八，先横后撇。如：厂、左、有、万。

汉字的形体多样，因此有些字的笔顺也很特殊，可能有不符合上述规则的情况。在把字写得均衡规范的前提下，可以灵

活变通。遵照笔画规则写字，可以把字写得整齐端正。例如"匡"字，先写好外框，内部结构就容易安排了。"串"字，先把主体位置确定，再从中间穿过，便于把字写得均衡美观。

有些书法家出于某种审美的需要，可以不按笔顺规则书写。但对于一般的汉字书写行为，应尽量遵守笔顺规则。当然，笔顺规则不是绝对的，在书写一些笔画复杂、特殊的汉字时，可以不必强求一致，只要写着顺手，写出来字形正确、端正就可以。但是，总的运笔规则却是不能违背的，这就是：从上到下，从左到右，防止逆笔。因为有了逆笔，不可能把字写快写好。

（三）避免写别字

对于写别字，分析原因主要有两个：

1. 没有明白正字与别字的意义区别，致使二者错用。针对这一原因，需要加强语言文字知识的学习，提高语言文字的运用能力。

（1）掌握词汇学知识，了解词义系统，注意同音词的意义区别。搞清语词的意义，利用汉字的义符防止写别字。汉字是以形别义的，其中大部分是形声字。形声字的形旁即义符具有揭示词义特点、显示词义类别的作用。了解这一点，就不容易写别字。例如：

跋涉：指爬山蹚水，形容旅途艰苦。"跋"是指在山上行走，故从"足"，因此不能写成"拔涉"。"拔"是"拔草、拔树、选拔"的意思，故字从"手"。

裨益：补益，故字从"衣"，不能写成"婢益"。"婢"指女奴，故字从"女"。

代替：指替换，即以甲代乙，起乙的作用，故字从"人"；

"带"从巾，本义指衣带，不能写成"带替"。

啜泣：抽噎，即抽抽搭搭地哭，故字从"口"；"辍"，本义是车子中途损坏，引申有"中断"之义，故"辍学"用"辍"，而"啜泣"不能写成"辍泣"。

蓬荜生辉：使穷人之家增添光辉。蓬荜，是"蓬门荜户"，指蓬草、荆竹编成的门，借代指穷人家。这个成语为客套语，用以称谢别人的登门拜访，或称谢别人题赠的字画送到自己家里。蓬、荜属草木类，故字从"草字头"。有人把"荜"写成墙壁的"壁"，即因未明白语义而致误。

完璧归赵：比喻把原物完整地归还本人。"璧"是扁圆形中间有孔的玉，故字从"玉"，不能写成从土作义符的"壁"。

（2）充分利用汉字的表意性，掌握字形义关系，据义选字。纯粹因为字形相近而导致误写的情况不多，大多数错别字都是因为语音相同或者语音、字形皆相近而造成的。因此，在了解了语词意义的情况下，利用字形携带的意义信息对汉字的记词功能作出正确的判定，是避免写别字最重要的方法。

2. 由于不细心，对形近字的区别没有掌握而错写。许多书写者由于性格或书写环境的原因，会导致写字精力不集中等现象。所以，写字时要注意：

（1）要养成严谨的学习作风，态度认真地掌握汉字的形体，细心书写每一个字，不粗心大意。

（2）要弄清所要书写的词语应该对应的汉字，防止误写。

（3）对字形相近的字，要辨清汉字的结构，防止写错。

对于纯粹由于字形相近而致误的字，要搞清字形结构，防止写别字。例如：暧昧：指行为不光明，不可告人。如：关系

暧昧。有人将"暧"写成"暖",二字都从日,字形极近;但"暧"从日爱声,"暖"从日爰声。"暧昧"读 ài mèi,故字从"爱"声,不从"爰"声。病入膏肓:指病已无药可治。膏肓,古代医学称心脏下部为膏,隔膜为肓,认为是药剂不能到达之处。膏、肓皆指人体的部位,故字从"肉"(月)。肓,指眼睛丧失了视力,故字从"目"。"肓"常易被写成"盲"。驰骋疆场:驰骋,放开马快跑,故字皆从"马"。这一成语义为在战场上英勇战斗,所向无敌。有人将"骋"写成"聘",因形近而致误。

第二节　汉字教学[①]

现代汉字的正确运用有赖于正字标准的制定、有效方法的实施以及正字和规范意识的培养。在正字与规范意识的培养、训练方面,汉字教学不失为一种有效的方法与途径,尤其是在基础识字阶段进行正字与规范意识的培养与训练,效果会更好。汉字教学是现代汉字学必不可少的内容,怎样进行现代汉字教学,在教学过程中贯彻怎样的教育理念,是汉字教学必须思考和解决的问题。在现代社会汉字教学主要包括基础识字教学及对外汉字教学。

---

① 本内容主要参用王宁:《汉字教学的原理与各类教学方法的科学运用》(上、下),载《课程·教材·教法》,2002(10),第1—5页;2002(11),第23—27页。

一、基础识字教学

汉字的初始教育，即零起点的识字教育是在不同年龄段和不同领域进行的，以年龄段为分类标准，可以分为小学识字和成人扫盲两类。以领域为分类标准，可以分为学校教育、社会教育和自我教育三类，不论如何分类，小学识字教学都是汉字教育的正常开端。因此基础识字教学应在正字法的指导下，以科学的汉字学理论为依托，在了解汉字性质特点的基础上有计划、分阶段地进行。要做到这一点需要明确这样几个问题：

（一）识字教学应滞后于语言习得

汉字是记录汉语的符号系统，因此，必须依存于汉语，对语言来说，汉字符号是第二性的。字形是汉字的本体，而音与义是它从语言那里承负来的。汉字必须以自己的字形关联语音、语义才能称为"文字"，才有价值。完整的识字过程，是把汉字的形体和词语的音义全面联系起来，也就是把口语词转化为书面语词的过程。对目前一些零至六岁的婴幼儿早教认字班的做法，仅仅是孩子凭借声音或颜色、图形的多次重复挑出指定汉字的字片来，并不能算作真正意义上的识字。儿童对汉字字形的感受比对音义的感受强，对音的感受又比对义的感受强。因为，汉字是方块字，简单的字形容易引起儿童的视觉联想。例如："日"是一个构形很简单的字，看到这个字，会使儿童联想到窗户格、地板砖、双层抽屉、双层黑板等等，如果在这种联想的基础上，再加上实物、图形和经常重复的声音，是可以让儿童直接或间接把字形识别出来的。但如果不懂它的意义，只是认识形体，这不过是一种条件反射，跟认字完全不同。孩子

可以记住一个苹果、一块巧克力，因为苹果和巧克力与儿童的生活有关，凭借着儿童的经验，他会保留住这个记忆；如果一个没有意义的笔画组合与孩子的生活毫不相关，那么他就会很快忘记。意义的感受必须在亲自体验之后，意义与语音的结合是思维的成果，是与生活经验和理解分不开的。不同年龄的孩子有他们的心理词典，必须是他们的经验所覆盖、懂得意义的词语才能进入心理词典，汉字必须关联了心理词典中的词，才是"已识字"。就字形而言，"日"似乎很简单；但是，"日"是一个在儿童心理词典中组词量极少的语素，在现代汉语里又不能单用，类似"星期日"这样的词，单独把"日"抽出来，它的意义和文化内涵相当复杂，难以被儿童理解，所以，婴幼儿真正把这个字和它记录的词联系起来便无法做到。汉字字形与音义的结合绝不能超越儿童的语言能力，有形而没有与语音结合，有音形而不懂其为何义，这种纯粹的字形偶然过一过孩子的脑子，与他们看见一些不理解的图形一样，不能叫"识字"。

识字教育必须依赖于语言习得，识字教育的效果必然滞后于语言能力的培养，最多与语言习得同步，而无法超越语言能力。阅读能力是对书面语言把握的能力，培养这种能力不是汉字教学单独可以完成的，所以，识字教学一般应当与语文教育同时进行。写字比之识字，更有一定难度，不宜与识字同步进行，应当更滞后于识字。国家规定从小学一年级开始系统学习汉字。1996年6月1日，教育部开始实施《幼儿园教育指导纲要（试行）》。《纲要》在"语言"一项里规定了关于幼儿语言教育的内容，其中涉及文字教育的有两条："培养幼儿对生活中

常见的简单标记和文字符号的兴趣。""利用图书、绘画和其他多种方式，引发幼儿对书籍、阅读和书写的兴趣，培养前阅读和前书写技能。"这些规定进一步明确了识字教育的起点是小学阶段，幼儿园只是为小学识字教学做准备。这种准备分两个方面：一是心理上的，让孩子们建立对符号的兴趣，关注书写符号，逐步具有文字符号的意识；二是技能上的，"前阅读和前书写技能"应当指的是习惯书本上文字的横排、分行规则，懂得页码和翻页，学会利用图画了解意义，了解拿笔的手势和书写的姿势等。伴随着"前阅读和前书写"的技能训练，五至六岁的儿童也会多少认一些字和写一些字，但这是少量的，也不是学前教育的目标。

盲目提前识字年龄，不但无效，而且有害。认字超越了应有的语言能力发展，由于自发的联想，会把汉字的字形，与那些和语言无关的形象联系在一起。在孩子头脑里，与字形的关联物是随意选取的，因此，每次的联想都可能变化，加之这些字形没有与语言结合，没有使用的价值，那些假象是维持不了多久的，不仅如此还会产生不良后果。等到小学识字教学系统开始时，教师面对的已经不是清一色的零起点儿童，而是面对一些在学前接受过五花八门"婴幼儿识字"的学生，必然给未来的小学教育带来两种危害。首先是，孩子们上小学后受到的正规教育与以前存留的自发联想一旦冲突，必然产生思想的混乱，由于六岁儿童还不能准确表述自己联想的前后差异，这种混乱是不容易觉察的，因此危害更大。其次是，那些不合程序的识字操作和不合规范的识字内容会在无形中冲淡正确的识字教学，产生对教师实施正常小学识字教学的干扰，变成一种教

学的负效果。6 岁以前正是儿童语言发展的关键时期，也是他们积累生活经验、初步建立审美情趣的关键时期，在这段时间最好是充分训练语言能力和生活能力，这样才能为日后的识字教育打下良好的基础。

（二）表意性要求小学识字教学科学化

汉字虽然依存于汉语而存在，但是，它与汉语就符号体系而言，有着很大的差别，是不能混为一谈的。汉字是表意文字，它与拼音文字有性质上的不同。拼音文字属于音义统一的符号体系，这种体系与语言体系具有较多的一致性；而汉字是表意文字体系，这种体系凭借汉语语素的意义来构造自己的个体字符，属于形义统一的符号系统。在这种符号系统里，每一个汉字个体字符对汉语意义的依存关系比它对汉语语音的依存关系更为密切。汉字构形系统是形义的结合，汉语的词汇系统是音义的结合，所以，词汇按音或按义的聚合所显示出来的系统与汉字的聚合所显示的系统差距很大，是不同一的。人对任何一种符号的把握都要在达到整体系统认知后才能自如运用，所以个体字符要依赖整体系统。人对符号系统的把握是在个体符号积累基础上达到的，这种积累可以是无序的增多，也可以是在不断的梳理中达到系统化，但是，系统的内在联系必须在个体字符达到一定数量后才能显现，所以，把握系统的前提是要使个体字符的积累达到一定的数量。汉字教学在一定数量的积累之后，要依赖它的构形系统，利用字与字的关系加强联想，减轻记忆负担，建立构形规律的基本观念。汉字自身的规律是在个体字符形体类聚中存在并显现的。例如：在"妈""姐""姑""姨""姥""奶"这一系列汉字经过个别识读，积累到一

定数量以后，"女"与这些字的关系便会自然而然地显示出来，在"请""清""情""晴""静""精""睛"等字积累到一定数量以后，"青"与这些字的关系也会逐渐明朗。这种类似的关系不断增多，便使形声系统观念的建立有了初步的基础。但是，另一方面，汉字的功用是用来识读别人的言语作品和书写自己的言语作品的，也就是说，文字与语言的契合是在言语作品的环境里，也就是在字词组合的状态下存在的。用汉字记录的言语作品是以意义为组合依据的，在言语作品中，汉字的出现不可能依照构形系统的需要；言语作品的用字也不可能完全按照汉字的难易程度来安排，语言浅显，文字未必简易。在言语作品里，汉字的存在是无序的。因此小学识字教学要在两个矛盾中进行的。

1. 是个体字符与汉语的意义有紧密的依存关系，而构形系统却与语音系统、语义系统不完全一致。例如：

别撇灭，伴盼慢，宾贫民，蹦朋猛。

姐怯血，掘雀穴，今亲信，君群寻。

夹掐灯，教巧笑，见钱嫌，将抢象。

上面这三字一组是仿照《三字经》的做法，把同韵的字放在一起，而声母则按顺序依次排列，目的是集中学习汉语的声母和韵母。第一行的声母分别是 bpm，每一组的韵母分别是 ie、an、in、eng，看得出来，编写者是费了一番功夫的，还想把同韵的语音集合赋予一定的意义，以便于记忆，但是，由于言语意义的表达与同韵的语音集合是不可能完全契合的，所以，在这些集合里所显示的意义，基本上是非口语的，不通顺的，难以记忆的。如果说在这些集合里还能有

一些非口语的意义显现，那么，显现形体的构造关系就完全不可能了。

2. 个体字符的积累需要有序，依存的环境却是难以有序的言语作品。例如：

一二三四五，上山打老虎，

老虎没打着，见到小松鼠。

松鼠有几只？让我数一数，

数来又数去，一二三四五。

这是一首儿歌，就语言的儿童口语特点，内容的趣味性等方面来说，的确编写得很好，但若从识字教材来讲顾及先学前五个数字的需要，就难以照顾构形系统。因为中国数字的构形，"一、二、三"是一组，"四、六、八"是一组，"五、十"是一组，"七"与"九"自成一组。而且，这首儿歌中前五个数字是易学的，可是篇中的"虎""着""鼠""让""数"等字却都不是易学字。这说明汉字在教学方面需要做好教学方法、教学程序、教材编写等多方的协调工作。同时运用汉字学的科学原理在方法和程序方面使其科学化，小学识字教学是一个尖端的课题，在这个领域遇到的问题，需要大量的汉字学成熟理论作支撑，才能处理得当。

（三）汉字学习的层递性及速度

识字过程是一种掌握字的数量逐步累积的过程，每累积到一定的数量，学习者的认知规律和思维特点就要发生变化，速度的要求也要随之变化，认字的速度不是匀速的。如果把小学识字教学的对象设为零起点的对象，从初始的习得到掌握2500个常用字，可以划分为三个阶段：

1. 初期积累阶段，也就是突破零的阶段

在这个阶段，学习者把单字字形与语素或单音词联系起来，从而把握了它的音和义。由于没有任何系统可以依托，这些字的识别完全靠机械识记，而且是以对大轮廓的整体识记为主，不使用任何理性的分析。由于认字的量很少，无法实现组合，读音与明意只能是个体进行的。由于对笔画的感觉还没有形成，写字在这一阶段也不能大规模展开。这一阶段识字的进展一般是匀速的，快慢要由儿童的智力及学习兴趣决定。利用朗读以语音来强化字形与口语的关联和利用构图来显示字形与语义的关联，便成为两个重要的手段。增进识字的兴趣，往往是教学成功的重要前提。这一阶段难度最大，意义也最重大；因为这一阶段所识字的选定，直接影响下两个阶段教学的进展；这一阶段的合理与巩固程度，直接影响下两个阶段的教学效果。

2. 中期积累阶段，也就是识字量大幅度增加的阶段

在这个阶段，随着单字字数的逐步增多，字理的显现越来越明显，学习者很容易进入字理的归纳。在加以引导之后，汉字表意性的观念、形声系统的观念就会逐步产生。由于单字量的增多，已识字渐渐可以与双音词、简单的句子联系，在语言环境里，意义的掌握不断加深。汉字的表意性一显现，表意汉字与文化的联系也越来越明显，为汉字教学内容的人文性和趣味性创造了条件。在这一阶段，学生把口语转化为书面语，也就是阅读与写作的要求会自然产生。因此，写字教学必须也可以大面积展开了。由于单字数量的增加，同音字、同形字频率上升，字理在辨异中的作用显得格外重要。在这一阶段，把握字形的速度是不均匀的，有时出于深入了解意义或者辨析同音

字、形近字的需要，速度甚至会放慢。衡量这一阶段的教学效果，不能简单地以把握字形的数量和速度为标准，在总体数量达到一定程度后，重要的是看学习者在识别字形的同时依靠字理掌握意义的深入程度，看他们无形之中形成的关于汉字的正确观念的程度，看他们书面阅读和表达能力的提高程度。

3. 后期积累阶段，也就是识字的巩固阶段

在这一阶段，阅读和写作与单字的增加同步进行，识字进入字用阶段，形音义是并重的，新字的积累主要采用演绎的方法。在用字过程中，语言环境对汉字识别的作用日益增大，汉字在聚合中见其形义系统，又在组合中见其音义系统。到这一阶段，识字教学应当摆脱了困难，速度不断加快，也不可能是匀速的。

综上所述可以看出，速度和字形识别的数量不是评定小学识字教学各阶段成绩的唯一指标，在有些阶段，甚至不是最重要的指标，识字教学的最终目标应当是：

第一，积累一定数量的汉字，达到形音义全面把握。

第二，在符合汉字表意性、构形系统性的教学方法强化下，产生掌握汉字的科学方法，以达到不教而终身识字的目的。

第三，在对汉字有正确认识的前提下，强化民族文化意识，增进爱国主义情操。汉字教学成绩应当用这些综合目标来评价。

（四）识字的阶段性特点决定了教学方法的多元化

为了达到上述综合的目标，必须重视选择教学的策略和方法。汉字教学应当提倡教学方法与教学策略的多元化。多元不但是为了适应习得的不同阶段，也是为了对付汉字的复杂状况。汉字符号系统经过数千年的演变，情况相当复杂，不同的汉字

具有不同的属性。

构形属性包括：构件多少及放置、构形模式、构意清晰度（字理可见度）等。

书写属性、风格属性包括：书体、笔画等。

职能属性包括：记录语素是否成词、构字频度、构词频度、使用频度等。

这些属性都会影响识字教学的方法和策略，使用单一的教学方法，在不同的阶段采用同一种策略，是难以适应汉字的复杂情况的。没有一种教学法是适用于教学的各个阶段以及各种汉字字符的，也没有一种一元化的识字教学法是万能的、没有局限的。过去的一些被称作教学法的经验总结都是有价值的，它们属于不同的教学途径和不同的教学切入口，适用于不同阶段，彼此并无对立性，应当相互取长补短，自觉地综合使用，因地因时甚至因人而具体选用。教学特色值得提倡，但是，基础教育从总体看是一种科学，不同的教学途径和不同的教学切入口以及具体方式的选择所形成的教学特色，都要服从教育学与汉字学的规律，在基础教育里，应当强调的是汉字科学和教育科学的普遍性。

（五）识字教学科学理论的普遍性

汉字的本体结构是有规律的，识字教学的效果和速度都要遵循科学规律，只有按照规律进行教学，效果才是长远的，速度才是合理的，激发出的兴趣才是有益的，对于培养思维能力才是有功效的。汉字教学不但要注重教法，更要注重学理，也就是要遵循汉字自身的规律，接受科学汉字学的指导。根据汉字的属性来确定识字教学适应的字量、字表，特别是初期积累

的字表。

1. 根据汉字的使用频率确定小学识字教学总的字量和字表

频率是汉字的字用属性。个体字符的使用频率是不平衡的，汉字使用的频率随汉语词与语素使用的频率而定。汉字频率到一定程度，使用覆盖率基本不再上升。从下表可以看到汉字效用的递减律。

字种数	增加字数	合计字数	覆盖率
1000		1000	90.000%
1000	1400	2400	99.000%
2400	1400	3800	99.900%
3800	1400	5200	99.990%
5200	1400	6600	99.999%

既然汉字依使用字频降次排列，在 2400 个以后，效用的提高就已经不足 1%，那么，准确选择前 2400 字，就能使所识字发挥最大的效用。汉字的形体（包括异构字和异写字）经过数千年书面文献的积淀，已经多到 60000 字左右，每个人随着文化水平的提高，阅读量的加大，识字量会不断增大，所以，一个以使用汉字为文化教育背景的人面临着终身识字的问题。认识 2400 个字不是识字的终结，而是终身识字的开始。用现代高频字来作为识字的开端，并且通过这些字来学会识字的方法而达到终身识字的目的，是科学而高效的。因此，选择 2400 识字字表，尽量少学习效用不高的字甚至废字，是非常重要的。

2. 选择好初期积累字

提高教学质量的关键是选择好初期积累的字，也就是选择第一批字来突破"零"。这一批字必须是比较容易的，同时还应当是能够更有效地带动以后的学习的。确定这一批字必须根据汉字的属性，而且要根据汉字的多种属性综合确定。选择初期积累字的条件一般应当是：

（1）结构相对简单，即构件一般不超过两个。

（2）构意明晰度高，即不含理据丧失的记号构件。

（3）构字频度高，特别是作表义构件的构字频度高，有利于带动第二阶段的学习。

（4）一般先教书写自由语素的常用字，选择书写不自由语素的单字时，应同时选择经常与之构成双音词的另一个字进入初期积累字表。

（5）初期积累字对应的词应是6—7岁儿童口语中已经会说的，也就是音与义已经被学习者把握了的。

（6）适当选择虚词，以便组句。

要同时满足以上六个条件，必须运用汉字构形学所提供的汉字属性，包括构形属性、职能属性和字用属性，进行综合的择定。比较成熟的小学识字教学的初期积累字表目前还不多，这是因为6—7岁儿童口语词表测查不足造成的。

3. 依据汉字构形规律科学地讲解字理

如何依据汉字构形属性来讲解汉字，如果有人讲错了汉字，如何运用汉字构形学的原理指出他的错误所在，这也是教学中必须遵循的普遍学理。

（1）不可讲错构件的形音义。汉字是由构件组合而成的，

每一个组成字的成字构件，都已有确立的形、音、义，讲错了构件的形、音、义，就会使整个字的讲解发生错误。例如，有人把韭菜的"韭"，讲成"不是（非）只有一根，而是一大片"；把"悲"讲成"心里像长了韭菜一样悲哀"，这就是对汉字构件的曲解造成的。"韭菜"的"韭"上的构件表示韭菜丛生的形象，是不成字的，与"是非"的"非"无关。悲哀的"悲"上的构件是"是非"的"非"，与韭菜无关。

（2）不可曲解构件体现构意的功能。汉字的构件在进入构字后，就具有了或表形、或示音、或表义、或区别标示的功能，解释汉字必须依据它们的客观功能。讲错了或曲解了构件的功能，就会使整个字的讲解发生错误。例如，有人把"饿"字讲成"我要吃（食），因为我饿"，这就是曲解了构件"我"的功能。"饿"是形声字，"我"在结构里的构意功能是提示声音，不能讲成第一人称的"我"。

（3）不要把层次结构讲成平面结构。由基础元素组构成汉字，大部分是依层次逐级组构的，构意是逐级生成的，小部分是一次性平面组构的，以集合的方式产生构意。在讲解汉字时，既不能把层次结构讲成平面结构，也不能把平面结构讲成层次结构，否则就会发生错误，而人们常犯的错误是不懂得汉字构意依层次生成的道理，见一个构件讲一个构件。例如，有人把"温"字讲成"太阳照在器皿里，使水变温"，这也是不符合结构规律的。"温"是按层次结构起来的：首先由"日"与"皿"构成"昷"，得到了声符，再加"氵"构成，不是由"日""皿""氵"平面构成；"日"是"囚"的变体，也不能成太阳。

（4）对黏合、省简、变形、错讹而变得无理据的字不可乱

编理据。例如，有人把"春"讲成"三人一起晒太阳"，把简化字"鸡"，讲成"又一种鸟"，这更是望形生训。"春"的上部是"艹"和"屯"的黏合构件，理据已经丧失；"鸡"是符号替代的简化字，"又"是"奚"的替代符号，简化后的"鸡"字已不成理据。

（5）用汉字构形系统成批或类推讲解汉字构意时，要进行有理归纳，不可仅因形体相同而认同。汉字构形是成系统的，现代汉字90％以上是形声字，讲解汉字可以利用形声字的声符系统和义符系统通过归纳和演绎成批地进行。例如：义符"酉"，可以组成"醉""酤""酿""酗""醒"等字，都与饮酒后的生理反应有关，可以合起来进行归纳和序列化的讲解。表音度较高的声符"青"，可以组成"清""蜻""情""晴""请"和"精""睛""靖""菁""静"等字，可以归纳出 qing 和 jing 两种读音合起来讲解。但是，隶变、楷化以后，由于系统的简化，在古文字阶段不同的构件，产生了混同现象，这些混同构件实质上不属同一系统，就讲解构意而言，不应归纳到一起，也不能相互类推演绎。例如：吹、谷、器、鼓、向、舍、吕，从这些字中可以归纳出"口"，但是只有"吹"中的"口"是"口鼻"的"口"，其余都是象形符号。再如：赤、黑、幸、去、走、地，从这些例字中可以归纳出"土"，但也只有"地"中的"土"是"土地"的"土"，其余都是其他字符的变体或非字的记号构件。既考虑形，又考虑音义的归纳，是依理归纳；只考虑形，不考虑音义的归纳，是依形归纳。在对不发生混同现象的构件进行归纳时，依形与依理是一致的；而在对发生混同现象的构件进行归纳时，依形与依理之间就要产生一定的矛

盾。学会运用依理归纳，准确地分析构意，是学习汉字科学的一项基本功，随时都要注意。例如："鼻""咱""息"中的"自"可以归纳，但与"首"下的"自"不能归纳。"咫""叹""迟"中的"尺"可以归纳，但与"尽"上部的"尺"不能归纳。"弄""开"的下部，与"升"的下部形体相同，但不同源，不能归纳。"弄""开"的下部与"兵""共""与""兴"的下部形体不同，但同源，却可以归纳。

科学的汉字讲解，就是要在不违背汉字构形规律和演变规律的前提下，对构意直接、明确的字加以准确讲解；或对需要经过推源再来讲解的汉字，推源后再来讲解。在讲解个体汉字时，要把它放到汉字构形系统中去，找到它应有的位置再来讲解，以免讲了一个，乱了一片。现代汉字确有少数的字变异度很大，难以讲解，对已经不能反映构意的形体，或探讨形源迂曲困难的字，不要随意乱加分析。在基础教学里，也没有必要字字去讲字理，对构意明晰度不同的字，要采取不同的教学策略来教，要培养学生科学的汉字学观念，为他们进一步学习打下良好的基础，这是提高学生文化素养的一个重要方面。

以上五点，都是汉字构形的规律决定的，把握这些规律，汉字教学的科学化才能实现，这就要求教师要有较高的理论修养和丰富的汉字知识。只有掌握了学理，才能科学地采用教法。

4. 根据不同教学阶段和汉字不同的属性，选择不同的教学策略

识字教学是分阶段进行的，每到一个阶段，教学方法和策略都要因积累的不同而发生变化。例如：教传统独体字、黏合独体字、会义合成字、义音合成字等，教学策略应当不同。在

初期积累阶段、中期积累阶段、后期积累阶段，都应采用不同的教学方法。

5. 从汉字自身的规律出发，增强教学的趣味性

有人为了增强汉字教学的趣味性，常常违背汉字构造的科学规律编一些歌谣出来，这不是一个好办法，其实，汉字构形及其形、音、义统一的科学规律已经为增强教学的趣味性提供了足够用的条件，只要教师掌握了足够的汉字知识，又能在汉字科学指导下教学，可以发掘的趣味性是很多的。

（1）兴趣来源于汉字的形象性。在讲解某些汉字的时候，古文字形体可以作为材料背景，帮助识别、记忆和理据。

（2）兴趣来源于汉字的可解释性和可联系性。

例如：从"财""购""贸""货""贵""贱"等字中可以归纳出"贝"字，又可以用古代以贝为货币的历史来解释它们从"贝"的原因。

（3）兴趣来源于汉字构形的生活文化内涵。

例如："突"字从"穴"从"犬"，是根据犬从穴中突然而出的事实来构字，"默"字从"犬"，是根据猎犬见到捕获物不吠叫的事实来构字。这些都是古代畜牧生活的写照。汉字是一种文化内涵丰富的文化事象，一旦有了必要的汉字知识，又能运用恰当，产生的兴趣才是有意的。

汉字学基础理论总结了适用于汉字教学的汉字构形基本原理，提供了与汉字教学直接或间接相关的科学数据。21 世纪的中国，广泛的科学普及要形成一种潮流，教育科学、汉字科学与汉字教学原理的科学普及也不会例外。在小学基础教育的汉字教学领域，应当遵循"理有定则，勿离勿违"和"教无

定法，殊途同归"的原则，提倡汉字科学与认知心理科学同时进入课堂，树立教学经验与教学手段必须提高到理性的科学意识。

用科学去激发学生的学习兴趣，以有规律的思维训练为前提去探索如何生动活泼地教学和减轻学生的学习负担，用更高的境界去看待汉字教学的意义，规定汉字教学的目标，汉字教学才可以真正承担"教育的基石"这个重要的任务。

二、对外汉字教学

随着改革开放的深入发展，我国在世界上的地位越来越高，对外交流日益频繁，需要掌握汉语汉字的外国人迅速增多，对外汉语教学出现空前繁荣的局面，汉字教学自然成为非常重要的教学内容。对此，国家对外汉语教学领导小组和北京语言学院汉语水平考试中心，于1990—1991年联合研制了《汉语水平词汇与汉字等级大纲》。这份大纲是我国初等、中等汉语水平考试的主要依据，也是我国对外汉语教学总体设计、教材编写、课堂教学和成绩测试的重要依据。大纲中汉字的分级与词汇的分级保持一定的联系。汉字大纲收字2905个，分为四级：甲级字800个，乙级字804个，丙级字601个，丁级字700个。这2905字中，有2485字是《现代汉语常用字表》中的一级常用字。虽然对外汉字教学的内容已经确定，但是如何进行，采用何种方法却是需要认真研究的问题。对外汉字教学虽然与小学基础识字教学不同，但是基础识字教学中的很多微观和中观的方法还是可以运用和借鉴的。在对外汉字教学中，有几个问题需要明确：

（一）语言是第一性的，文字是第二性的

在汉字教学里，语言是第一性的，文字是第二性的命题不应该怀疑。汉字教学的效果与内容要滞后于语言的掌握，违背这一点，超前进行汉字教学，是起不到巩固作用的。在没有掌握汉字的音与义的情况下去学习汉字，掌握的只是汉字的空形，是无法进行运用的。汉字形体的作用是把语音书面化，并且能够在一定程度上反映所记词的本义。所以进行汉字学习一定要在语言学习的基础上进行，汉字教学超前语文教学，注定达不到预期的效果。

（二）词汇的难易度与文字的难易度不一致

汉字教学在语言学习的基础上进行，即跟着句子和词汇的教学同步进行，就需要把握汉字的难易度。语言教学是从易到难的，汉字教学也应从易到难。词汇的难易对于成年人来说，不是很明显。成年人在自己的母语里，已经有了词的意义思维，只是用语音的形式迁移过来。对于成人来说，词汇教学的先后一般依据频度，这是一个重要的规律，好学不好学在于好用不好用（经常使用）。但词汇的频度与汉字的难易度不是同步的，对此有两种做法：

1. 一种方法是先不考虑汉字的，在语言教学之后，再集中进行汉字教学，这就使教材的作用大大降低，在汉语教学中使用拼音带读，用拼音教学带动语言教学，再进入汉字教学。

2. 另一种方法是以汉字教学为目标，在高频词中选择容易的字先教。充分发挥教材的作用，在编写语言课本时，把汉字教学系统地安排进去，这就涉及汉字的难易度，先教什么字，后教什么字要有细致的考虑。这种做法符合汉字第二性原理。

对于汉字的难易度来说，有两个角度。

（1）一个角度是从对汉字的体验感受方面来确定汉字的难易度，虽然有规律，但却带有主观性。因为一个人认字的难易，与环境、识字经历等多种因素有关，因此这种难易度很难界定。

（2）另一个角度是从汉字本体属性来确定汉字的难易度。不管怎么说，在多元的属性下，有一些字的难易度是可以在相对比较中进行确定的。

第一，就某个字与词汇使用频率的关系来确定，因为记录高频词的字相对于记录低频词中的字来说，掌握起来就比较容易；因为出现频率高，汉字的复现率就高，对于掌握就容易一些。

第二，对于字的识别来说，构件不超过3个、笔画适中的字要比其他字容易掌握。因为这种字的形体容易再现，并且易于与其他字进行区别，说明笔画适中不太多也不太少的字易于掌握。心理测查，笔画数为九画左右的字最适中。

第三，形体与意义关系的理据比较明晰，容易讲解的字易于掌握。（字形可以分析，可以用别的字来讲解，即用字讲字）

第四，构字量大的字比构字量少的字好教，因为重现率高。

第五，记录自由语素（不依赖于其他字）的字比记录不自由语素的字好教，而且单音词大多是基本词。

（三）汉字系统性对汉字教学的影响

汉字构形具有严密的构形系统，经过长期发展，汉字的构形发展为以形声为主体。同样的基础构件既可作声符又可作义符，基础构件通过构字的功能生成不同的汉字，汉字构形学是描写汉字学。汉字结构分析一定要分析构意，因此汉字的构形

是结构—功能分析法。

教学过程中，人在不同阶段接受汉字时思维的方式是不一样的。要使不同的方法在不同的阶段起到应有的作用。在学习汉字的初期阶段。人们是依靠声音与形体的结合来感知汉字的，视觉对形体是没有分析的，是笼统的，轮廓的影响非常大。早期汉字教学，适合应用拼音教学，帮助人们更好地将字形与所记录的词联系起来。韵语教学，整齐的句式教学，叠用复用，都能帮助记忆。要在机械记忆的过程中，给予语音的感觉，增加重现率。古代童蒙识字课本都采用的是这种方法。如最早的《急就篇》及后来的《三字经》、《百家姓》、《千字文》等都是这种形式。第二阶段是在认 500 字左右，则开始归纳。主要是义符的归纳，因为形声字本身以义符为纲。对声符的归纳比较靠后。第三阶段，依靠归纳的义符开始演绎。利用系统认字逐步自觉化，理性化。只有在第二阶段后期和第三阶段才能开始教学字理教学。认字与造字的过程其实具有一致性，都是从个体到系统。第三阶段字理教学的内容主要是会意字，与文化结合特别密切，文化教育进入字理教学。讲解形声字要逐步完善。汉字教学的任务不仅仅是累积汉字的个数，更重要的是逐步认识到汉字系统性的存在，这对于继续学习是有好处的。汉字的系统性应该使得汉字越教越容易。方法成功的关键在于有没有系统观的产生。

（四）确定初期积累用字字表

要想使学习能够良性持续发展，从学科规律出发体现知识系统的教学是可取的方式，因为任何符合知识系统的学习，其结果将是学得越多负担越轻。利用知识之间的系统关联，能够

加强理解，巩固记忆。针对对外汉字教学来说，要使教学越教越容易，就要体现汉字系统，通过测查首先选择一批关联性强的汉字作为初期积累字，以此带动其他字的学习。

初期积累字的选择方法，可以通过汉字属性来确定，对于这批初期积累字，在学习方法上仍然需要机械记忆，但同样是机械记忆，却比集中识字方法能够更好地带动后期的理解记忆。因此在编写教材时，一定要通过测查选择初期积累字，对其字理的讲解可以滞后；独用、组词、构字的原理可在应用中体现。初期积累字是系统教学汉字教学的基础，是要通过这批字开始从而逐步地系统地掌握更多的汉字。因此这批字则要求掌握扎实巩固，因此在讲解方面要求要非常细致，给学生留有深刻的印象。所以在教学方法上要重视对各种类型的初期积累字的讲解。传统独体字：对这种字要充分利古文字资料，把字形与物象结合，阐述演变过程要直接说明，尽量缩短演变距离。形合的会意字：对这类字要充分利用形体关系与物象关系的一致性进行讲解。义合的会意字：这是语言词义的会意字，拆开来的构件也应在初期积累字中。常常可以与一个词或词组对应起来。对两个以上同样形符的形声字，可以作初步的归纳，成组讲解，以体现汉字的义类系统，帮助对字形意义的理解和正确用字。对两个以上同样声符的形声字，通过初步归纳成组的体现，以展示声符是示音及区别作用，加速对汉字系统的理解和对汉字形体成批地掌握。对没有理据的字即完全符号性的字或无法讲解的字，直接说明演变情况，个别记忆。

（五）文化和历史的辅助作用

对外汉字教学过程中，还可以充分利用文化和历史的辅助

作用进行汉字教学。汉字经历过表形文字的阶段，通过汉字字源直绘物象来造字的特点，在讲解传统独体字时，将字形与物象结合，有助于词汇的掌握。字源在发展过程中，会出现理据重构的现象，所以对字理的运用，有些发生理据重构情况的字可以不使用古文字。字理也是有系统的，例如"日"表示时间、太阳、光亮（黑暗），"日"在作为构件参与构字时，会把这些意图带进造字，汉字教学可以充分利用字理帮助对字形的理解及记忆。

汉字形体中的构件选用是有文化背景的，需要利用文化知识进行讲解，同时就是进行古代历史文化背景的教育。在进行文化历史教育时，部首的讲解是非常重要的，便于归纳和演绎。但是一定要与检字法的部首进行区别，不要当作查检部首，而是意义部首，在此《说文》能够起到很大的作用。现代部首对古代文化的反映，其意义有显性的和隐性的（今天已经不能直接讲解），在分析时要区别对待。

（六）汉字形似字的分辨问题

形似字要用字理来讲清。字形随着字理的积累，系统地显现，沟通古与今。不是越做越难，而是越做越容易。需要讲解的字形通过字理一个一个讲，讲得多了，其他没有讲解的字形随着已讲解的字形其字理自然就出来了。

（七）汉字的本义问题

汉字与词结合，一定要把握本义的概念。中国古代训诂学，一定依靠本义，才能从字走到词，再用引申的方法把握各种义项。词与词不同的义项之间有关联，是非常直白的问题，不是很难讲。汉字表意文字的观念在汉字字理教学中灌输进去。汉

字教学不能停留在一个一个地积累，而是要在不言之中阐释汉字学的原理。汉字教学的境界，不仅是认字，还要认识汉字的本质、表意性、系统性，这都是在不言之中的高级的汉字教学。

三、世界规范使用现代汉字的状况[①]

在全球化进程飞速发展的今天，汉语汉字的国际推广意义重大，这是传播汉语汉字、弘扬中华优秀文化、推动中华文化走向世界、树立国际良好形象的基础工作。这项工作对提高汉语汉字的国际地位，增强中国文化在国际上的影响力具有深远意义，是中国国际战略中的重要内容。

（一）汉字在世界范围的使用情况

汉语是联合国的工作语言之一，作为记录汉语的现代汉字，其变化自然会受到国际社会的关注。目前在世界范围使用汉语的国家和地区，大都使用两种规范汉字，分别是繁体字和简化字。大陆通行的简化字是以《第一批异体字整理表》、《简化字总表》、《印刷通用汉字字形表》、《现代汉语常用字表》和《现代汉语通用字表》等为规范标准。1964 年在对《汉字简化方案》进行总结归纳的基础上，中国大陆公布了《简化字总表》，经 1986 年重审，共收 2235 个简化字。这 2235 个简化字大多源于历代的简体或"俗体"，是以千百年来民间流行的字形为基础而进行简化的。据统计，80% 以上的现行简化字都是在 20 世纪 50 年代以前就已经流行或存在，而且绝大多数简化字与繁体字之间都能构成一一对应的关系，不影响繁体字的认知。简化字

---

① 这部分内容主要参用刘传清：《汉语国际推广与汉字规范化》，载《三峡大学学报》，2009（11），第 71—73 页。

的积极作用在于大大地简化了笔画，减少了用字，便于识字，提高了书写速度，在近50年的时间里已经成为当今社会用字的主流，并对汉字在海外的使用产生巨大影响。40多年的实践表明，中国推行《汉字简化方案》是成功的，深受人民大众的欢迎，并且已顺利完成了从繁体字到简化字的过渡。

简化字在国际上已经产生了巨大影响，得到了国际社会的广泛承认。简化字的公布首先得到了海外华人社会的积极响应。新加坡1969年公布了502个简化字，绝大部分与中国的简化字相同，不同的只有67个；1974年新加坡教育部又公布了《简体字总表》，收简化字2248个，其中有10个是中国没有简化的，其余的与中国1964年出版的《简化字总表》相同；1976年，新加坡教育部对《简体字总表》进行修订，删除了中国尚未简化的10个汉字和67个异体简化字从而与中国的《简化字总表》完全相同。马来西亚汉字简化工作稍晚于新加坡，于1972年成立了"马来西亚简化汉字委员会"，研究拟订马来西亚华人社会使用的简化汉字，1981年2月出版了《简化汉字总表》，收简化字2238个，与中国的《简化字总表》完全一致。泰国最初一律不准兼教华文的学校用中国的简化字教学，后来联合国接受了中国的简化字，国际上也都承认，于是泰国政府取消原来的限制，允许部分兼教华文的学校教学使用，1983年12月又宣布所有的华文学校都可以用简化字进行教学。

目前日本规定的常用汉字是1945个，排除其中与中国现行的规范汉字完全相同的字以及现代汉语无音字，尚有768个汉字与中国现行的规范汉字不同，约占其汉字总数的39%。就768个不同汉字而言，中国简化而日本没有简化的汉字就有426个，

约占不同汉字总数的 55.5%；日本简化而中国没有简化的汉字只有 54 个，约占不同汉字总数的 7%。

韩国曾一度废除汉字，1972 年 8 月 12 日，韩国教育部公布了中学教学用的《教育用基础汉字表》，共收汉字 1800 个。其中与中国规范汉字异形的字有 1094 个，占汉字总数的 60%。其中有 461 个与规范汉字仅为新旧字形差异的旧字形字。2002 年 10 月，在韩国著名汉字学专家、韩中共用汉字能力鉴定会会长朴在成教授的领导下，韩中文字交流协会在 1800 个教育用基础汉字的范围内选择了 606 字，基本按照中国现行汉字规范标准予以简化。如果得以推广，则中韩两国在常用汉字的字形上已基本一致。

繁体字是运用于台湾、香港、澳门和北美华人圈中的汉字，虽然台湾没有采纳大陆通行的简化字，但是许多台湾的有识之士都充分肯定大陆简化汉字取得的成绩，提倡简化汉字，台湾民众使用简化字的情况也相当普遍。1980 年，台湾出版了《标准行书范本》，收字 4000 个，其中有 600 多个汉字与大陆简化字相同或相似。它的公布，为台湾民众手写汉字确立了规范标准。据统计，《标准行书范本》共收字 4010 个，其中简体字有 700 多个。这 700 多个简体字，与大陆简化字完全相同或基本相同的共有 563 个，占《简化字总表》简化字的 24.8%；还有近似的简体字 131 个，两者合计有 694 个，占 30.5%。

当前，随着中国经济实力的增强与其地位的不断上升，全球各地使用汉字的人数也随之增长，全球各地的华人在创造自身价值的同时，也为传播中华文明作出了巨大贡献，带动所在国的人们关注中华文化，学习汉语，掌握汉字。但汉字的使用

状况，目前在世界各地区存在着不统一的情况，所以汉字的规范化问题，已经成为当前现代汉字规范所亟待解决的问题，也是现代汉字走向世界的迫切需求。

（二）国际交流中汉字的地位

目前，随着中国国际经济地位的提高，国际汉语热不断升温，汉字也随着这股热潮走向世界。鉴于这种形势，中国政府把汉语国际推广作为一项国家文化战略提到了议事日程。2006年国家"对外汉语教学领导小组办公室"的全称改为"国家汉语国际推广领导小组办公室"，标志着中国的"对外汉语教学"实现了向"汉语国际推广"的转变。在这样的大好形势下，有249所孔子学院在70多个国家和地区相继建立，通过汉语汉字架起了中国通往世界的桥梁，起到了传播汉民族文化和文明的纽带作用。

在日本，表达方式越书面、越正式，汉字的使用量就越大，在某种程度上，对汉字的认知程度和书写能力，已成为衡量一个人素养高低的标尺。日本的书法作品大都用汉字书写，很多日本的书法爱好者喜欢模仿中国书法家的字帖。日本对汉字始终不离不弃的原因是由于日本文化受中国影响太深，去除汉字，对其文化和政治都将产生重大影响。

在韩国，随着经济上对中国依赖的与日俱增，对汉字学习随之提出新的要求。韩国汉字复兴呼声日渐高涨的主要原因是：为了使下一代韩国人通过了解汉字，继承和传播韩国数千年流传下来的历史文化，畅通地与中国和日本进行文化交流。日本在推行汉字中所采取的政府组织与民间力量相互联合的方式，为重新需要汉字的韩国提供很好的样本。

在越南，汉字重新受重视的很大一个原因是发展经济的需要。据统计，在越南的外资中，汉字圈地区占到40％，而中国是其最重要的贸易伙伴。目前，汉语在越南已经成为第二大外语。为了应对需求，越南共有7所大学开设了中国语言文学系，约35所大学外语系设汉语专业和公共汉语，而越南在华留学生有8万多名，是中国的第三大留学生群体。

不仅如此，目前在美国孔子学院就有57所，是世界上孔子学院最多的国家。事实上，随着美国人学中文的兴趣越来越浓，不但美国高校开设的中文课越来越受欢迎，美国各地民间的中文学校也日益兴盛。在洛杉矶，华人家庭的子女成为中文学校最主要的学生，中华学习中心招收的学生有许多却是美国成年人。可见中国语言文化的传播和中文教学正在逐步向全球普及，这一切都足以说明汉字在国际交流中的地位，也说明全球经济一体化使语言文字成为一种非物质的无形资源，在国家经济和安全中发挥着越来越重要的作用。汉字的复兴与中国的日渐强大及国际地位的不断提高密不可分。

汉语汉字要走向世界，就必须有科学、统一的规范。传播对象的改变和传播区域的扩大对当前汉语汉字的规范化、标准化提出了更高、更迫切的要求，也将成为今后研究工作的重点。

本章小结：文字是记录语言的符号体系，它的产生是以运用为目的的。只要运用就必须具有全社会统一的标准和规范，从而正确地使用汉字。因此，现代汉字的正字法主要体现在规范现代汉字的正确写法和使用方面。具体而言是指对现代汉字的形体标准和使用规范进行正定的法则，如对现代汉字错字、

别字的纠正；对简体字、淘汰异体字的规定等。规范和正字观念的树立，可以通过语言政策，也可以通过汉字教学。

思考与练习题：

一、谈谈正字法的作用与意义。

二、如何在汉字教学中贯穿规范使用汉字的观念？

三、在汉字教学种针对不同的教学对象其方法有何差异？

四、说明汉字教学中确定初期积累用字表的作用。

第十章

现代汉字的应用趋势

章节重点：现代汉字的信息处理和现代汉字的应用前景。

关键词：信息处理　运用　前景

学习目标：通过了解现代汉字与计算机的关系，掌握现代汉字在计算机信息处理方面的广泛应用，明确现代汉字在现实社会生活中的应用前景。

教学要求：明确现代汉字和中文信息处理，现代汉字在计算机上的应用，手写汉字的现状，现代汉字的拼音化道路。

1. 了解：现代汉字的应用前景。

2. 熟悉：汉字计算机应用的巨大前景及手写汉字的现状。

3. 理解：汉字拼音化道路的可行性问题。

4. 掌握：现代汉字和中文信息处理，现代汉字在计算机上的应用。

学习导航：在了解汉字是非常重要的信息载体之一的基础上，明确理解现代汉字的信息处理和在计算机应用方面的重要性；明确现代汉字在社会生活中的巨大作用和广泛的应用前景。同时利用各种音像教材、网络多媒体课件（课程）、网络平台资源和面授辅导，以有效学习和掌握本章的重点内容。

汉字作为记录汉语的符号，主要功能表现在运用。关于汉字的运用主要表现在两个方面：一是写和认，二是在计算机中的汉字信息处理。对于运用掌握是其前提，要想掌握汉字这两个方面的功能，首先要了解与此有关的知识。由于汉字是表意文字，了解汉字的产生、发展，明确汉字的性质、特点及结构规律，可以有效地帮助人们写、认汉字。当前社会正处于信息时代，对信息进行快速处理需要借助于现代化的技术和手段，汉字在计算机方面的应用是时代发展的需要，成为现代汉字必须面对的问题。

第一节　现代汉字的信息处理

语言文字是在人类信息传播过程中产生、发展并不断修正完善的。人类传播技术的提高与传播区域的扩展，不断向语言文字提出新的要求。汉字在现代实用工具——计算机上非常有效的实际应用，有力地证明了汉字对于语言文字提出的新的要求的适应与满足，同时也使汉字再次焕发出新的生命力。现代汉字的信息处理与我国的现代化建设密切相关，是一项十分重要的语言工程，对我国社会发展、科技进步具有重大的现实意义和深远的历史意义。

一、现代汉字和中文信息处理

现代社会已经进入信息时代，信息时代最主要的特征就是利用现代化技术和设备对文字信息进行处理，使之能够被充分

利用，最大限度地发挥作用。利用计算机对现代汉字进行中文信息处理，成为信息时代现代汉字的重要研究问题。

（一）信息时代计算机技术的发展与应用

现代社会是信息社会，信息在社会生活的各个领域所起的作用越来越重要，信息存储、加工和传递在社会生活中的重要性也显现出来，作为信息最主要载体的语言文字，如何通过计算机来进行信息处理则是现代社会的一项重要课题。1945 年世界上第一台电子计算机诞生于美国，之后的短短 40 多年里，计算机技术已经渗透到国民经济的各个领域，作为 20 世纪最伟大的发明，计算机已经获得了非常广泛的应用，随着计算机技术的普及与广泛应用在某些领域，计算机解决人们对信息问题的种种需要，在信息处理方面实现了处理手段的现代化，特别是互联网的出现更使其应用达到了前所未有的程度。从某种意义上说计算机的发展速度和应用水平已经成为人类进入信息化社会、国家走向现代化的一个重要标志。在我国，计算机的推广应用要比西方发达国家落后许多年，除了经济基础和科技发展条件的制约之外，一个很重要的原因就是汉字进入计算机要比拉丁文字困难得多。因此，如何使计算机具备汉字处理能力，便是一个亟待解决的技术难题。60年代末，我国开始对汉字信息处理进行探索和实践，经过 30 多年的不懈努力，在许多研究领域已经取得了突破性进展。从 60 年代的汉字电报译码机、70 年代的新型的汉字输入输出设备，到 80 和90 年代的各种基于个人计算机的汉字信息处理系统以及用微处理机控制的汉字终端，汉字信息处理的研究成果，已经开始在事务管理、企业管理、科技情报检索、机器翻译、人机对话、汉字编辑排版、咨询服务、公用事业、计算机辅助教学、多媒体的广泛

运用、计算机通信网络、办公自动化、全汉字字库的建立、汉字研究等方面得到推广和应用，这些都必将对我国的现代化建设产生深远的影响。

（二）汉字信息的计算机处理过程

汉字信息的计算机处理过程，通常分为三个阶段：汉字信息的输入、汉字信息的处理和汉字信息的输出。在计算机汉字信息三个阶段的具体处理过程中，汉字信息的输入是通过各种输入设备来完成的，汉字输入设备及其设备驱动程序负责把汉字的外部码转换为处理系统识别的内部码。目前除了语音输入、字形输入和键盘编码输入外，还有通过通信设备和文件交换设备把汉字信息从一处传输到另一处。汉字的信息在机器中（指处理系统）通过特定的程序（软件系统）进行加工，如编辑、排版、排序等，最后按照用户的要求进行输出。汉字的输出是把汉字内码转换成汉字外部字形和字音信息的过程。输出设备驱动程序通过汉字语音库、汉字字形信息库（简称"字库"）等加工完成后的汉字信息输出到显示输出设备、打印输出设备、语音输出设备上，同时，也可通过通信设备、文件交换设备把处理、加工完后的汉字信息输出到其他地方。

二、现代汉字在计算机上的应用

现代汉字在计算机上的应用，最先需要解决的是现代汉字输入计算机的方法，现代汉字只有输入计算机才能实现其在计算机上的应用，对各种信息进行处理。

（一）汉字输入计算机的方法

对于一般的计算机使用者而言，不必了解和掌握汉字信息

处理与汉字信息输出的内部实现机理，需要掌握的只是操作和使用计算机，即把汉字信息输入计算机。对此目前汉字输入计算机的方法主要有三种：

1. 字形识别输入

字形识别输入就是用文字字形识别的方法将汉字输入计算机。汉字字形识别输入就是通过与计算机联机的文图扫描装置。抽取汉字字形特征使印刷在纸上或写在纸上或介质上的汉字字符，由计算机进行辩识后形成汉字内部码的过程称汉字识别。目前使用得最多的扫描装置是光学字符阅读机，因此汉字识别输入也称为 OCR（Chinese Character Recognition）识别输入。汉字识别在学科上属于模式识别和人工智能范畴，在应用上是汉字信息处理系统的一种高速自动输入方式，它也是新一代计算机视觉智能接口的一个重要组成部分。汉字识别又分印刷汉字识别和手写汉字识别，后者又分为脱机识别和联机实时识别。

2. 语音识别输入

语音识别输入就是用语音识别的方法将汉字输入计算机。汉字的语音输入是通过与计算机连接的传声装置，利用语音分析技术，由计算机进行辨识后形成汉字内部码的过程称汉字的语音识别。汉字语音识别在学科上属于模式识别和人工智能的范畴。在应用上属于汉字信息处理系统的一种人机交互自动输入方式，它也是新一代计算机听觉智能接口的一个重要组成部分。

3. 汉字的键盘输入

汉字的键盘输入就是用键盘将汉字输入计算机。在汉字进入计算机的三种方式中，以汉字的键盘输入使用最广泛，相应

的软件处理技术也最为成熟。汉字的键盘输入又可分为两类：一类是以整字从大键盘上直接输入汉字，目前这种方法极少使用。另一类是用字母、数字或符号将汉字编成代码的间接输入，这是目前常用的方法。因此，汉字的键盘输入通常是指汉字的编码间接输入，汉字输入码就是为输入汉字而按照一定的规则，对指定的汉字集中的元素编制相应的代码，即汉字编码。而汉字集元素映射到其他字符集元素的一组完整规则，即为汉字编码方案。伴随着计算机中文操作系统的问世，汉字键盘输入技术在一段时期里发展非常迅速，出现了各种汉字编码方案。数以百计的汉字编码方案归纳起来主要有音码、形码、音形码、形音码四种类型，这些编码互有优长与不足。

音码的长处是操作简捷，便于"听打"和"想打"，并且便于作进一步的信息处理；不足在于利用"看打"方式处理文稿时，遇到不认识的字无法输入，另外还必须对同音字问题作特殊处理。

形码中的笔触字表法一字一键，无重码，直观性好；不足之处是需要特制的大键盘，输入速度较慢。部件结构码按形取码，不涉及字音，便于"看打"，不认识的字也可以编码输入；但汉字形体结构复杂，分解标准不容易统一，因而大多数方案规则复杂，需要进行专门学习才能掌握。针对汉字构件拆分标准不统一的情况，国家语言文字工作委员会已于1997年12月颁布了《信息处理用GB13000.1字符集汉字规范部件》。

音形码或形音码兼取字音和字形两方面的信息，以音为主的编码，操作简单，编码程序与语言思考一致。便于采用"想打"方式，对速度没有过高的需求，输入速度一般低于每分钟

30字，这种编码方法易学、易用，不必经过专门培训就可以掌握。以形为主的编码，能满足大量用字的要求，为追求较高的输入速度可以另外接受职业培训，以掌握一些比较复杂的编码方法或规则。

80年代以来，中文处理机逐步进入了"无编码"的自动变换阶段。学过汉语拼音的小学生不必另外学习编码，只要输入汉语拼音就可以自动变换成汉字。输入方法是以双音节和多音节的词语、词组、语段、成语、短句、人名、地名、事物和机构名称等作为输入单位。输入用语事先贮存在词库中，使用者还可以自由补充，扩大词语的组合内容。

千差万别的汉字编码方案和实用系统的出现，体现了汉字信息处理研究领域百花齐放的学术氛围，使汉字进入计算机之后成为比较优秀的信息载体，对中文信息处理现代化和普及计算机教育都起到了良好的推动作用。

（二）计算机汉字输入系统的使用要求

实际上，对计算机汉字输入方法的操作使用，不同的人、不同的工作性质其要求是不一样的。作为一般使用者对输入速度只有一个最低的要求：每分钟30字以上，而第一位的要求则是希望编码方案越易学越好，越不易忘越好。理想的汉字编码方案及计算机汉字输入系统，应该满足下列指标体系：

1. 规范性

（1）规范的音码编码方案应符合国家颁布的《汉语拼音方案》。

（2）规范的形码编码方案应符合汉字结构规律和国家语委颁布的有关语言文字规范。

（3）如果研究的音码和形码方案希望在中小学也能推广使用，则还应符合语文教学规律和符合国家教委制定的《全日制小学语文教学大纲》中有关拼音和识字教学的要求。

（4）音码和形码方案的实现均应遵循国家技术监督局（前国家标准总局）发布的《信息交换用汉字编码字符集》的有关规定。

2. 易学性

（1）编码规则简单、明确，部件与键位的分布科学、合理，易学易记。

（2）对汉字的拆分规则和编码规则符合人们对汉字的认知过程，掌握编码方法所要求的知识能与中小学生原有的认知结构相吻合。

（3）学后不易忘记，间断使用时易于恢复。

（4）规则的二义性小、码表与编码规则的符合程度高。

（5）字量升级时，编码方法与规则不变。

3. 快速性

单纯追求高速度并不是一个理想编码方案的要求；但是既然作为一种汉字输入方法，如果达不到较高的输入速度，缺乏应有的效率，也是没有意义的。因此，快速性是汉字编码方案必须具备的一项基本指标。快速性的客观指标分为两类：

（1）编码方案的指标评价：静态字、词平均码长；静态字、词重码率；静态键位分布系数等；不等长编码技术。

（2）软件系统的指标评价：高频先见技术；字、词混合输入（无须键位切换）技术；重码自动区分、词组自动编码等智能技术。

4. 兼容性

在计算机系统中实现汉字编码方案时应考虑三个方面的兼容性：

（1）与国际通用键盘兼容。

（2）与多种显示终端兼容。

（3）与通用操作系统兼容。

当今计算机软、硬件产品已经日益趋于国际化，过分强调汉字输入系统的专用性，不考虑与国际上流行的软、硬件相兼容的做法，不仅在国外无法应用，不利于国际间的交流，而且在国内也难以普及和推广。

5. 一致性

编码规则应前后一致，贯彻始终，不能自相矛盾，同类结构的汉字应使用相同的编码规则，尽量避免随意性。

6. 完备性

信息处理用汉字集通常分三个层次：基本集（含国标一、二级汉字共 6763 个），ISO — IEC 大字符集（包括基本集和辅助集，共 20902 个汉字）和全汉字集（包括全部汉字 60000 个左右）。

由此可见，要实现一个理想的汉字编码，通常要满足快速性、易学性、兼容性、规范性、一致性及完备性等六个方面的要求。这些要求的重要性并不是均等并列的，而是针对不同的社会需求和使用对象而有不同的侧重。对于专职操作员和打字员，往往把快速性放在首位，在此前提下考虑易学性，而对其他要求则可放在次要地位；对于教师、作家、管理人员这类非专职操作员来说，显然易学性指标是首要的，在此前提下，考

虑快速性，而对其他指标则可放在次要地位；对于某些专门应用领域，如大型图书资料检索、历史文献与古籍整理，以及古汉语研究等，由于这类应用需要大字符集汉字的支持；所以必然要把"完备性"放在首位（如前所述，完备性是指编码方案不仅能支持基本集汉字的编码，还能以统一的规则支持大字符集乃至全汉字集的编码），在此前提下考虑快速性与易学性，而对其他指标则可不做要求；对于面向广大中小学生的教学应用来说，为了保持祖国语言文字的纯洁与统一，促进中小学语文教学质量的提高，在编码设计中显然要把规范性放在首位，在此前提下努力满足易学性、快速性、兼容性等指标的要求。

总之，对编码方案的设计离不开对社会需求的分析，离不开具体应用领域和使用对象。但是，不管是对哪一种应用领域和使用对象，易学性和快速性这两项要求总是最基本的和不可缺少的，而规范性则更是非常必要的。[①]

三、手写汉字的现状

虽然计算机给人们的现代生活带来了极大的便利，但是对于汉字的重要职能之一——书写（在此特别强调的是的手写方式）绝对不能忽视，更不能取消；一方面是因为汉字作为文字而言是为记录汉语而产生，记录是其主要职能，计算机出现以后汉字的记录方式出现了多元化，但是手写的记录方式绝不应因此而削弱和抵消；另一方面是因为汉字博大精深、底蕴丰厚，承载了中华民族五千年的文明和智慧，是世界文化的重要组成

[①] 王立军、宋继华、陈淑梅著：《汉字应用通则》，沈阳：春风文艺出版社，1999年版，第299—306页。

部分，是中华民族文化的象征。因此，重视汉字书写的学习，不仅可以巩固对汉字的理解和掌握，同时还能起到弘扬民族文化的作用；否则失去的就不仅只是一门书法艺术，人们手写能力的下降还将使人们对汉字的结构不敏感，减弱对汉字内涵的理解，体会不到汉字形体所体现的文化内涵；甚至不再重视汉字的形体，不再关心汉字的简化与规范，从而影响汉字未来的发展。

目前手写汉字的现状并不乐观，计算机的普及应用，电脑打字的方式正日渐改变着人们传统的手写汉字的习惯，提笔忘字的现象在生活中不断出现，并且日趋低龄化，这种现象务必要引起相关部门的足够重视。因为小学至中学阶段都是孩子练习汉字的关键阶段，最好少用电脑打字，等充分学习并理解了汉字的形、音、义之后，再考虑利用电脑提高书写效率，这将对人们以后的写作提供极大的帮助。所以当前最迫切的是，国家有关部门必须要正视手写汉字面临衰退的现实，采取必要措施，切实加强手写汉字的引导和教育，将书法课列入小学教育的重要内容，以防止"提笔忘字"的局面延续下去。针对这种状况，2007 年中国教育学会书法教育专业委员会，在江苏省南京市召开了第四届会员代表大会，在这次会议上一个引人注目的议题是通报"汉字行楷手写体字形规范"研制情况，并征求与会代表的意见与建议。

教育部王铁琨指出，中国书法（写字）教育是关系到中华文化世代传承的一件大事，党的十六届六中全会提出构建社会主义和谐社会的目标和任务，和谐社会的构建离不开构建和谐的语言生活，在这方面书法（写字）教育大有用武之地，希望

老师们在中国教育学会书法教育专业委员会指导下，教育孩子们更加珍爱中华语言资源，传承好具有悠久历史的汉字文化，共同把书法（写字）教育工作推向新的高度，开创新的业绩。王翠叶认为手写行楷是应用范围广泛、实用价值很高的一种手写字体。每个人只在小学低年级需要一笔一画写楷体字，高年级之后乃至毕业后参加工作，都需要写连笔的行楷字或行书字。多年来，社会上流传的行楷、行书字体多种多样，有的是根据传统书法的写法，有的是自行创造，可谓丰富多彩，但存在着不规范、不美观甚至书写错误的问题，特别是一些简化字，传统书体没有字稿可供借鉴，人们随意书写，问题更多。因此，社会强烈呼吁研制书写快捷、字形规范、形体美观的书体标准，加以规范和引导。国家语委决定先研制较为规整的行楷规范，该规范主要用于一般行楷手写体的书写，适合于中小学写字教学，也可供书法创作参考，是推荐性的软性规范，不是强制性的，规范要求很灵活，有弹性，提供多种写法。

第二节　现代汉字的应用前景

现代汉字在现代社会生活中的作用越来越重要，其应用前景十分广阔。特别突出的体现是在汉字信息处理的应用前景方面。汉字信息处理不仅只限于信息处理过程中涉及的汉字输入和国家语言工作委员会颁布实施的《信息处理用 GB13000·1 字符集汉字部件规范》的标准等问题，其未来应用与发展的前景也是极其广阔的。就人工智能与自然语言处理的研究与发展来

看，已经产生汉语文本的分析与生成、汉字识别、语音识别与合成等方面的研究课题，而且这些研究课题在某种程度上已经取得较大的进展，以汉字识别为例，对印刷体汉字和手写体汉字识别的研究都取得了实质性的突破和进展，而且有很多实用性很强的产品也已经投入市场，如印刷体与手写体汉字识别系统、语音识别系统、中文文稿校对系统等。这些产品的成功使用，一方面刺激了市场需求；另一方面也促进了这一研究领域的发展，使这些领域的研究引起更广泛的关注，这对学术发展与技术进步都是非常有益的。但另一方面也应看到，由于一段时期以来，在世界范围内人工智能和自然语言处理整个研究领域的工作都处于一个低潮，这影响到了汉字信息处理，要使汉字信息处理达到人们所期望的理想程度仍有漫长的路要走。

随着多媒体计算机时代的到来，纯以文字个体作为信息载体来阐述某种系统思想、方法，已经不能满足时代的需求了，可以通过声音、动画、图像、影像等多种媒体的方式来表现。中华民族拥有五千多年的文明史，这些文明通过浩如烟海的古代典籍依靠汉字传承下来，继承和发展这些文明是当代人不可推卸的责任。但是如何继承、如何发展则不是仅凭一腔热血就可以实现的，需要认真、扎实的学术研究。用系统论的方法对古代典籍的系统思想进行研究和整理，并用系统工程化的方法通过多媒体计算机对这些系统思想进行阐述和表征，这对于理解先人的思想、继承人类文明以及促进社会发展都是十分必要的，汉字信息处理有着十分广阔的天地可供驰骋。同时也应看到，信息处理技术也正在促进语言文字的研究和发展，信息技术不仅将改变人们的思想观念和研究方法，而且也必将对整个

世界的经济结构、社会结构乃至生活结构产生深刻的影响和变革，重视这种发展趋势，同时也重视汉语汉字本身的特异性质，才能在汉字与信息处理的研究与应用方面取得更大的成绩。

一、汉字的魅力和前途

中华民族，在几千年的发展历程中，创造出世界上唯一古老却仍具有旺盛生命力的表意文字——汉字。从古到今，汉字的发展是连续的，从甲骨文、金文、小篆，到隶、行、楷，没有文化断层；现代汉字可以上溯甲骨文、金文小篆中去寻找其历史渊源。在这个发展过程中汉字成为中华民族数千年文明的主要载体，是中华民族文化的重要标志，也是中华民族对世界文明的巨大贡献。汉字是独特而具魅力的。

（一）汉字是承载民族文化的重要工具

汉字是民族文化的化石，是历史的载体，是前人智慧的结晶，有着鲜活的生命力。在方块字中潜藏着丰富的审美和诗意，有着深厚的文化意蕴，有着独特的文化魅力。

在世界文字之林中，汉字用一个个方块形体保存了五千年古老的文化，维系了中华民族的统一。它的创造显示出中国与世不同的文明传统和感知世界的方式，而且是强有力的，自成系统的。从古到今的方言差异，通过汉字取得统一。

汉字的魅力表现在它的生命力经久不衰，汉字是世界上唯一的连续使用了几千年而且还在使用着的文字。自产生开始，汉字就承担起书写记载华夏历史的重任，以独特的视角展示着中华文化和中华文明。中国历史上流传下来的大量典籍通过汉字得以保留，人们又是通过汉字了解久远时代的事件和生活，

了解传统文化的根源，掌握民族文化的特征。汉字作为中华文化的载体，在几千年的发展过程中虽曾经历各种内忧外患，却一直按照自己的规律发展变化，不曾被外族所改造，始终以方块形体支撑着中国几千年的文明，也使中华文化从未被外来文化所征服，汉字是功不可没的。从它的过去和现在可以预示汉字一定会有更加美好的未来。

（二）汉字是连接世界文化的内在纽带

东南亚地区的许多国家都曾使用汉字作为共同书写体系，因而汉字在历史上对中华文明的传播起到了重要作用，并成为连接东南亚各国文化的内在纽带。与汉字、汉学有关的律令制度，都跨越国境，从中国中原，传播到东方的朝鲜、日本，南方的越南，用文字连接起中国与周边国家的文化。虽然多数国家后来又在汉字的基础上创造了自己的文字，但依然有着汉字的影响和痕迹。汉字是中华民族优秀文化的重要组成部分，汉语是当今世界上使用人口最多的语言。目前地球上使用汉字的人口大约有 14 亿，占世界人口的 26%，几乎相等于合用英语的 15 亿人口（以英语为母语的书面语的只有 3 亿人）。据联合国教科文组织提供的数据，它也是因特网上的第二大语言文字。随着中国加入 WTO 以及申奥成功和国民经济持续高速发展，世界各地学习汉语的兴趣日益升温。目前全世界已有 60 多个国家的学校开设了华文课程，美国有 200 多所大学设有中文课程。随着世界各种文化的交流融合，不同语言文字都可相互参考，取长补短，相得益彰。汉字在总结历史经验和借鉴吸收了其他文字的可取之处后将进一步发扬光大。国运盛，汉字兴，汉字有着广阔美好的发展前景，汉字的优越性对中华民族的团结和振兴，

将发挥其独特的作用。

(三) 汉字信息含量大，表现力丰富

汉字是表意文字体系，形体表现所记录汉语的意义要素，构形是以所表事物的形状为基础，表现为单音、独立、结构方正的图形性特点。社会在发展，科学在进步，利用已有的汉字即可满足记录因社会的发展而不断产生新词的需求。汉字能够适应时代所提出的各种新要求，正是缘于汉字结构独立方正的特点，组合灵活而简便，具有强大的组合能力；对不断出现的新概念、新词语，汉字可以在不增加新字的情况下，利用已有汉字就完全能够满足新概念、新词语的记录要求。汉字的方块结构，在表现形式上每一个字所占的空间面积大小固定一致，因此，平均起来，同样内容的中文表达比其他任何字母语言的文字所使用的空间距离都小，相较之下汉字具备比字母文字更高的信息密度，加之汉字表意文字的特性，以中华民族几千年的历史积淀为背景，信息含量大，具有丰富的表现力，所以汉字的阅读效率很高。在汉字长期以来适应对汉语记录的过程中，使得汉字只需用 2000 左右的常用字即可满足 98% 以上的书面表达需求，掌握起来难度不大，记忆负担不重。和世界上其他文字相比，汉字的这些特点使其在记录汉语时简洁、便捷。尤其是在现代科科技对文字信息处理提出更高要求的时候，汉字经受住了时代的考验，被计算机所接受，焕发出新的生机。

虽说汉字总数有 6 万多个，但这是汉字几千年历史积淀的结果，其中许多字已成为死字或僻字，常用字却是有限的，而且汉字的数量基本稳定不再增加。虽然英文字母只有 26 个，但英文单词的数目却一直在增长。同样的信息量，用汉字表达是最

简洁的。汉字的方块结构本身所具有的审美风格，是形成独特的汉字书法艺术的基础。汉字书法有其他文字书法不能比拟的魅力。不仅如此，汉字造字的方法如象形、指事、形声、会意、转注、假借等，都可引起人们的联想，有益于大脑两半球平衡发展，激发人的形象思维。

（四）汉字增强了汉语的表现力

汉语文化通过与汉字文化的完美结合，所造就出完美的文化事象，更彰显出汉字的魅力。古典诗词是利用汉语合辙押韵的特点所产生出的民族特有的文学样式，对联是汉民族特有的民俗文化的一种表现方式，由汉字可以把诗词歌赋和对联排列整齐，把押韵、平仄、对仗这些汉语的内容用汉字的形式表现出来，汉字既记载和保存下来这些国粹，又在外在形式上把汉语的特点进行更加完美的释放，使内容和形式得到了完美的统一。汉语的特点通过汉字更增强其表现力，这是其他文字难以做到的。

汉字源远流长，博大精深，内涵丰富，寓意高远。独特的方块汉字，使古老的华夏文明在世界文明体系中始终没有中断而延续至今，它是中华民族智慧的结晶，蕴藏着丰富的审美，饱含着深厚的文化意蕴和魅力。基于汉字本身魅力而产生的文化和艺术，是世界其他任何文字体系都不曾具有的。汉字以其独特的魅力，成为中华文明的载体和基础，成为世界文明宝库中独一无二的瑰宝，有着旺盛的生命力。

二、现代汉字的发展趋势

汉字为中华民族的文化服务了几千年，它不仅是人类初始

文明的标志，而且轻松地适应了当代高度发达的文化与技术，不仅是在中国，而且是在全世界，都在关怀着汉字的命运及发展趋势。汉字的发展究竟应当如何？要想回答这个问题，就必须弄清汉字的历史发展趋势，看准汉字的自然发展趋势，来作出合乎逻辑有事实依据的推测，自然发展趋势又往往包含在历史发展趋势的现实中。健康的趋势往往是科学性与合理规律的表现，汉字固然有可以人为规范的一面，但规范还要顺应趋势，否则，是不可能在汉字使用者中扎根的。汉字的发展是由两个指标所决定的：一个是汉字是否适应对汉语的记录，一个是汉字是否能够满足社会时代发展的需求，汉字的发展在符合这两个基本要求的前提下，最终要受汉字自身发展规律的制约，这是经历史所证明的客观事实。汉字系统内部的变化说明，汉字具有社会客观性及其本身的发展规律，它的发展变化总是朝着合理化、适应社会需要的方向进行的。

（一）拼音化道路实施的可能性

汉字应走拼音化（字母化）的道路，是以"汉字落后论"为基础而提出的。1908 年吴稚晖在巴黎中国留学生办的杂志《新世纪》上提出之后，陈独秀、胡适、钱玄同等人均持相同观点。钱玄同甚至认为，汉字"断断不能适用于 20 世纪之新时代"，因此"欲使中国不亡，欲使中国民族为 20 世纪文明之民族，必须废孔学，灭道教为根本之解决，而废记载孔门学说及道教妖言之汉文，尤为根本解决之根本解决"。新中国成立后，毛泽东主席于 1951 年提出"文字必须改革，要走世界文字共同的拼音方向"，致使"拼音化"成为新中国文字改革的方向。

有人认为，由于汉字的繁难，令我国的文盲增多，并使我

国的普通教育中因语文教学而加长了学制，甚至影响了社会主义现代化的实现。可是与我国同为文化古国的印度，在其历史的发展进程中，同我国也有大致相同的经历，据1989年版的《简明不列颠百科全书》的统计，一直使用拼音文字的印度人的文盲率高达64.8%，而我国却为16%。目前两国在现代化建设及综合国力的比较上，结果也不言而喻。这说明现代化能否实现，同使用汉字还是拼音文字并没有很大的关系。①

在高度信息化的时代里，信息处理需要通过计算机进行操作，在这方面，又有人认为，汉字要逊色于拼音文字，据此而提出要适应信息化时代，必须使用拼音文字。但是随着新中国的经济发展，特别是改革开放后高科技的发展，无数的科学工作者用他们的发明创造证明汉字完全适应于当代的高科技。王选关于激光照排的系列发明，使汉字告别了铅与火，创造了领先世界的汉字印刷科技；王永民等许多人创造的汉字输入法，早已证明汉字进入不了电脑的观点是错误的。这一切都使汉字在适应现代社会的需求方面得到了充分、全面的展现；同时也说明曾经落后的并不是汉字，而是我国经济、近代工业和科技。

汉字"拼音化"问题，是100多年来人们关注的焦点，也是语文改革运动争论的核心。直到1986年举行的全国语言文字工作会议，确定了新时期语言文字工作的方针是"继续推动文字改革工作"，主要任务是"研究和整理现行汉字，制订各项有关标准"，没有再重申走拼音化的道路，刘导生作了《新时期的语言文字工作》的报告，他指出："必须强调的是，在今后相当

① 刘建霞：《论汉字的优势和发展趋势》，载《中共山西省委党校学报》，2006(6)，第84—86页。

长的时期，汉字作为国家的法定文字还要继续发挥它的作用。现行的《汉语拼音方案》不是代替汉字的拼音文字，它是帮助学习汉语、汉字和推广普通话的注音工具，并用于汉字不便使用或不能使用的方面"。国家在 1958 年公布了汉语拼音方案，在 50 多年的时间里，汉语拼音方案在推广普通话方面确实功不可没，并且已经成为汉字教学非常得力的辅助性工具。目前汉语拼音方案的应用范围还有扩大的可能，如小学生在写作文时，遇到不会写的汉字，可以用汉语拼音写这个字，书刊中的难字、生僻字也可以加上汉语拼音，这套方案将会同汉字一样长期存在下去。能实现汉语拼音文字，什么时候实现，怎样实现，那是将来的事情，不属于当前文字改革的任务，"拼音化"成为学术问题。①

经过 20 多年的讨论研究，对于汉字的未来发展是否走拼音化道路的问题，现在已经有了基本的结论：即只要汉字适应汉语的特点，能够称职地履行记录汉语的职能，满足现代社会的需求，汉字就永远不会消亡。汉字的悠久历史使它负载着中华民族几千年的文明，造就了独特的汉字文化及民族心理；在信息时代的今天，汉字又以勃勃生机在计算机应用方面赢得了广阔的天地，因此无论是纵观历史还是立足现在，汉字都以其不可争辩的事实向世界展示了自己存在的价值和使用的潜力。

（二）汉字的简化与规范化问题

汉字从功用上讲是记录汉语的工具，从它的产生来讲就是以实用为目的应需而生的产物。在这个前提下，为了方便记录

---

① 全国语言文字工作会议秘书处编：《新时期的语言文字工作》，北京，语文出版社，1987 年版，第 24 页。

——书写，人们自然在主观上要求字形简化；但是在客观上能不能简化，有怎样的条件可提供与支持简化，则要看它所记录的对象——汉语的发展与变化。汉语的发展使汉字的简化成为可能：即汉语词汇双音化使之在表意方面更加具体而精确，不再需要通过字形的繁复去弥补单音表意的不足，这就为字形简化提供了可能。另外词义泛化、词形类化也为汉字的简化提供了可能。例如："牢"字，在古文字中有从"牛、羊、豕、马、鹿"形旁可以通用的情况，到后来则规范为从"牛"。这种现象的存在是因为在汉字记录汉语的过程中，在源生造词阶段，有一义即造一词，所以关"牛"的圈设一词，关"马"的圈又设一词，"羊、豕、鹿"等分别设为不同的词；造字则依此而产生不同的形体，但是造字的方式却是一样的，即如许慎所说的"同意"即通过相同的构形方式表现相同的构意——分别在"宀"下与不同动物的组合造出表示关不同动物圈的字形，以适应汉语词义细化所形成不同词义的记录。杨树达曾专门撰文释此诸字，他的观点是有合理性的。后来由于词义泛化，把关不同动物的圈概括为所有牲畜的圈，则字形也就可以简化规整了，规范为一个"牢"的形体，包含畜养所有动物的圈的意思。由于后来的通用现象，人们把这些字形看做是异体关系，但是在开始造字时并非异体现象，而是有分别的："牝"就是指母牛，如果把牛换成"豕"就是指母猪……并非通用、互用，是实有所指的，是什么动物就用什么做形旁，后来词义泛化，于是可以概括为所有的动物，则要求字形规范定为一个形体。从后代的角度来看，似乎从"牛、羊、豕、马、鹿"等义无别，表示同类事物，意义相同或相近而在字形上可以相互通用，这说明

汉字随汉语的发展变化而不断地进行调整以适应对汉语的记录，所以汉字的所有变化，实际上都是由汉字的职能——书写与识读所决定的，但是汉字能不能改变、怎样变则又是受汉语的特点及发展所制约的。

汉字在主客观两方面都具备了简化的条件下，才能考虑如何简化的问题。从古文字到现代汉字，简化的方式主要体现在两个方面：一个是书写方式的简化——即由线条改为笔画，大大提高了书写的速度，另一是字形形体的简化——即字形有繁复到简单，减少笔画的数量。既然要简化就存在怎么简的问题，采取什么方式，选用哪个字形，就必然会有规范的要求；所以简化一定是伴随规范同时进行的，甚至可以说"规范"就是"简化"的具体内容。可见"简化"与"规范"都是从汉字的实用目的出发点而产生的规律，是在汉字发挥其书写与识读作用的过程中，在"使用"中自然而然地产生的，汉字职能的发挥是导致汉字简化与规范化的最直接的原因。汉字的发展，完全证实了规范与简化是汉字历史发展的必然趋势。

汉字简化是符合文字发展的一般规律的。但在新中国成立前，历代统治阶级都不重视汉字简化工作，对在群众中广泛运用的简体字大加排斥，简体字始终没有取得合法的地位。新中国成立后，党和政府为方便人民群众更好地学习科学文化知识，掌握汉字这个书写工具，根据"约定俗成，稳步前进"的原则，整理了一批历史长、流传广、影响大的简体字。所以新中国成立后，关于汉字的简化工作，其成绩主要体现在 1956 年 1 月 31 日国务院正式公布的《汉字简化方案》，经过多年试用，于 1964 年编制出《简化字总表》，到 1986 年 10 月又重新发表了《简化

字总表》，对个别字作了调整。这个字表收入 2235 个简化字，平均每字 10.3 画。被简化的 2235 个繁体字，平均每字 15.6 画。简化字结构的清晰和笔画的减少，给人们的读写带来不少方便，它已成为现代人使用汉字的标准。对于《简化字总表》中的简化汉字的确有一些不尽如人意之处，但它顺应时代的要求，而且已经成为普及层面古代文化传承和现代文化记载的工具，所以必须保持稳定。关于现代汉字的简化问题，《全国语言文字工作会议纪要》对此已经作出明确指示："汉字的演变是从繁到简的，从长远看汉字不能不简化，但今后对于汉字的简化，应持谨慎的态度，在一个时期内使汉字的形体保持相对的稳定，以利社会应用"。[①]

对于现代的简化汉字如何看待和评价，王宁先生在对汉字在历史发展过程中简化情况的全面分析之后，提出了有关汉字简化与优化的原则，并根据这些原则，对现行简化汉字进行逐一分析，得出了四点结论：

1. 简化汉字是对已经和正在进行的自发的简化所作的人为规整。汉字构形系统的形成，给汉字简化提出了两个客观的、可以具体衡量的优化标准，也为实现符合优化原则的简化，提供了各种可行的条件。

2. 用已经认识到的优化原则来衡量已公布的简化汉字，符合优化原则的以及在某些方面具有合理性的占绝大多数，不符合优化条件的不过 10% 左右。而在繁体字中，不符合优化条件的字的比例要比这高得多。

---

① 全国语言文字工作会议秘书处编：《新时期的语言文字工作》，北京：语文出版社，1987 年版，第 4 页。

3. 汉字构形系统给优化原则的实现所提供的条件，至今还没有得到充分的利用。一个字一个字地减少笔画，从总体系统看，往往会顾此失彼。总结出现代楷书的构形系统，对整个系统加以全面规划，以实现汉字在优化原则下的简化，不但是可能的，而且是必需的。在继续简化的过程中，有些不合理的个体简化又会变得合理起来。例如，"樣"简化为"样"，而"漾"却不能随之简化为"洋"，不符合减少基础声符的原则。但"漾"是个强化形声字，在它在构件中，"氵"与"永"并存，具有符形表意的羡余。去掉"氵"旁，改为"羕"，"羕"不再充当表音构件，符合系统简化的原则，而独用的"羕"仍以"羊"为声符，与"样"仍在同一声符构成的系统中，"样"也就符合优化原则了。

4. 已推行的简化汉字中，确有少量的字不符合简化原则，是因为以往的简化工作存在个别技术失误而否定简化，重新回到繁体字去呢，还是在充分总结汉字构形规律、科学描写汉字构形系统的基础上对汉字进行优化的规范，在此过程中继续进行必要的简化呢？显而易见，后一种做法更符合汉字发展的趋势。对于少量不符合优化原则的简化字的调整，当然要等待一个适当的时机。但是，汉字是一个社会约定性很强的记录汉语的符号系统，它仍要不断发展，任何规范都只能保持相对稳定，而不能绝对不变。维护现有的简化字总表是必要的，对汉字进行科学的研究，让大家来议一议既往工作的得失，为汉字的进一步规范创造条件，也是绝不可少的。用科学的态度来促进汉字的合理发展，使它在当代更好地担负记录汉语的任务，这是

每一个热爱汉字的人都应当努力去做的事。①

不论从历史还是现在来看待汉字，汉字都将不能退出历史舞台，汉字在新的时代还将大放异彩，但是对其规范又是必须的。目前我国正在对规范汉字进行新的调整，《规范汉字表》的研制工作已经进入最后的审定阶段，不久将会正式公布，成为现代人们规范用字的法律依据，也将使汉字更有利于服务大众。

本章小结：汉字是信息的重要载体，在现代社会生活中，现代汉字的信息载体功能显得尤为重要，借助计算机提高信息处理的效率是非常重要的途径，现代汉字经受住了时代的考验，完全适应计算机的要求，在计算机应用领域有着广阔的发展前景；现代汉字在现代社会仍然发挥着巨大的作用。

思考与练习题：

一、现代汉字的应用前景表现在哪些方面？

二、谈谈现代汉字在计算机信息处理方面的运用。

三、如何看待汉字的拼音化问题。

四、说说你对手写汉字的看法。

---

① 王宁：《再论汉字简化的优化原则》，载《语文建设》，1992（1），第9—10页。

第十一章

现代汉字学概述

章节重点：现代汉字学的产生及发展，《中华人民共和国国家通用语言文字法》制定的意义。

关键词：现代汉字学《中华人民共和国国家通用语言文字法》

学习目标：通过对 100 年来语文现代化运动的了解，明确现代汉字学产生、发展的过程，明确与传统汉字学的区别，明确现代汉字学的发展阶段及现代汉字学在当前的主要任务。通过了解《中华人民共和国国家通用语言文字法》的内容，明确其在社会生活中的作用和意义。

教学要求：明确什么是现代汉字学，现代汉字学是时代的产物，中国文字学若干领域研究，现代汉字学研究的几个阶段。

1. 了解：什么是现代汉字学。

2. 熟悉：中国文字学若干领域研究。

3. 理解：《中华人民共和国国家通用语言文字法》的作用意义。

4. 掌握：当前现代汉字学研究的主要任务。

学习导航：在了解现代汉字内容的基础上，掌握现代汉字

学的产生发展及形成过程，熟悉了解新中国成立后国家制定的各种语言文字政策、法律法规、研究成果——各种"字表"及"方案"，把握现代汉字学的任务，自觉遵章守法，正确使用现代汉字，充分实现现代汉字学的应用价值。同时利用音像教材、网络多媒体课件（课程）、网络平台资源和面授辅导，以有效地学习和掌握本章的重点内容。

第一节　现代汉字学的内涵

现代汉字学是汉字学新兴的一个分支学科，弄清现代汉字学的内涵是研究和掌握现代汉字学的基础。

一、什么是现代汉字学

现代汉字学是相对于传统汉字学而建立起来的一门汉字学的分支学科。周有光先生在《现代汉字学发凡》中把汉字学分为三个部分：历史汉字学、现代汉字学和外族汉字学。历史汉字学实际上就是传统汉字学，即传统的"小学"，又可称为"文字学"，研究内容是"汉字形音义的来源和演变"。因为传统汉字学的研究目的是解决古书阅读的字词问题，对汉字形体的分析是为了通过形体确定词义，分析字际间关系同样是为了解决文献的语义问题，传统文字学实际上是训诂学的手段和工具，因此传统汉字学对汉字所作的研究工作其目的并非是从研究汉字学的角度所进行的，严格地说传统汉字学不是一门独立的学科，它仅仅是解决古书词义问题的一种工具。

"现代汉字学研究现代汉字的特性和问题，目的是为今天和明天的应用服务，也就是为四个现代化服务，减少汉字在现代生活中的不方便。"①据此，现代汉字学的内涵可以概括为是对现代汉字的特性及其使用状况的研究，其目的是为了更好地运用汉字，最大限度地发挥汉字的职能和作用。

可见，现代汉字学的内涵是在与传统汉字学的比较中确定的。现代汉字学与传统汉字学的主要不同之处在于：现代汉字学立足于现代，是应现代社会生活的需要而产生。现代汉字学的生产不仅是提高汉字日用效率和技术应用效率的迫切需要，而且是国际文化、科学交流的需要，同时也是汉字本身发展的需要。因此现代汉字学所关注的是现代汉字的应用问题，主要解决怎样更好地使用汉字的问题，包括汉字的本体研究及相关的应用研究。它是汉字学新兴的一门独立的学科。

二、现代汉字学是时代的产物

周有光先生认为现代汉字学是"播种于清末，萌芽于五四，含苞于解放，嫩黄新绿渐见于今日"②，根据他的说法，一般把现代汉字学的研究范围确定在19世纪末到现在为止的汉字研究。在这段时间内，既是汉字学发展的过程，也是现代汉字学由产生到发展再到逐步完善的过程。

回顾历史不难发现，19—20世纪之交，正是我国处于民主革命推翻帝制以后的军阀混战时期，虽然传统势力在当时还很强大，但与此同时出现了一批具有强烈使命感、责任感的先进

① 周有光著：《周有光语言学论文集》北京：商务印书馆，2004年版，第306页。
② 周有光著：《周有光语言学论文集》北京：商务印书馆，2004年版，第306页。

知识分子，他们经过西方现代科学教育，本着富国强民的愿望，在全盘否定传统的同时，把国家现代化的希望寄托于西方。于是，在这种形势下在产生了三次关于汉字问题的大辩论。

（一）19—20 世纪之交

在普及文化教育前提下发生的切音字运动。这场运动撼动了传统汉字观念，代表人物是清代末年极少数懂得西方拼音文字又关注教育普及的知识分子。如卢戆章、王照、劳乃宣等。他们把中国和西方国家及日本相比，感到中国处处落后的主要原因之一就在教育的不普及，教育不普及又和汉字繁难密切相关，因此切音字运动由此发端。1892 年，卢戆章的《一目了然初阶》（中国切音新字厦腔）在厦门出版，这是中国第一个汉语拼音方案。卢戆章在书的自序中讲到切音为字的三大优点：

1. 字母与切法习完，凡字无师能自读。这一点表现为切音字容易学。

2. 基于字话一律，则读于口遂即达于心。这一点说明切音字容易记。

3. 基于字画简易，则易于习认，亦即易于捉笔。这一点指明切音字容易写。

这段时间曾产生过许多切音字方案，但大都缺乏广泛的社会影响，真正在社会上得到推广的只有王照的"官话字母"和劳乃宣的"合声简字"。"官话字母"曾推行到全国 13 个省，出书 6 万册，同时还出版了《拼音官话报》等多种刊物，在各地各基层有很多人热心学习和宣传。劳乃宣的"合声简字"是在官话字母的基础上补充方言字母而成，为的是便于在南方推行官话，先后办了 10 期，毕业数百人，经相传授，推行于江浙两

省。1918 年 11 月在国语运动的推动下，北洋政府公布了"注音字母"。可见以切音辅助汉字教学，的确可以在一定程度上克服汉字的繁难。这是当时这些知识分子普及教育、发展科学、振兴国家的爱国主义表现。

（二）20 世纪初

在维护国家独立、振兴民族文化前提下出现的汉字存废之争。吴稚晖发表《评前行君之"中国新语凡例"》一文，认为中国应废除汉文汉语，改用"万国新语"（即 Esperanto 世界语）。同年，章炳麟发表了万言长文《驳中国改用万国新语》，对汉字的优劣和是否能够废除的问题，进行了针锋相对的论争，批驳了"汉字落后"论，提出三个论点：

1. 汉字繁难，无表音机制，难与语音沟通，对普及教育很有妨碍，需要制定一套标音符号来辅助扫盲和初等教育。他"取古文籀篆径省之形"制定了 36 声母、22 韵母的切音方案。后来，这个方案中的 15 个字母为注音字母所采用。

2. 汉字适合于汉语，并与中国历史文化产生了难以分割的关系。汉字与拼音文字比较，特点各异，优劣互补。汉字是不能废除的。

3. 在强调便于扫盲教育与初等教育时，还必须考虑到高等教育与高深的文化历史学习。对于后者来说，汉字的功能仍是无法取代的。

这三点现在已经取得多数人的共识。

（三）20 世纪 20 年代以后

伴随新文化运动出现的汉字改革思潮。1923 年，《国语月刊》出版《汉字改革号》特刊，钱玄同发表了《汉字改革》一

文提倡改用拼音文字。他认为，汉字不革命，则教育决不能普及，国语决不能统一，国语的文学决不能充分发展，世界公有的新道理、新学问、新知识决不能很便利、很自由地用国语写出。钱玄同的主张与提倡万国通用语的吴稚晖有本质的不同，这次汉字改革的提出，是与推行白话文、实行文艺大众化紧密相连的，它是以反封建为主要目标的新文化运动的有机组成部分。瞿秋白曾说，提倡汉字改革的目的，是打破军阀、学阀对知识的垄断，使中国工农群众能够得到教育的机会。这次汉字改革的思潮，带有崇高的爱国主义动机，带有对封建文化和教育进行反思的批判精神。虽然各种主张、方案都在这一时期提出，许多有关文字改革的组织也相继产生，他们的声音很高，态度激烈迅猛，但这次改革又是科学慎重的。钱玄同曾说，改用拼音字母需要 10 年的准备，因此他提出了 10 项筹备事项和五项"补偏救弊"的办法。章太炎对改革论持否定态度，他主张维护汉字以传播中华民族的历史文化，用本国的语言文字来激励种性，带有反对帝国主义亡我文化的爱国主义精神；同时，他强调汉字与中华民族历史的难以分割以及在更高层次教育中不可取代的作用。

关于汉字的这三次大争论，两种主张，截然相反，当时看来是极端对立的，但从今天看来，是出于两种爱国动机：一方面存在反对文化复古与垄断的现代化意识，另一方面，又有保存文化精华，维护民族文化的爱国意识，但都有偏颇，必须相互补充，才能彼此消除片面性。

章太炎为代表的维护民族文化、保存汉字改进教育的主张，与他们用语言文字激励种性，提高民族自尊心与自信心的主张

直接相关，现在看来，他们的主张是非常有远见的，后来汉字问题的发展更加证明了他们不是"保守"。

（四）新中国成立以来的汉字改革是世纪初历史的延续

20世纪中期，也就是新中国成立以来的文字改革运动，几乎在所有的问题上，都是初期运动的延续。文字改革的骨干队伍，实际上是初期运动各方主力的合流；文字改革的三大任务：简化汉字、推广普通话、制定和推行汉语拼音方案，正是初期运动所提出的主要措施的实现。不同的是，新中国成立以来的文字改革，从有组织领导的群众运动，转变为顺应民意、依靠专家的国家行为。正是因为国家行为带有政策的强制性，才能使有志之士半个世纪以来所从事的文字改革工作在较短的时间内迈出了一大步；另一方面，也由于接受了前半个世纪对汉字问题慎重的态度，在三大任务取得决定性的成功，扫除文盲、普及教育全面实现以后，文字改革虽然仍在继续，但其内容已经发生了很大的变化。①

（五）新时期以来汉字工作的主要变化从"中国文字改革委员会"更名为"国家语言文字工作委员会"就可以看出，已经不重在"改革"了。1986年1月，国家教育委员会和国家语言文字工作委员会联合召开了全国语言文字工作会议，在此会议上重新确定了新时期语言文字工作的方针和任务。具体方针是："贯彻执行国家关于语言文字工作的政策和法令，促进语言文字规范化、标准化，继续推动文字改革工作，使语言文字在社会主义现代化建设中更好地发挥作用"。具体任务是："做好现代

---

① 这部分内容主要参用王宁：《从汉字改革史看"简繁之争"》，载《社会科学管理与评论》，2009（2），第58—60页。

汉语规范化工作，大力推广和积极普及普通话；研究和整理现行汉字，制订各项有关标准；进一步推行《汉语拼音方案》，研究并解决实际使用中的有关问题；研究汉语汉字信息处理问题，参与鉴定有关成果；加强语言文字的基础研究和应用研究，做好社会调查和社会咨询、服务工作"。可见文字工作的任务已由过去的改革转变为对现行文字的整理及基础、应用的研究方面。

《全国语言文字工作会议纪要》对汉字改革、汉语拼音化及文字规范化等问题作了明确的说明："语言文字工作必须积极而稳步地进行。为了适应社会发展和人们交际的需要，语言文字不断发展变化，同时又保持相对稳定。这是语言文字演变的基本规律。语言文字工作必须遵循这一客观规律，顺乎自然，因势利导，做促进工作。30 多年来，汉语规范化和文字改革工作有较大的发展，取得了很大成就。当前，需要充分消化、巩固和发展这一历史性重要成果。在促进语言文字规范化、标准化的同时，文字改革工作还要继续进行，尚未完成的任务还要继续完成。但是文字改革必须稳步进行，不能急于求成；脱离实际超越历史条件的改革，是得不到大多数人支持的。在今后相当长的时期，汉字仍然是国家的法定文字，还要继续发挥其作用。《汉语拼音方案》作为帮助学习汉语、汉字和推广普通话的有效工具，要进一步推行并扩大其使用范围，但它不是代替汉字的拼音文字，可以用于汉字不便使用或不能使用的方面。关于汉语拼音化问题，许多同志认为这是将来的事情，现在不忙于作出结论。1977 年发表征求意见的《第二次汉字简化方案（草案）》，经过多次修订，迄今本能定案。这一草案中虽然有一部分简化字比较合理，对识字教学、文字使用有些积极作用，但是再正式公布这批新简化字，对出版物特别是多卷本的字典、词典、百科全书以及电子计算机的汉字字库等，都会造成很多困难。因此，会议建议国务院批准正式宣布废止《第二次汉字简化方案（草案）》。汉字的演变是从繁到简的。从长远看汉字不能不简化，但今后对于汉字的简化，应持谨慎的态度，在一个时期内使汉字的形体保持相对的稳定，以利社会应用。目前，社会上滥用繁体字、乱造简化字、随便写错别字的现象相当严重，引起国内外各界人士的关注，纷纷提出批评意见。建议各级人民政府和有关部门采取有力的措施，予以干预和纠正"。

《中华人民共和国国家通用语言文字法》，是为推动国家通用语言文字的规范化、标准化及其健康发展，使国家通用语言文字在社会生活中更好地发挥作用，促进各民族、各地区经济文化交流，根据宪法制定的法规。这是中华人民共和国第一部关于语言文字的专门法律。2000 年 10 月 31 日第九届全国人民代表大会常务委员会第十八次会议通过，2001 年 1 月 1 日起施行。此法确立了普通话和规范汉字的"国家通用语言文字"的法定地位。全文如下：

第一章　总则

第一条　为推动国家通用语言文字的规范化、标准化及其健康发展，使国家通用语言文字在社会生活中更好地发挥作用，促进各民族、各地区经济文化交流，根据宪法，制定本法。

第二条　本法所称的国家通用语言文字是普通话和规范汉字。

第三条　国家推广普通话，推行规范汉字。

第四条　公民有学习和使用国家通用语言文字的权利。国家为公民学习和使用国家通用语言文字提供条件。地方各级人民政府及其有关部门应当采取措施，推广普通话和推行规范汉字。

第五条　国家通用语言文字的使用应当有利于维护国家主权和民族尊严，有利于国家统一和民族团结，有利于社会主义物质文明建设和精神文明建设。

第六条　国家颁布国家通用语言文字的规范和标准，管理国家通用语言文字的社会应用，支持国家通用语言文字的教学和科学研究，促进国家通用语言文字的规范、丰富和发展。

第七条　国家奖励为国家通用语言文字事业做出突出贡献的组织和个人。

第八条　各民族都有使用和发展自己的语言文字的自由。少数民族语言文字的使用依据宪法、民族区域自治法及其他法律的有关规定。

第二章　国家通用语言文字的使用

第九条　国家机关以普通话和规范汉字为公务用语用字。法律另有规定的除外。

第十条　学校及其他教育机构以普通话和规范汉字为基本的教育教学用语用字。法律另有规定的除外。学校及其他教育机构通过汉语文课程教授普通话和规范汉字。使用的汉语文教材，应当符合国家通用语言文字的规范和标准。

第十一条　汉语文出版物应当符合国家通用语言文字的规范和标准。汉语文出版物中需要使用外国语言文字的，应当用

国家通用语言文字作必要的注释。

第十二条 广播电台、电视台以普通话为基本的播音用语。需要使用外国语言为播音用语的，须经国务院广播电视部门批准。

第十三条 公共服务行业以规范汉字为基本的服务用字。因公共服务需要，招牌、广告、告示、标志牌等使用外国文字并同时使用中文的，应当使用规范汉字。倡公共服务行业以普通话为服务用语。

第十四条 下列情形，应当以国家通用语言文字为基本的用语用字：（一）广播、电影、电视用语用字；（二）公共场所的设施用字；（三）招牌、广告用字；（四）企业事业组织名称；（五）在境内销售的商品的包装、说明。

第十五条 信息处理和信息技术产品中使用的国家通用语言文字应当符合国家的规范和标准。

第十六条 本章有关规定中，有下列情形的，可以使用方言：（一）国家机关的工作人员执行公务时确需使用的；（二）经国务院广播电视部门或省级广播电视部门批准的播音用语；（三）戏曲、影视等艺术形式中需要使用的；（四）出版、教学、研究中确需使用的。

第十七条 本章有关规定中，有下列情形的，可以保留或使用繁体字、异体字：（一）文物古迹；（二）姓氏中的异体字；（三）书法、篆刻等艺术作品；（四）题词和招牌的手书字；（五）出版、教学、研究中需要使用的；（六）经国务院有关部门批准的特殊情况。

第十八条 国家通用语言文字以《汉语拼音方案》作为拼

写和注音工具。《汉语拼音方案》是中国人名、地名和中文文献罗马字母拼写法的统一规范，并用于汉字不便或不能使用的领域。初等教育应当进行汉语拼音教学。

第十九条　凡以普通话作为工作语言的岗位，其工作人员应当具备说普通话的能力。以普通话作为工作语言的播音员、节目主持人和影视话剧演员、教师、国家机关工作人员的普通话水平，应当分别达到国家规定的等级标准；对尚未达到国家规定的普通话等级标准的，分别情况进行培训。

第二十条　对外汉语教学应当教授普通话和规范汉字。

第三章　管理和监督

第二十一条　国家通用语言文字工作由国务院语言文字工作部门负责规划指导、管理监督。国务院有关部门管理本系统的国家通用语言文字的使用。

第二十二条　地方语言文字工作部门和其他有关部门，管理和监督本行政区域内的国家通用语言文字的使用。

第二十三条　县级以上各级人民政府工商行政管理部门依法对企业名称、商品名称以及广告的用语用字进行管理和监督。

第二十四条　国务院语言文字工作部门颁布普通话水平测试等级标准。

第二十五条　外国人名、地名等专有名词和科学技术术语译成国家通用语言文字，由国务院语言文字工作部门或者其他有关部门组织审定。

第二十六条　违反本法第二章有关规定，不按照国家通用语言文字的规范和标准使用语言文字的，公民可以提出批评和

建议。

本法第十九条第二款规定的人员用语违反本法第二章有关规定的，有关单位应当对直接责任人员进行批评教育；拒不改正的，由有关单位作出处理。城市公共场所的设施和招牌、广告用字违反本法第二章有关规定的，由有关行政管理部门责令改正；拒不改正的，予以警告，并督促其限期改正。

第二十七条　违反本法规定，干涉他人学习和使用国家通用语言文字的，由有关行政管理部门责令限期改正，并予以警告。

第四章　附则

第二十八条　本法自 2001 年 1 月 1 日起施行。①

《中华人民共和国国家通用语言文字法》明确规定："本法所称的国家通用语言文字是普通话和规范汉字"，"国家推广普通话，推行规范汉字"，"国家机关的普通话和规范汉字为公务用语用字"，"学校及其他教育机构以普通话和规范汉字为基本的教育教学用语用字"，"汉语出版物应当符合国家通用语言文字的规范和标准"，"公共服务行业以规范汉字为基本服务用字"，"国家通用语言文字以《汉语拼音方案》作为拼写和注音工具。《汉语拼音方案》是中国人名、地名和中文文献罗马字母拼写法的统一规范，并用于汉字不便或不能使用的领域。初等教育应当进行汉语拼音教学"，"对外汉语教学应当教授普通话和规范汉字"。

《中华人民共和国国家通用语言文字法》以法律的形式确定

---

① 《<中华人民共和国国家通用语言文字法>学习读本》，北京：语文出版社，2001 年版。

了普通话、规范汉字和《汉语拼音方案》在中国人民语言文字
生活中的地位，对于推动国家通用语言文字的规范化、标准化
及其健康发展，使国家通用语言文字在社会生活中更好地发挥
作用，促进各民族、各地区经济文化交流，具有重要的作用。
可见，现在对汉字的关注主要在于对现有汉字的整理和规范方
面，一系列的政策及相关规定都是围绕规范和标准的议题来进
行的。而这一路走来的过程就使现代汉字学由此孕育萌生，发
展到现在已经初步形成自己较为严密的学科体系，并正朝着正
确的方向健康地发展。

因此，现代汉字学正如杨润陆所归纳的那样"是一门新兴
的学科，它研究的是现代汉字的属性和应用。这门学科具有强
烈的现实性和应用性，它是时代的产物，是100年来语文现代化
运动的产物，是历史上关于汉字及拉丁化的四次大争论的产物，
是新时期语言文字政策的产物"。①

第二节 现代汉字学的发展

虽然现代汉字学是一门建立时间不长的新兴学科，但是从
其产生和成长的过程中，足见其稳健发展的步伐，同时也预示
其广阔的发展未来。

---

① 杨润陆著：《现代汉字学》，北京：北京师范大学出版社，2008年版，第91页。

一、中国文字学若干领域研究回顾

中国文字学，在 20 世纪研究方面表现得最为突出的特征是由中国传统学术向现代学术转型，在若干领域研究成就显著。

（一）现代汉字与汉字应用研究

现代汉字及其应用研究，体现为现代社会发展对语言文字研究的新要求。在这方面汉字的研究有突出的进步，也在很大程度上改变了中国文字学的治学传统。主要表现在围绕汉字改革问题所引发的对百年来的语文运动的研究与反思，论争之激烈，影响之广大，堪称中国学术史上之罕见；就汉字的整理、简化和规范化等方面的工作，也取得重大成就，且确立了现行汉字系统；在汉字信息处理方面，应用水平不断提高，更加充分发挥了汉字的职能作用；汉字教学与习得研究也得到了更多的重视，汉字的传播和应用的广泛超过了历史上任何一个时代。具体成果主要体现在：汉字简化研究。人们开始用系统的观点看待汉字的简化，探讨了有关汉字简化的优化原则，注重简化字字源的研究，注重繁简对照和转换的整理研究。字形的整理研究。表现为对现代汉字笔形的分类整理、笔顺的规范、汉字部件的切分、部件的规范及命名等研究。印刷用新旧字形的整理研究、字符理论在现代汉字构形分析的应用研究等。由中国教育部、国家语言文字工作委员会历时 8 年组织研制的《通用规范汉字表》已于 2009 年 8 月 12 日至 31 日经过向社会公开征求意见的阶段。相信最后公布的日期不久就会到来。《第一批异形词整理表》的正式发布，在异体字研究方面，对异体字的分类和整理更加细致深入，对《第一批异体字整理表》的评价也

更趋全面、客观；重新探索了异体字概念的内涵，对大型字书的异形字、疑难字进行全面的整理研究；对海峡两岸现行汉字的异同予以关注。对外汉字教学研究。运用认知心理学、偏误分析与中介语等理论，突破传统以新的视角结合体现现第二语言学习者的接受规律以及学习方式，探讨对外汉字教学的相关问题；在研究汉字本身特点的基础上，针对对外汉字教学的定义、内容、方法等方面展开研究。汉字检字法、汉字信息处理有关规范的研制也取得了新的成绩。适应现代汉字研究教学的需要。

（二）汉字的理论研究

汉字起源问题的研究。随着出土材料的不断出现及研究的不断深入，关于汉字起源问题的研究越来越引起学者们的高度关注，对汉字的起源时间已经有了基本的统一认定，即在夏代初期汉字已经产生。关于汉字性质的研究。虽然对此问题的讨论，还没有得出统一的研究结论，但是通过对汉字性质的讨论，加深了对汉字的构形、汉字符号的功能和作用、汉字与语言的特殊关系、文字记录语言的方式和手段等问题的思考，有利于认识的统一。汉字结构的研究。这是有关汉字理论问题中十分重要的内容，也是最具传统的内容，在此方面传统的"六书"理论影响深远，但是人们已经认识到"六书"的局限与不足，于是在"六书"基础上进行了各种各样的改进，甚至完全抛开"六书"，对汉字结构进行新的理论创新。但是由于汉字的形体太为复杂，有古有今，且有传承与变异，对这些情况各异的现象如何进行处理的确不是容易解决的问题，所以到目前为止有关汉字结构的理论问题仍是热点问题。汉字发展演变的研究。

人们已经意识到汉字发展历史的研究，对揭示汉字发展演变规律的重要作用，因此在字体形态发展及揭示汉字内在发展规律变化方面的研究所取得的成果较为显著。

二、现代汉字学研究的几个阶段

现代汉字学可谓是百年来语文现代化运动的产物，在这一百年间关于汉字及拉丁化的辩论，以及新时期关于汉字问题相关政策及法规的制定与实行，都是对汉字的宏观和微观研究的一种促进，使得汉字的理论和应用问题都有了长足的发展，因此可以说，一百年的汉字改革运动促成了现代汉字学学科体系的建立和完善。苏培成把它分为两个阶段[①]：

（一）自清末到民国是第一个阶段

清朝末年无线电报号码本的编制实际上就是现代汉字字序研究的开始。民国以后所进行的国语审定国音的工作，就是字音研究。1928 年陈鹤琴出版了《语体文应用字汇》就是最早的字频研究。1932 年国民政府教育部公布的《国音常用字汇》就相当于当时的规范汉字表，它收正字 9920 字，在字量、字形、字音、字序方面建立了初步的规范。1934 年钱玄同在国语统一筹备委员会提出"搜采固有而较适用的简体字案"，1935 年编成《简体字谱》草稿，1935 年 8 月国民政府教育部公布了《第一批简体字表》，收简体字 324 字，这是中国政府第一次公布的简体字方案。1935 年 11 月生活书店出版了洪深的《一千一百个基本汉字使用教学法》，可以看做是较早的基础汉字教学的尝试。艾

---

① 苏培成著：《现代汉字学纲要》（增订本），北京：北京大学出版社，2001 年版，第 26—29 页。

伟在 1948 年出版的《汉字问题》代表了民国时期汉字心理学研究的最高成就。

（二）新中国建立以来是第二个阶段

在"文化大革命"前，语文改革方面所做的工作有：1952年 6 月，中央人民政府教育部公布了《常用字表》。1955 年 10月召开了全国文字改革会议，讨论了《汉字简化方案》和推广普通话问题。1955 年 12 月公布了《第一批异体字整理表》，淘汰了 1055 个异体字。1956 年 1 月公布了《汉字简化方案》，推出了 515 个简化字和 54 个简化偏旁。1958 年 2 月公布了《汉语拼音方案》，同年进入学校进行教学，在社会上得到了应用。1964 年 5 月公布了《简化字总表》确定 2236 个简化字。1965 年1 月公布了《印刷通用汉字字形表》，收 6196 个通用字。这一系列规范字表的研制工作，都是对现代汉字研究的促进，也是对现代汉字研究成果的应用，同时还是现代汉字学研究工作和研究成果的体现。

在"文化大革命"结束后的新时期，首先推动现代汉字研究的是周有光，他第一个明确地提出了建立现代汉字学的主张，发表了一系列相关论文，都十分具有开创性。其中在 1980 年出版的《语文现代化》丛刊第 2 辑上所刊发的《现代汉字学发凡》，可谓是现代汉字学诞生的标志。1985 年高家莺、范可育发表的《建立现代汉字学刍议》①，这篇文章对现代汉字学建设的一系列基本问题作了较为全面的阐述。

从 1980 年到现在，现代汉字学得到了长足的发展。经过 30

---

① 高家莺、范可育：《建立现代汉字学刍议》，载《上海师范大学学报》，1985（4），第 123—127 页。

年的发展，现代汉字学的研究无论是在广度还是在深度方面都有了前所未有的扩大，例如从文字类型学和文化传播的角度来研究汉字和汉字的发展就是全新的视角，从全世界拉丁化的大趋势看待汉字和汉字的发展，得出了可信的结论，指明了汉字的发展前途。在新时期语言文字政策的指引下，国家语言文字工作委员会不仅在理论战线上取得了很大的成绩，而且及时制定了有关语言文字的一系列国家标准，使语言文字的规范化、标准化在应用方面得到了体现。我国现阶段语言文字的基本政策是：各民族语言文字平等共存，禁止任何形式的语言文字歧视；各民族都有学习、使用和发展本民族语言文字的自由；国家鼓励各民族互相学习语言文字；国家推广普通话，推行规范汉字。新时期语言文字工作的方针是：贯彻、执行国家关于语言文字工作的政策和法令，促进语言文字规范化、标准化，继续推动文字改革工作，使语言文字在社会主义现代化建设中更好地发挥作用。当前语言文字工作的主要任务是：做好现代汉语规范化工作，大力推广和积极普及普通话，研究和整理现行汉字，制定各项有关标准，进一步推行《汉语拼音方案》，研究并解决实际使用中的有关问题，研究汉语、汉字信息处理问题，参与鉴定有关成果，加强语言文字的基础研究和应用研究，做好社会调查和社会咨询服务工作。

　　总之，30 年来，现代汉字学由初建到较为完善的体现是多方面的：出版了多本现代汉字学著作，包括通论性质的著作、专题性质的论著和现代汉字学各方面内容的文章；现代汉语教材增加了现代汉字学的内容，高等院校独立开设了现代汉字学课程；有关现代汉字和中文信息处理方面取得了骄人的成绩，

既有相关论著，又有成果的实际运用。这一切都充分显示了现代汉字学的成就，以及广阔的未来。

本章小结：现代汉字学是一门新兴的学科，它研究的是现代汉字的属性和应用。这门学科具有强烈的现实性和应用性，它是时代的产物，是100年来语文现代化运动的产物，是历史上关于汉字及拉丁化的四次大争论的产物，是新时期语言文字政策的产物。在这100年来，现代汉字学取得了骄人的成绩，制定了许多"字表"和"方案"及法律法规，为现代汉字学的研究、应用创造了良好的条件。

思考与练习题：

一、简述现代汉字学的产生过程。

二、说明现代汉字学的研究成果。

三、阐述《中华人民共和国国家通用语言文字法》的内容及意义。

第十二章

现代汉字学研究

章节重点：现代汉字学研究的内容与方法；《通用汉字规范表》的具体内容。

关键词：汉字学研究　《通用汉字规范表》

学习目标：通过了解现代汉字学的时代特点，明确现代汉字学研究的理论与应用内容，达到规范使用现代汉字的目的。通过了解现代汉字学的研究方法，能够对现代汉字的种种现象进行分析，准确运用现代汉字。

教学要求：明确现代汉字学研究内容有现代汉字形义理论研究、现代汉字形声字研究、现代汉字文化特性研究、现代汉字的拼音化研究。现代汉字学研究方法有现代汉字理论研究方法和现代汉字应用研究方法。现代汉字学的研究前景十分广阔。

1. 了解：现代汉字学的研究内容。

2. 熟悉：现代汉字学研究的发展方向。

3. 理解：《通用汉字规范表》制定的理念。

4. 掌握：现代汉字学的理论和应用研究方法。

学习导航：在了解现代汉字学与传统汉字学异同的基础上，明确现代汉字学的特点，从而把握现代汉字学的研究内容、研

究方法、发展方向。通过了解《通用汉字规范表》的研制过程、理念，规范地使用现代汉字。同时利用音像教材、网络多媒体课件（课程）、网络平台资源和面授辅导，有效地学习和掌握本章的重点内容。

　　现代汉字学相对于传统汉字学来说，是一门新兴的学科。这门学科最突出的特色在于应用，因为现代汉字学的研究对象是现代汉字，现代汉字顾名思义即是指现代所使用的汉字，现代汉字学产生的目的就是为了更好地运用现代汉字，对现代汉字存在的现象、问题进行研究和阐释。现代汉字学研究的内容十分广泛，也有待深入，这是建立和完善现代汉字学所必需的工作。

第一节　现代汉字学研究的内容

　　现代汉字学需要研究的内容有很多，凡是现代汉字应用的各个领域，都是现代汉字学所需要研究的范围。仅就现代汉字"字量"这一个问题，所要研究的内容就包括如何统计和确定现代汉字的字量，现代汉字常用字量有多少，基础教育所需掌握的字量又有多少，对外汉语教学的字量又应该有多少，基础教育与对外汉语教学的字量是否一致，如果有差别其表现在什么地方，等等。现代汉字所包含的每一个问题，都有许多内容需要加以研究，都是现代汉字学所需研究的内容。

一、现代汉字学的研究内容

现代汉字学的研究内容可以分为理论研究和应用研究。

（一）理论研究

一个学科的建立首先要搭建理论框架，在理论的指导下对具体内容进行研究，所以理论研究对于一个学科而言是十分重要的，它是一个学科建立的基础，没有理论的学科是没有支撑点的，也是建立不起来的。现代汉字学在理论研究方面包括以下一些内容：

1. 现代汉字的性质和特点。对现代汉字进行研究，首先要明确什么是现代汉字，只有明确了现代汉字的性质、特点，才能有的放矢地对现代汉字进行研究，这是现代汉字学研究的首要问题。由于汉字的本质属性是形体，对汉字而言，历史悠久，形体在不同的历史时期所表现出的特征是不同的，虽然古代汉字与现代汉字在性质上没有质的变化，都是表意文字体系，但是古代汉字与现代汉字的特点还是各不相同的。因此只有充分研究现代汉字的性质和特点，才能把现代汉字与历史上其他时段的汉字区别开来，从而有针对性地进行研究，这是现代汉字研究的理论基础，也是更好地认识和运用现代汉字的基础。

2. 现代汉字的共性与个性。汉字作为文字的一种，一定具有文字的共性特征，同时具有汉字自身的个性特点。现代汉字同样如此，既有自己的个性特征，又有传统汉字的共性要素。现代汉字学不仅要把汉字发展的个性要素与文字发展的共性要素联系起来进行研究，而且还要把现代汉字的个性特征与传统汉字的共性特征结合起来加以研究。同时还要注重语言特点、

社会发展的需要以及文化传播对现代汉字个性及共性特征形成所生产的影响。

3. 现代汉字与文化的关系。通过研究现代汉字和民族文化的关系，了解现代汉字的语言功能和文化功能以及广大人民群众的文化心理。汉字负载的文化数量和质量在世界上曾是最多和最有价值的，汉字的语言功能和文化功能对于形成汉民族的凝聚力具有不可低估的作用。现代汉字在现代社会与文化的关系是现代汉学所要研究的重要理论课题。

4. 现代汉字的历史与现状。通过对现代汉字发展历史的回顾，总结 100 年来的语文现代化运动的经验，明确时代对汉字的要求，贯彻新时期语言文字工作的方针和任务，继续肩负起语文现代化所赋予现代汉字的历史使命。就现状而言，现代汉字基本上适应对现代汉语的记录，对于某些不适应的情况，可以通过提高现代汉字规范化、标准化程度的方法加以适当的调整和解决。

5. 现代汉字的发展前途。科学地对现代汉字作出评价，合理地预测现代汉字的发展方向，这是现代汉字学理论研究非常重要的内容。在正确运用现代汉字的基础上，以事实为依据，符合逻辑地推断现代汉字的未来和发展前途，从而明确现代汉字学的研究目标，更加科学、合理地研究和规范现代汉字，使现代汉字能够更好地为社会服务。

6. 现代汉字的标准化与汉语拼音化。"五四"以来我国曾经将汉字的拼音化作为文字改革的方向和文字研究的主导思想。1986 年召开的全国语言文字工作会议不再提汉字的拼音化方向。当前国家语言文字工作的方针是促进语言文字的规范化、标准

化，使语言文字在社会生活中更好地发挥作用。至于汉字拼音化，不属于当前语言文字工作的任务。2001 年 1 月 1 日起施行的《国家通用语言文字法》规定"国家推广普通话，推行规范汉字。汉字作为国家的法定文字，还要继续发挥作用。"现代汉字的拼音化研究只作为学术问题进行讨论，不再作为文字政策加以实施。

（二）应用研究内容

除了理论研究内容以外，由于现代汉字学具有强烈的现实性、实用性，因此现代汉字学在应用研究方面所包括的内容也十分广泛，主要表现在以下几个方面：

1. 现代汉字的字形研究。字形研究的目的是要做到字有定形，且形体简明、合理，便于掌握和运用。因此就需要对现代汉字的形体进行规范和整理，从便于掌握和运用的角度出发，有效地制订科学合理的简化方案，从而实现字形的定形与规范。在简化方面一定要对于汉字简化的利弊得失作充分的调研分析，谨慎而科学地处理。及时地分析和总结有关现代汉字字形研究的理论和方法，总结现代汉字的构形规律，以建立和完善现代汉字字形学。

2. 现代汉字的字音研究。字音研究的目的是要做到字有定音，减少多音和异读。字音的应用包括定音、注音和正音几个方面，要继续进行普通话的审音工作，进一步规范现代汉字的读音。

3. 现代汉字的字义研究。字义研究的目的是要做到准确理解现代汉字的意义，掌握理解现代汉字字义的方法。现代汉字的字形由于历史积淀的深厚，使之形体结构十分复杂，字形的

表意功能有别于古代汉字的表意特征和表意方式；研究现代汉字字义与语素义和词义的关系及现代汉字的表意功能，重点研究形声字中形旁的表意功能和部分声旁的示源功能，总结出有效确定现代汉字字义的分析方法。

4. 现代汉字的字量研究。字量研究的目的是要做到字有定量，要适当限制和减少现代汉字的字数。首先要分清现代汉字和文言古语用字，在这个基础上制订《现代汉字表》。其次还要研究现代汉字的字级，要区分通用字和常用字、通用字和罕用字，并制订相应的字表。此外，还要研制各种专用字表，如：人名用字表、地名用字表、科技用字表、动植物用字表、音译用字表等，对此全部加以规范，以正确地使用现代汉字。

5. 现代汉字的字序研究。字序研究的目的是要做到字有定序。现代汉字字形结构复杂，需要音序法、形序法、义序法并用，这就需要对各种不同的字序进行研究，从而确立汉字字序的标准化，以建立科学、合理、简明、实用的汉字字序规范。既能满足汉字教学和汉字检索的需要，又能满足汉字的信息处理和网络传输的需要。

6. 现代汉字的教学研究。运用汉字的前提是掌握汉字，掌握汉字的最有效途径是汉字教学。汉字教学因教学对象的不同而分为不同的种类，对象不同，教学的内容与方法不同，因此汉字教学最重要的是了解教学对象，针对教学对象的特点设计最佳的教学方法和教学方案，以提高教学效率。

7. 现代汉字的计算机研究。中文信息处理的发展，要求计算机专家和语言文字专家联手合作，加强汉字信息处理的研究。随着信息技术和信息产业的不断发展，汉字信息处理的研

究已经发展到新的阶段。现代汉字的研究已经为解决这方面的问题做出了巨大贡献，但是还有许多问题需要进行深入的研究。

二、现代汉字形义理论研究

汉字形义理论研究始终是汉字研究的重点内容。因为汉字形体是汉字的本体，汉字构形的表意性使得汉字记录汉语的词义是通过形体来反映的，汉字的形义关系体现着汉字的性质、特点，是分析汉字理据、确定汉字意义的基础。近代以来汉字学的理论研究就已进入构建学科体系的阶段，开始对汉字形义关系加以关注。这表明汉语文字学开始由传统小学逐渐向科学的文字学体系过渡，但那时的形义研究还仅仅是将传统小学所包括的文字、音韵、训诂中的音韵内容，从文字学中分离出去，探讨汉字形义的内在关系，使字义研究真正成为汉字学理论体系的有机组成部分。虽说是汉字学理论体系的进步，可是其研究内容却重在形体结构和形体演变方面，对汉字字义的研究仍是以训诂的方式进行的，在形义关系的研究方面存在着明显的不足。

目前学术界已经更深刻地认识到汉字形义问题的重要性，甚至还有学者把汉字形义理论的研究看做是汉字学研究的新方向，并已出现一定的研究成果。但是这种形义关系研究的内容所侧重的是造字阶段的形义关系，重点解决的是汉字在造字时是如何用一定的形体来表达意义的问题，一个是对于汉字在造字时所表现出的结构关系目前还解释不清，如金文字形的"金"字，是如何表意的？应该属于哪种结构类型？另外就是对汉字

造字时构件的作用不明确，如甲骨文中的"母"和"亦"都有两点，作用为什么不同？汉字构件之间的关系到底如何？汉字的形体如何体现意义？这种形义关系研究的目的是为了指导古文字释读，分析汉字的构件、解说构件与构件之间的意义关系，把握汉字形体中所包含的历史文化信息，对汉字进行造字时代所具有的结构类型的分类，而并非广泛意义的汉字形义关系研究。

随着汉字形体的发展变化，现代汉字的形义关系也随之发生了相应的变化，与其他时代汉字的形义关系有所不同。对现代汉字形义关系的理解直接关系到对现代汉字许多理论问题的认识，如现代汉字性质的认定，现代汉字与古代汉字的关系，现代汉字结构类型的划分等等。但目前，就此方面的形义关系研究还相当薄弱，许多问题存在着分歧，许多问题需要进一步深入研究，比如怎样看待现代汉字的形体？现代汉字的形义关系究竟如何？如何看待现代汉字的理据性？如何理解和认定现代汉字的理据？如何界定和确定现代汉字记号字？对现代汉字的分析是否需要参照历史？如何判定现代汉字形声字的标准？如何对待现代汉字中的独体字等问题，都有待于进一步的深入研究。可见，只有明确现代汉字的形义关系，才能更好地使用现代汉字。

三、现代汉字形声字研究

形声字研究也是汉字学研究的重要内容，因为形声结构是现代汉字结构的主要方式，因此研究形声结构的起源发展，对汉字起源和性质的探讨都具有十分重要的意义。

　　形声字研究的角度十分广泛：有共时研究、历时研究、静态研究、动态研究。形声字的共时研究，是研究某一时代形声字存在情况；形声字的历时研究，是研究形声字的发展，揭示形声字的发展规律和发展方向；形声字的静态研究，是把形声结构作为一个相对稳定的系统进行观察和分析；形声字的动态研究，是从形声字的产生形成、形声结构的发展变化，以及影响的各个方面进行多角度观察和分析。之所以多侧面多角度地对形声字加以研究，表明学术界对形声字问题的重视，也说明形声字在汉字学研究领域中的重要性。

　　从汉字的发展角度来看，甲骨文时期，虽然形声结构已经发展到自觉阶段，但是还没有成为主要的结构方式；汉字从小篆时起，形声字的比例已经高达80％以上，就以绝对的优势成为汉字结构的主体。形声字在甲骨文之后迅速发展，成为汉字主要结构的原因，主要是由形声字的特点所决定的。形声字能产性强，造字方式简便易行，区别度高，这些优点使形声字能够极大地满足对汉语的记录。

　　隶书、楷书是承小篆发展而来，小篆与隶书之间在汉字形体方面的变化是巨大的，成为古文字与今文字的分界。在书写方面汉字由线条变为笔画，在字体风格方面汉字的象形性完全消失，字形由笔意转为笔势。楷书与隶书之间虽有变化，但它们同属于今文字的范畴，是从一种笔势发展为另一种笔势的情况。现代汉字在字体方面并没有变化，仍然属于楷书，只是在形体结构上进行了适当的简化，所以可以说，现代汉字的形声结构是从古文字众多的形声结构中发展而来，但由于现代汉字的形体已经发生变化，对现代汉字形声字的认定，形声字与形

声结构标准的确立，二者之间的关系等问题都需要重新审视，所以对形声字进行动态研究，不仅要研究形声字是怎样产生的，还要研究形声字是怎样发展的，演变结果如何，即研究形声字发展到现代汉字，有什么变化，变化方式，变化规律，未来发展状况，这些都是十分重要的问题，这些问题的解决，直接关系到对现代汉字结构类型比例的统计，关系到对现代汉字总体结构格局的认定，关系到对现代汉字结构类型的划分，关系到对现代汉字性质的判定，关系到对汉字历史发展规律的探寻，关系到如何看待历史与现实之间的关系，关系到对未来汉字发展趋势的预测。这些问题目前学术界还没有统一认识，尚需进一步深入研究以妥善解决，所以现代汉字形声字研究也是现代汉字学研究十分重要的内容之一。

四、现代汉字文化特性研究

汉字是用形体和结构表现其所记录词语的意义，这种造字方式本身就决定了汉字的形体具有文化内涵，字形本身就是一种文化事象，汉字形体的表意性，决定了汉字的构形涉及形体的"取象"问题，"象"是指所要表现的具体事物的外在形态，也指事物的具体形态在汉字形体上的反映。汉字在构形时取什么"象"，怎么取象，为什么这么取象，都必然反映取象人对所表示概念与事物的认识，对所反映词义的理解，也与事物自身的特征有关。世界上的所有事物都是客观存在的，是靠人类去发现和认识的。汉字取象的理论基础基于人对世界的感知，由感知转变为认识，由认识决定取象的方式和内容。由此可知人类所能反映的一定是他已经了解和认识了的世界，认识存在着

正确与错误，但是不论对错都是一种反映，这一反映具有时代性，也就是文化内涵的体现。后人在识别、阐释汉字意义的时候，同样需要认识—知识预设，没有对所表达事物、概念的认识，就不可能理解这个字形的取"象"内涵，也不可能对这个字的理据产生某种解释；对汉字形义关系的阐释就是对汉字形体文化内涵的某种揭示。例如"众、森"等字，其字形是通过构件三个数量，表示多的构字理据，这种做法就反映了人们以三代多的数量观念，也说明在传统观念中数的概念并不是用来定量的，而往往是用来定性的。这种观念一直延续到现在，比如人们常说"事不过三"，"再一再二不能再三再四"，其中的数字都是用来表明性质的，而非实际数量所指。再如"虹"取其虫的形象，"针—箴""炮—砲"由从竹、石变为从金、火，都反映了认识及事物的变化。

汉字文化的特性研究就是要把汉字形体中所表现出来的这种文化内涵揭示出来，以此来了解汉字本身所保存和体现的文化内容，挖掘汉字所反映的先人的认识观念，真正体现汉字本身所具有的文化意义和人文特质，以更好地把握汉字形义关系阐释的原则和方法，从而准确地理解汉字的意义，正确地使用汉字，这就是汉字文化的特性和内涵的显示，是汉字文化的本体内容。目前关于汉字文化的热潮始终没有退却，关于汉字文化的著述、文章连篇累牍，但是其中许多关于汉字文化的内容，实际上并非汉字本身所具有和体现的文化现象，例如车马文化、玉石文化、烹饪文化等等都是利用汉字为工具来证实这些文化本身所显示出来的内容，并非汉字文化内涵和特性的体现，是与汉字相关的其他文化事象在汉字中反映的表现。对两者关系

的混淆使汉字文化内涵及特性研究十分薄弱，是需要予以特别重视的领域。

现代汉字形体如何保存了古文字形体的取象意蕴，如何改变了形体所透射出的原始字形的文化内涵，如何对现代汉字的字形作合理的科学的阐释，是现代汉字学所要研究的重要课题，更需加大力度深入思考和深入研究，这直接关系到对现代汉字理据性的把握与理解，关系到对现代汉字形体结构的科学分析，关系到现代汉字的教学及对现代汉字性质的认识，对理解和阐释汉字的形义关系具有十分重要的作用。

五、现代汉字学研究内容存在的问题①

现代汉字学研究在许多方面虽然取得了较大的进步，但是还有许多问题有待进一步展开。例如：关于简化字的政策原则和具体处理繁简关系技术问题；各种字形及其内部（笔形、部件等）的规范和整理问题；规范汉字的理论研究和规范汉字的确定和整理研究问题；异体字和异形词的整理研究问题；海峡两岸现行汉字和国际汉字（日本、韩国）的比较研究和信息处理问题等；这些都是现代汉字在应用方面需继续深入研究的重要课题。

现代汉字研究存在的主要问题是课题零散、视野较窄、理论水平不高，这些问题制约了现代汉字在应用和研究方面的发展，现代汉字研究的深入性和系统性还有待加强。现代汉字学在现在的主要工作和任务是继续结合制定国家语言文字政策，

---

① 此内容主要参考黄德宽、陈秉新著：《汉语文字学史》（增订本），合肥：安徽教育出版社，2006 年第二版，第 304 页。

展开对汉字规范化工作、汉字应用、汉字教学等内容的研究，同时应尽可能地加强现代汉字的基础理论和应用研究，把一些高水平的专题性或综合性研究课题作为研究重点，使现代汉字学在理论和应用研究方面有新的更大的突破。

第二节 现代汉字学研究的方法

现代汉字学是一门以语言学为基础，结合信息论、统计学、心理学等学科的边缘学科。现代汉字学的研究既要贯彻执行国家的语言文字政策，又要为国家制定并推行科学的文字政策提供理论基础。作为一门正在形成和完善中的学科，现代汉字学有待研究的理论问题和应用问题非常之多，研究方法也和传统的文字学有所不同。在研究过程中最突出的特点是把宏观研究和微观研究相结合，把定量研究和定性研究相结合。

一、理论研究方法

现代汉字学在理论研究和应用研究方面各存在一定的具体方法。在理论研究方面可以利用以下这些具体的研究方法。

（一）文献法

文献法也称历史文献法，在现代汉字学的范畴内就是搜集和分析研究各种现存的有关现代汉字的文献资料，从中选取关于现代汉字的有效信息，以达到调查研究现代汉字的方法。它所要解决的是如何在浩如烟海的汉字学文献群中选取适用于现代汉字学的资料，并对这些资料作出恰当分析和使用。基本步

骤包括文献搜集、摘录信息、文献分析三个环节。在文献法独立或主要担纲的调查研究中，这些环节缺一不可；而在其他调查方法为主的调查研究中，文献法一般特指前两个环节，文献资料的整理、分析是和其他调查后资料的整理、分析一并进行的。

（二）比较法

比较法是认识事物的一种基本方法。运用比较法研究现代汉字就是通过观察、分析，找出现代汉字与传统汉字的相同点和不同点，以达到认识、研究现代汉字的目的。例如前面提到的"六书"理论和汉字构形理论的比较，新旧"三书"的比较都属于比较法。比较法的科学原理是：事物都有自己的原因和结果，从结果来找原因，或从原因推导结果，就是找出事物产生、发展的来龙去脉和规律，从而起到证明论点的合理性和正确性的作用。

（三）分析法

现代汉字的分析法研究就是通过对现代汉字产生、现状、发展前景的原因或结果等内容进行周密的分析，从而证明对现代汉字学研究内容所得结论的正确性和合理性的方法。

（四）归纳法

归纳法研究是指对现代汉字的个别性现象进行归纳，在归纳的基础上进行分析，从而对现代汉字学的一般性知识和原理进行分类和总结，最终寻找出现代汉字学的规律。运用归纳法就是从现代汉字一系列具体的事实中，概括出现代汉字学的一般原理。通俗地讲就是归纳现代汉字学的各种要素，并使现代汉字学这门学科更具条理性、科学性和规律性。

（五）综合法

综合法是指从已有的现代汉字学研究情况出发，针对目前现代汉字在研究领域所存在的问题，通过各种方法的综合运用进行全面而有效解决的方法。其中系统综合法对现代汉字学的研究具有十分重要的意义。系统综合法是指把现代汉字的研究对象看作是系统综合的整体，对系统综合整体及其要素、层次、结构、功能、联系方式、发展趋势等等进行辩证综合的考察，以取得创造性成果的一种方法。系统综合法强调从系统整体出发，综合和分析同步进行，以综合统摄分析；强调从部分与整体的相互依赖、相互结合、相互制约的关系中揭示系统的特征和规律。因此，运用这种方法，把现代汉字学作为一个大系统来考察，将促使现代汉字学各内容之间进一步互相渗透结合，形成完整的现代汉字学的科学体系。同时运用系统综合法，把现代汉字学作为研究对象，从整体上研究现代汉字学的组成、结构以及现代汉字学各内容之间的关系，研究现代汉字学的产生与发展、现代汉字学与汉字学的分化与渗透，研究整个现代汉字学科学体系的发展变化规律，从而预测现代汉字学的发展趋势。这样，就可以统观现代汉字学的全局，及时捕捉和发现现代汉字学的主要问题，创立和完善现代汉字学的学科体系。

二、应用研究方法

现代汉字学的应用，包括人际界面和人机界面的应用。人际界面是现代汉字应用的传统界面，也是目前现代汉字应用的主要界面；人机界面指的是汉字在计算机上的应用。现代汉字应用研究主要针对这两个方面，其具体的研究方法有：

（一）调查法——座谈、抽样

调查法是为了达到预想的目的，制订某一计划全面地收集研究对象的各种材料，对此进行分析、综合，从而得出某一结论的研究方法。运用调查法研究现代汉字的应用，可以全面地把握当前现代汉字的应用状况，揭示现代汉字在应用领域存在的问题，弄清问题产生的原因，为现代汉字的应用研究提供观点和论据。调查法的具体方法有许多，例如：可以利用座谈的方式进行调查，这种方式可以使研究者与被调查对象面对面地交流，直接了解被调查者对于现代汉字的掌握应用程度，针对性强，灵活并真实可靠，便于深入了解与现代汉字应用方面的多种因素。座谈法的不足表现在比较花费人力和时间，调查范围较窄。此外还可以运用抽样调查的方法，从与现代汉字相关的研究对象中抽取一部分内容进行考察和分析，具体做法就是从现代汉字应用的总体情况中抽取出"样本"，进行实际的调查和研究，就所得出的结论推断总体情况。

（二）采集法——普查、分析

采集法是指有着确定方向和明确目的的采撷和记录材料的方法。采集最主要的作用在于为写作、分析、报表获取直接的和间接的材料。现代汉字应用研究层面上的采集，是以研究现代汉字应用状况为根本目的，进行广泛调查采访，查阅搜集资料，最终将具有代表性的材料汇总，这种方法对于了解现代汉字应用的广度很有帮助。采集法又可以细分为多种方法：例如：普查法：运用普查法进行现代汉字学的研究可以研究现代汉字应用状况为目的进行一次性的全面调查。普查的对象可以是一定时点上的现代汉字应用现象的总量，也可以是某些时段上的

现代汉字应用现象的总量。普查法的好处是涉及面广，指标多，工作量大，时间性强。此外还有分析法：利用分析法研究现代汉字学是将普查所获得的现代汉字应用研究资料进行全方位、多层次的具体分析，从而细致地探寻反映现代汉字应用问题的主线，以此解决现代汉字应用研究的主要问题。

（三）试点法

试点法是指正式进行全局性的现代汉字应用研究之前，先做现代汉字应用试验，以取得现代汉字应用研究经验；或是正式进行现代汉字的应用研究工作之前，将现代汉字应用在选定的小型试验区进行试点应用。

（四）对比法

对比法一是将现代汉字应用与其他事物或其他事物应用进行比较，二是将现代汉字应用内部各方面进行比较，以求突出表现汉字应用的本质特征。比较法又可细化为多种方法，例如，归纳法：运用归纳法来研究现代汉字的应用可以把现代汉字应用的具体内容分别加以综合，从而获得一般性的结论；再通过对不同事物的比较，寻求其同中之异或异中之同。归纳对比法可以把零散的、不成系统的现代汉字应用内容系统化、理论化，还可以通过比较，找出现代汉字在应用方面的相同点和不同点，把与现代汉字在应用方面相近的内容区分开来。另一种是比较法：有比较才有鉴别，利用比较法可以把现代汉字应用方面彼此有一定联系而又有所区别的内容加以对比、比较，突出其不同之处，说明其相同之处，以扩展现代汉字内容之间联系。

三、现代汉字学研究方法的宏观指导

（一）加强对现代汉字本体的研究，以字形为中心，探讨汉字发展的内在规律

汉字是记录汉语的视觉符号，它的音与义来源于汉语，字形是汉字的本体。把字形作为汉字的中心来探讨，从理论上研究其内在的规律，必须首先克服形、音、义互求的传统方法所带来的不足：把"字"与"词"混二为一，使文字学附属于语言学，从而失去独立研究的价值。这种不足是由于早期汉字研究中解读文献的实用目的带来的，但其结果却忽略了作为语言载体的文字相对独立的价值。诚然，汉语是推动汉字发展的一个重要因素，但对汉字规律的研究，不能用汉语规律的研究来代替。汉字的发展除了适应汉语外，还有它自身独特的规律。唯有弄清汉字字形发展演变的内在规律，才能对汉字的历史、现状中的诸多现象进行解释，从而预见现代汉字未来的发展趋势和发展前途。

（二）通过对汉字总体系统的共时描写与历时比较，创建科学的现代汉字学与汉字发展史

汉字是记录汉语的符号系统，孤立地研究它的个体，是难以认识它的内在规律的，只有从总体系统的角度进行研究才能全面把握现代汉字的面貌。从汉字发展史的角度而言，仅仅探讨汉字个体字符的形体变化的不能称作汉字史的，只有在弄清个体字符形体变化的基础上，考查出汉字构形系统的总体演变规律，并且对这种演变的内在的和外在的原因作出符合历史的解释，才能称为汉字史。有了科学的汉字史，才能有依据地科

学预测出现代汉字的发展趋势，才能明确现代汉字的发展方向。

（三）考察现代汉字由量变到质变的过程，提出现代汉字适应信息时代，进入标准化、国际化的原则和方法

现代汉字作为记录现代汉语的符号，内部呈现系统的趋势，但是在社会上实际使用的字符群属于开放的系统，从个体应用的角度看，识读时要求字形理据强，易于讲解；书写时又要求字形简单、只留轮廓，繁与简的矛盾随时存在于现代汉字的内部。从群体记词的功能看，现代汉语词汇的丰富、新事物的不断涌现，迫使现代汉字字量不断增多；而人的记忆负荷是有限的，现时我国的文化水平普遍还不是很高，又随时在抑制现代汉字字量的扩展，多与少的矛盾也存在于现代汉字系统的内部。从书写的规范看，现代字形的统一成为社会交流的最大利益，而个人书写又不能完全免除随意性，杂与整的矛盾在现代汉字结构系统的内部也时张时缓。因此现代汉字总体系统中随时都在进行着能量的交换，处于不平衡的矛盾状态中，但也正是这种内部矛盾推动着现代汉字的发展。

（四）现代汉字的演变绝不是每个个体字符变化的简单相加，而是经历着由个体字符变化累积为系统变化的过程

在信息时代，现代汉字标准化是当务之急，只有标准化，才能适应计算机的需要，才能真正进入国际化。但是在上述多种矛盾存在的情况下，现代汉字系统的规整，不允许缓慢地自发进行，人对这套符号系统的规范和调整十分重要。但是在人为地调整现代汉字系统的过程中，既不能违背现代汉字发展的规律，又不能不顾这种人文符号的社会约定性。现代汉字的标准化既然带有人为的一面，在确定一个标准化方案时，需要严

密地观测汉字的历史和现实，需要寻求真实的数据作为依据，更需要历史的借鉴和理论规律的指导。一个标准化方案的制订，不能简单化，要尽量排除主观性，简单化和形而上学的思想方法难以为继，任何非科学因素的介入都是有害的。不断调整思路和方法，在事实的考察中积累数据，创新理论，用探求真理的严肃态度创建并逐步完善现代汉字的历史科学和理论科学，才能真正适应飞速发展的信息时代。

第三节　现代汉字学的发展方向

一、现代汉字学的发展方向和研究前景

（一）现代汉字学的发展方向

100 多年来，现代汉字学的研究工作，主要体现在推广汉民族共同语上。20 世纪现代汉字在围绕推广汉语普通话方面对汉字进行简化、整理和规范，制订并推行了《汉语拼音方案》。在此基础上制定和实行了《中华人民共和国国家通用语言文字法》，这是中华人民共和国第一部关于语言文字的专门法律，是为推动国家通用语言文字的规范化、标准化及其健康发展，使国家通用语言文字在社会生活中更好地发挥作用，促进各民族、各地区经济文化交流，根据《宪法》制定的法规。此法于 2000 年 10 月 31 日在第九届全国人民代表大会常务委员会第十八次会议上通过，2001 年 1 月 1 日起施行。国家《通用语言文字法》确立了普通话和规范汉字的"国家通用语言文字"的法定地位，

把普通话和规范汉字称为国家通用语言文字；简化字是以汉字规范为指导思想，在遵循汉字规律的基础上进行的，它既体现了汉字的传统文化，也体现了汉字发展演进的轨迹。

新世纪，随着信息化的推进和中国与国际社会联系和交往日趋密切，对现代汉字的理论和应用研究必须放在突出位置。现代汉字的信息处理、汉字规范化问题、汉字的教学等应用研究领域将更为活跃，同时对现代汉字的理论研究也必将提出更高的要求，20世纪新露端倪的现代汉字学将会得到不断的发展和完善。

1. 注重学科建设加强人才培养

人才培养在学科建设中具有重要地位，特别是像现代汉字学这样的新学科。要培养一批对现代汉字学感兴趣的研究人才和教学人才。

2. 加强汉字信息处理的研究

现代汉字学与信息化的关系十分密切，现代汉字学学科建设的重要目标，就是为信息化服务，为信息化时代的语言生活服务。信息化包括两方面，一是机器与技术，一是使用信息技术的人。现代汉字学既要为机器和技术服务，也要为人更好地使用信息技术服务。为人服务，包括创造有利于信息化发展的社会文字环境，进行有关文字信息化的教育与普及工作。要加强汉字信息处理的研究，充分利用信息科学技术的成果来促进汉字的研究和应用。新世纪人类社会信息化时代的到来，将会影响现代汉字的研究，对汉字信息处理水平的提高既显得必要和紧迫，也具备可能。一方面要注意吸收信息学界对现代汉字的研究成果，另一方面要注意利用现代信息技术手段，建立为

现代汉字研究服务的语料库和知识库等资源库，要重视资源库的合作共建，避免重复建设，为共享打下良好基础。最为急切的是建立一个能够反映 20 世纪汉字发展变化的语料库，通过这个语料库能够研究 20 世纪各个时期的文字面貌，研究每一次文化运动、文字规范行动对我国的语言文字生活的影响，意义是巨大的。现代汉字的信息处理，在 20 世纪已取得了不俗的成绩，这方面的工作，随着中国入世和全球经济一体化的加速，又提出了新的更高的要求，尽快突破汉字信息处理的若干难点，发挥汉字汉语的特色和优势，使现代汉字在信息技术的背景下更好地服务于经济和社会发展是文字学面临的重大课题。只要现代汉字学研究者能与信息科学工作者共同努力，在新世纪，现代汉字学将是一个充满活力和机遇的研究领域。

3. 多学科横向研究

文字问题不仅仅是文字学家的事情，它与许多学科密切相关，因此研究现代汉字要有多学科意识，即研究要注重多学科横向联合，研究人员要注重构建多学科复合型的知识结构。在人才培养上，通过联合培养使不同学科背景的学生来学习现代汉字学，以提高现代汉字学的研究能力。

（二）现代汉字学的研究前景

1. 现代汉字学研究领域的逐步扩大

现代汉字学研究的领域随着现代汉字学研究的深入逐步扩大，由单纯的现代文字学扩展到整个文字学，再到语言学的角度去统筹语言学各分支与现代文字学的联系。从语言学学科外部分析，现代汉字学研究领域已扩展到文化学，中文信息处理（人机界面），交通邮电等更为广泛的领域里进行研究。

2. 现代汉字学研究内容的逐步深入

现代汉字学的研究内容，由最初研究现代汉字的字音、字量、字序、构形法、构字法等，扩展到研究现代汉字的规范化问题与分析现代汉字的简化和整理问题，到更深层次的现代汉字的字频统计、熵和多余度及汉字信息处理、比较文字学方面。

3. 现代汉字学研究方法日益丰富

现代汉字学研究方法已经扩展到由现代汉字学文献法、现代汉字学调查法、现代汉字学观察法、现代汉字学思辨法、现代汉字学行为研究法、现代汉字学历史研究法、现代汉字学概念分析法、现代汉字学比较研究法等组成的研究方法体系。由于人们对现代汉字学研究的深入，所使用的研究方法在相互影响、相互结合、相互转化的动态发展过程中，必将更好地使现代汉字学在各研究领域取得更大的成绩。

4. 现代汉字文化特性研究将受到重视

现代汉字文化特性研究是汉字形义研究、汉字理据研究、汉字构形的历史与现实发展相结合的综合性研究。这一研究涉及现代汉字学理论研究的所有重要问题，对现代汉字的性质、特点、理解、运用都具有重要作用。

二、《通用规范汉字表》的制定

《通用规范汉字表》是适应新世纪语言生活的需要、体现国家文字政策的重大规范。字表的研制与实施，是为了利国便民，满足社会各领域汉字应用的需要，方便人们的语言生活，促进国家的经济、文化、教育、国际交流、信息化等事业的发展。因此《通用规范汉字表》的制定是国家文字政策的大事，也是

现代汉字学的大事。

（一）《通用规范汉字表》的释义①

《通用规范汉字表》是《中华人民共和国国家通用语言文字法》的配套规范，是现代记录汉语的通用规范字集，体现着现代通用汉字在字量、字级和字形等方面的规范。字表收字 8300个。根据字的通用程度划分为三级：（1）一级字表收字 3500个，是使用频度最高的常用字，主要满足基础教育和文化普及层面的用字需要。（2）二级字表收字 3000 个，使用频度低于一级字。二级字与一级字合起来共 6500 字，主要满足现代汉语文本印刷出版用字需要。（3）三级字表收字 1800 个，是一些专门领域（姓氏人名、地名、科学技术术语、中小学语文教材文言文）使用的未进入一、二级字表的较通用的字，主要满足与大众生活和文化普及密切相关的专门领域的用字需要。

1.《通用规范汉字表》的研制情况

汉字是中华民族的骄傲。它历史悠久，使用人口众多，使用状况复杂。汉字之学源远流长，研制一个适用当前语言生活的字表，工程庞大，问题庞杂。字表正式立项研制始于 2001 年4 月，历时 8 年有余，先后召开学术会、审议会、征求意见会等大型会议 80 余次，参与讨论的海内外专家学者 3000 多人次，前后修改 90 余稿。可以说，字表是所有参与者的集体产品。

2.《通用规范汉字表》研制的特点

（1）充分利用语料库资源和计算机统计技术。使用的主要

---

① 这部分内容主要依据 2009 年 8 月 12 日教育部组织的新闻发布会上，李宇明司长介绍《通用规范汉字表》的研制及公开征求意见的相关情况时，对《通用规范汉字表》进行的解释。

语料库有：国家语委"现代汉语平衡语料库"（9100 万字符）。北京语言大学"现代新闻媒体动态流通语料库"（3.5 亿字符）。字表研制过程中建立的"教育科普综合语料库"（404 万字符）、"儿童文学语料库"（570 万字符）、"中小学语文教材文言文语料库"（560 万字符）。同时还参考了国家语言资源监测与研究中心 2005—2008 年建立的平面媒体、网络媒体、有声媒体、教育教材等海量语料库的数据。参考了海内外几十个语料库的数据。这些语料库提供了现代用字的统计数据，为字表研制奠定了科学基础。

（2）全面继承已有成果，充分发扬学术民主。研制工作是从学术调研和社会调研开始的。在调研中，系统地收集与字表研制相关的文献资料，梳理出字表必须面对的若干学术问题和社会问题，然后有针对性地召开学术座谈会，广泛深入地听取各领域的意见，并就一些重要问题的处理召开学术审议会，做出学术决策。这为字表研制提供了学术基础。

（3）广泛征集用字，认真听取相关部门的建议。向教育、文化、科技、民政、公安、军事、测绘、新闻出版、文物图书、广播影视、信息处理、辞书编纂、医疗卫生、民族宗教等领域，了解用字需求，征集需补入字表的汉字，得到了各部门的大力支持。就字表及其实施等问题，多次听取了工业和信息化部、国家民委、公安部、民政部、人力资源和社会保障部、文化部、工商总局、质检总局、广电总局、新闻出版总署、解放军有关单位、中科院、社科院、国家测绘局、共青团中央、中华全国总工会、全国妇联等部门的意见。为字表的研制及以后的实施提供了社会基础。

（4）以方便人民语言生活为目的，兼顾稳定与创新。新中国成立以来的语言文字工作，为文字规范化奠定了良好基础，有效满足了文化教育等各项事业的发展。信息时代的来临，对汉字的规范化、标准化提出了新要求：一方面需提高标准化程度，方便信息储存、信息管理和信息交换；另一方面，某些专门领域的用字较快进入大众生活，社会用字量有所扩大。字表重视与已有规范标准衔接，同时根据语言生活的新情况对已有规范进行整合优化，拓宽了通用领域用字的范围，慎重处理了类推简化、异体字等有关问题。

3.《通用规范汉字表》制定和发布的意义

（1）更好地贯彻《中华人民共和国国家通用语言文字法》。该法于 2000 年 10 月颁布，是 21 世纪生效实施的我国第一部法律。这部法律规定："国家推广普通话，推行规范汉字"。字表确定了"规范汉字"在通用层面上的字量、字级和字形规范，使"规范汉字"这一法律概念落到了实处。

（2）更好地满足新世纪语言生活的需要。21 世纪的中国，由于国家各项事业的发展，特别是信息化的快速发展，使语言生活发生了巨大变化。这种变化对社会用字的主要影响是：

第一，通常使用的汉字更加集中。几年来的统计分析表明：600 来字就可以覆盖汉语书面语的 80% 以上，900 多字覆盖 90%，2400 字覆盖 99% 以上，5200 多字覆盖 99.99%。

第二，使用的字量有所增加。

第三，信息化要求文字实现标准化，要求社会用字更加规范化。

第四，文字观念呈现出多元化和开放性的特点。字表合理

收取一二级字，增加三级字，恢复部分异体字，就是为了满足新世纪的用字需求，促进国家的信息化建设。

（3）整合和优化已有规范，体现新世纪的文字理念。字表继承了《第一批异体字整理表》（1955）、《印刷通用汉字字形表》（1965）、《简化字总表》（1986）、《现代汉语常用字表》（1988）、《现代汉语通用字表》（1988）等字表的具体成果和规范原则，并根据新世纪的语言生活和文字理念，兼顾汉字应用的科学性与社会性，对已有规范进行整合和优化，集分散规范于一体，增强规范的科学性和使用上的便利。字表保持通用领域内汉字的系统性，进行有限类推简化，恢复部分异体字。特别是考虑到汉字在我国港、澳、台地区及国际上的使用情况，编制《简繁汉字对照表》以利沟通；采取灵活的用字要求，允许表外字有条件使用等。这些都是新世纪文字理念的具体体现。

4. 《通用规范汉字表》主要解决的重大问题

字表涉及问题众多，具有很强的学术性、社会性和政策性，研制难度很大。解决的重大问题：

（1）简繁问题。字表研制过程中，对繁体字恢复和类推简化问题，曾进行过反复的研讨。研制组最终得出的结论是：为了维护社会用字的稳定，字表原则上不恢复繁体字；将类推简化的范围严格限定在字表以内，以保持通用层面用字的系统性和稳定性；允许字表以外的字有条件使用，但不类推简化。

（2）异体字问题。为尊重社会习惯，方便国人用字需要，字表将《第一批异体字整理表》中的 51 个异体字收入表中，主要用作人名地名，如"喆""淼""堃""昇"等。对异体字不再简单地提"淘汰、废除"，但在使用上有明确要求。

（3）字形问题。字表对《印刷通用汉字字形表》进行了深入研究，总结出隐含其中的字形规则；依此对一些不符合字形规则的字的字形作了微调。这些规则，也使今后大批量汉字的字形整理有章可循。

（4）字表的属性问题。字表的研制，是以大量的统计数据为基础，以满足现代语言生活的通用领域用字需要为目的，因此具有通用性、现代性和规范性。规范性是字表的本质属性。

（二）《通用规范汉字表》研制的理念①

《通用规范汉字表》是 2000 年 10 月发布的《中华人民共和国国家通用语言文字法》公布后，第一次对半个世纪以来的规范汉字的一次整合，是在法律的基础上所作的规范工作。《国家通用语言文字法》明确规定，规范汉字是公务用字，又是教育用字，同时还是社会服务用字，在这个理念的指导下，考虑到公务、教育、社会服务等方面的用字需要，因此这次《通用规范汉字表》是个新的起点。

1. 与时俱进，保持稳定

半个世纪以来，语言文字生活发生了很大的变化，原来的字表，因为是不同时间发布的，不同的文件都有矛盾，这次的《通用规范汉字表》要对以往各种字表进行整合，整合的结果，是把以前所有相关字表整合到一个表里。《通用规范汉字表》主要是保持稳定，例如原来 7000 通用字里，在《通用规范汉字表》里只有 35 个字没有收入，其他的字都收入了字表，人们在

---

① 这部分内容主要依据《通用规范汉字表》专家委员会副主任委员王宁教授在 2009 年 8 月 12 日教育部组织的新闻发布会上所做的《通用规范汉字表》研制的理念的报告。

用字的时候，不会感觉到以前的字跟现在的字有多大差别。这35 个字是罕用字、方言字、异体字，还有旧术语用字，甚至有一些是错讹字，这些字是在当时的统计手段还不是很先进情况下出现的。对于这部分字的变动，人们不会觉得很不方便，这就是既要与时俱进，又要保持稳定的理念。

2. 面对问题，科学研制

汉字从甲骨文到现在，已经积累了 3000 多年，每一个时代都有字，即便在同一个平面上，现在辞书的词量已经相当大。在国际编码的汉字字符集里，汉字量已经达到 8 万左右，面对这样的积淀，面对社会不同的人群，由于不同的文化水平和职业，对于文字的要求是不一样的，在普及和基础教育层面上，人们希望字表一个都不要动，动了就要重改教材、教法，这是一个很大的负担。但是在专业层面上，由于字与字之间的矛盾错综复杂，难以协调，人们又希望这个字表尽量科学，动多少都没关系，因为认字对这些人来说没有问题。电脑就更没问题了，多少都可以承受。相对汉字长期的历史积淀，再面对已有的规范已经成为大家的习惯，还有海峡两岸用字长期是两种系统，这样的问题摆在面前，如果不考虑科学地研制，没有科学的方法，做出来的字表，就不能满足各方面的需求，因此要保持手段先进，则采用了先进的计算机统计和先进的计算机数据库，对各种各样的字都做了详细地统计调查。同时照顾到汉字和汉字史的科学规律，每个字什么地方来的、怎么来的，哪个字跟哪个字实际上是一个字，既要去掉冗余的地方，又不要有遗漏，需要有很多汉字学的学术知识，因此这次字表的研制是政府主管、专家参与来做的。应该说，这次的研制是从古到今的规范

里最好的一次搭配。这次的 8300 字是经过调整、筛选，做到字样有来历、字体有根据的，如果没有科学的研制，面对这样的复杂问题，是很难形成一个统一的字表的。

3. 改变观点，契合时代要求

现在的时代是一个信息时代，互联网已经成为国际上的交际工具。字本身都是印刷出来的，印刷都是计算机激光照排，管住了机器，就能管住各种信息传播，而信息传播最大限度是需要信度和速度，信度就是要准确，速度就是要快。任何一种信息遗漏或者出现错误，就会带来政治、经济、外交、教育方面很大的损失，在这种情况下，如果不去考虑新的理念，仍然用过去的那些从纸上写字，互相之间的单一传播的理念去考虑，规范本身就会找不到方向。例如过去对"通行"的认识，就是说汉字在各种各样的文本上头出现的次数多就是通行度大，现在已经不是这样了，可以考虑到，知识爆炸的时代，很多的科技用字，本来只是少数人在用、在写，但是他面对的是大多数的使用者，像化学用字，涉及西药的药名、饮食，还有环保，这些都要跟化学发生关系。所以，化学元素的用字不再是科学家的专利，而是大众都要用的，这些如果不收集进去，打药方的时候就会缺字，很多人就领不到药。以前的人名，就是当面呼唤的，或者是写信署名来用，现在不是，现在人名是人的信息代码，邮局、信贷、互联网里的人的署名，还有户籍、申报保险，都需要写人名，因此一个人的人名就是面对社会的。如果把通用的概念只限在文本上出现多少次是不够的，还要考虑到阅读的通行性，不仅仅是纸质文本的通行性，还有电脑储存的通行性，因为这次三级字表，就不是从一般字频里面收集出

来，而是于国计民生有利的领域里专门收集出来的，比如说地名，是跟民政部、测绘局，收集到的乡以上的地名，都放到字表里了。中国的姓氏有多少，姓氏是不能改的，但是是需要整理的，不一定所有的姓氏一定都是历史传统姓氏。公安部曾经发布，现在姓氏里，有两千多个姓氏只有一个人是这个姓。因此，需要改变很多的观念，来适应现在信息时代和知识爆炸的科研时代。

4. 便民利国，考虑各方需求

现在计算机字库中，有很多字是没有的，但是计算机字库里的字并非越多就越好用。因此需要做到：第一，有用的字尽量不遗漏，第二，没用的字，尽量不干扰，第三，偶尔用的字，也要用得上。汉字的音、义、形都非常纷繁，而且它们的关系也是错综复杂，在这个领域里面是对的，到那里面就变成错误的，所以需要解决这样的问题。例如，起名字，有一个"缐"字是一个姓氏的用字，以前把个字简化了，用成"线"字，但是作为姓氏来说，人们喜欢用这个"缐"字，"缐"字从"泉"，泉水是流动的，从民众文化的角度讨其吉利。再有哲学的"哲"，作为名字，"哲"字从"折"，有"折断"的意思在里面，它的异体字"嚞"，由两个"吉"组成，作为名字"嚞"要比"哲"吉利。再比如"淼"，现在人们有时说五行缺水，用"淼"一下就有三个水当然好。所以为了大家的需求，又都收进去了。这就牵扯到民众用字的心理和民俗，这样一些问题，在研制字表的时候是不能忽略的，因为它是一种人文关怀。为了大众的需求，把这些字都收进去了。收进去的字又不能乱用，因此这次研制字表采取的是收进字形，能够打出来，但是通过

限定使用范围。一线二线，还得用"线"，但是姓可以用原来的字，这样就可以解决人们在用字上的一些需求。

另外，由于汉字本身，人人都认识一些，都有发言权，而它本身又是一个非常复杂的专业知识，汉字学是设有博士学位的研究领域，不完全是普及知识。在基础识字教育方面，3500个常用字是面向教育的，但是其中缺乏一些儿童用字，因为在报刊上和小说上，成人的字体里有些是收不进去的。因此为了方便基础教育的需要，专门建设了两个数据库，一个是儿童文学数据库，一个是科学普及和教育数据库，用这样的内容去补充，使得3500字在基础教育中更好用一些，这些都是便民利国的。同时，让大家在使用字方面不要陷入盲目，对文字有更多的理性认识，这次还做了一些配套工作，比如将要出版一个通用规范汉字字典来解释这个字表。作为规范的两个很重要的字典，《新华字典》和《现代汉语词典》也要根据这个规范，让人们找不到的地方不明白的地方都可以查到。同时国家语委会对此编写一些指南，指导人们更好地运用规范汉字。

本章小结：现代汉字学是一门新兴学科，其突出特点在于实际应用。因此决定了现代汉字学的研究内容无论是理论研究还是应用研究都以为现实服务为宗旨。《通用汉字规范表》的研制就是现代汉字学研究的成果体现，是指导人们运用现代汉字的标准。

思考与练习题：
一、简述现代汉字学的研究内容。

二、现代汉字学的研究方法有哪些？

三、阐述《通用汉字规范表》研制的意义。

参考文献

1. 北京大学中文系现代汉语教研室．现代汉语专题教程 ［M］．北京：北京大学出版社，2003.

2. 高家莺，范可育．建立现代汉字学刍议［J］．上海师范大学学报，1985（4）．

3. 高家莺，范可育，费锦昌．现代汉字学［M］．北京：高等教育出版社，1993.

4. 高明．中国古文字学通论［M］．北京：北京大学出版社，1996.

5. 黄德宽．汉字理论丛稿［C］．北京：商务印书馆，2006.

6. 黄德宽，陈秉新．汉语文字学史［M］．合肥：安徽教育出版社，2006.

7. 黄德宽，常森汉字阐释与文化传统合肥中国科技大学出版社，1995

8. 何九盈．中国现代语言学史［M］．广州：广东教育出版社，2005 第三版．

9. 孔祥卿，史建伟，孙易．汉字学通论［M］．北京：北京大学出版社，2006.

10. 罗常培．语言与文化［M］．北京：语文出版社，1989.

11. 李国英．小篆形声字研究［M］．北京：北京师范大学出版社，1996.

12. 李宇明．加强现代汉字学的学科建设［J］．渤海大学学报，2007（2）．

13. 刘又辛．汉语汉字问答［M］．北京：商务印书馆，1999.

14. 陆中发．汉字学的新方向［M］．杭州：浙江大学出版社，2009.

15. 刘志诚．汉字与华夏文化［M］．成都：巴蜀书社，1995.

16. 刘志基．汉字文化学简论［M］．贵阳：贵州教育出版社，1994.

17. 刘志基．汉字文化综论［M］．南宁：广西教育出版社，1996.

18. 潘钧．现代汉字问题研究［M］．昆明：云南大学出版社，2004.

19. 潘杰．从历史溯源角度看2500常用字的形体变化［J］．中国文字研究，2017（1）．

20. 潘杰．析《尔雅·释诂》词语的存留与消失［J］．语言研究集刊，2017（1）．

21. 潘杰．构件的构意及其类聚关系［J］．民俗典籍文字研究，2017（1）．

22. 潘杰．《说文》"转注"与"六书"再思考［J］．励耘语言学刊，2016（1）．

23. 潘杰．汉字的表意性与汉语特点及发展的关系［J］．太原师范学院学报，2008（6）．

24. 启功．古代字体论稿［M］．北京：文物出版社，1999.

25. 全国高等教育自学考试指导委员会组．汉语基础［M］．北京：中国人民大学出版社，1999．

26. 全国干部培训教材编写指导委员会．汉语语言文字基本知识读本［M］．北京：人民出版社，2002．

27. 裘锡圭．文字学概要［M］．北京：商务印书馆，1990．

28. 苏培成．现代汉字学（增订本）［M］．北京：北京大学出版社，2001．

29. 苏培成．现代汉字学参考资料［C］．北京：北京大学出版社，2001．

30. 苏培成．二十世纪的现代汉字研究［M］．太原：书海出版社，2001．

31. 苏培成．现代汉字学的学科建设［J］．语言文字应用，2007（2）．

32. 孙钧锡．汉字和汉字规范化［M］．北京：教育科学出版社，1990．

33. 孙均锡．汉字基本知识［M］．石家庄：河北人民出版社，1981．

34. 唐兰．中国文字学［M］．上海：上海古籍出版社，1979．

35. 唐兰．古文字学导论［M］．济南：齐鲁书社，1981．

36. 王贵元．汉字与历史文化［M］．北京：中国人民大学出版社，2008．

37. 王贵元．现代汉字字形三论［J］．语言文字应用，2005（5）．

38. 王立军．汉字字体发展的文化解读［J］．中国教师，

2007（6）.

39. 王立军. 从无序到有序既对立又统一——谈汉字发展的两条重要规律［J］. 新乡师范高等专科学校学报，2007（3）.

40. 王立军，宋继华，陈淑梅. 汉字应用通则［M］. 沈阳：春风文艺出版社，1999.

41. 王宁. 汉字学概要［M］. 北京：北京师范大学出版社，2001.

42. 王宁. 汉字构形学讲座［M］. 上海：上海教育出版社，2002.

43. 王宁. 汉字字体研究的新突破［J］. 三峡大学学报，2001（3）.

44. 王宁. 汉字构形理据与现代汉字部件拆分［J］. 语文建设，1997（3）.

45. 王宁. 汉字的优化与简化［J］. 中国社会科学，1991（1）.

46. 王宁. 汉字与文化［J］. 北京师范大学学报，1991（6）.

47. 许威汉. 汉语文字学概要［M］. 上海：上海大学出版社，2002.

48. 徐中舒. 甲骨文字典［M］. 成都：四川辞书出版社，1990.

49. 杨琳. 汉语词汇与华夏文化［M］. 北京：语文出版社，1996.

50. 杨润陆. 现代汉字学［M］. 北京：北京师范大学出版社，2008.

51. 周有光．周有光语言学论文集［C］．北京：商务印书馆，2004.

52. 周有光．语言文字学的新探索［C］．北京：语文出版社，2006.

53. 周有光．21 世纪的华语和华文［C］．北京：三联书店，2002.

54. 张静贤．现代汉字教程［M］．北京：现代出版社，1992．

55. 张双棣，张联荣，宋绍年，耿振生．古代汉语知识教程［M］．北京：北京师范大学出版社，2002.

56. 邹晓丽．基础汉字形义释源（修订本）［M］．北京：中华书局，2007.

57. 中国社会科学院语言文字应用研究所．汉字问题学术讨论会论文集［C］．北京：语文出版社，1988.

58. 周有光．现代汉字中声旁的表音功能问题［J］．中国语文，1978（3）．